# 日中の少子高齢化と福祉レジーム

## 育児支援と高齢者扶養・介護

郭 莉莉 著

北海道大学出版会

北海道大学は、学術的価値が高く、かつ、独創的な著作物の刊行を促進し、学術研究成果の社会への還元及び学術の国際交流の推進に資するため、ここに「北海道大学刊行助成」による著作物を刊行することとした。

二〇〇九年九月

目　次

はじめに……1
一　研究の背景と目的　1
二　先行研究と本書の分析視点　3
三　調査研究の方法　6
四　本書の構成　7

第Ⅰ部　日中の人口変動と福祉レジーム

第一章　東アジアの少子高齢化と福祉レジーム……13
第一節　東アジアの少子高齢化　13
一-一　東アジアの少子化の概況　13／一-二　東アジアの高齢化の概況　15
第二節　欧米の福祉レジーム　17
二-一　エスピン-アンデルセンの「福祉レジーム」の三類型　17／二-二　エスピン-アンデルセンの理論に対する評価と批判　18
第三節　東アジアの福祉レジーム　20

三‐一　東アジアの社会福祉への関心の高まりの背景　20／三‐二　東アジア型福祉モデルをめぐる議論　22

第二章　日中の福祉レジーム……27

第一節　日本の福祉レジーム　28

一‐一　社会保障・福祉政策の流れ　28／一‐二　日本の福祉レジームの特徴　32

第二節　中国の福祉レジーム　34

二‐一　社会保障・福祉政策の流れ　34／二‐二　中国の福祉レジームの特徴　38

第Ⅱ部　日中の育児支援

第三章　日本の少子化と育児構造……45

第一節　少子化の進行と子育て環境の変化　45

第二節　育児援助の分析視点　46

第三節　日本の育児構造の特徴と成因　48

第四節　調査概要　50

第五節　日本における育児の実態　52

五‐一　育児負担　52／五‐二　育児支援ネットワーク　56

第六節　まとめと課題　61

第四章　中国の「一人っ子化」と育児構造……65

第一節　「一人っ子化」の進行と子育て環境の変化　65
第二節　「一人っ子化」の影響と人口政策をめぐる議論　67
第三節　中国の育児構造の特徴と成因　68
第四節　調 査 概 要　70
第五節　中国における育児の実態　74
五‐一　出産観　74／五‐二　育児負担　75／五‐三　育児支援ネットワーク　76
第六節　まとめと考察　81
六‐一　大都市における「一人っ子化」と出産意識　82／六‐二　中国の育児支援ネットワークの現状と課題　83

第Ⅲ部　日本の高齢者福祉

第五章　日本の高齢者を支える福祉資源……89
第一節　家族の変容と老親扶養の変化　90
一‐一　家族規模の縮小化と同居慣行の変化　90／一‐二　高齢者扶養・介護における家族の責任・義務の所在　92
第二節　介護の社会化　94
二‐一　高齢者介護政策の流れ　94／二‐二　介護の担い手の多様化　97

第六章　小規模多機能施設による高齢者への共助的支援……101
第一節　小規模多機能施設の発展　101

第二節　小規模多機能施設分析の視点　103
二-一　集団ケアから個別ケアへの転換　103／二-二　「宅老所系ＮＰＯ」の視点からの分析　104／
二-三　「協セクター」の視点からの分析　105
第三節　札幌市のＮＰＯ法人の事例　106
三-一　施設概要・理念　106／三-二　高齢者ケアの特徴　109／三-三　地域における交流と役割　115
第四節　富山市のＮＰＯ法人の事例　118
四-一　施設概要・理念　118／四-二　高齢者ケアの特徴　122／四-三　地域における交流と役割　127
第五節　小規模多機能施設の成立・持続要因とその意義　129
五-一　小規模多機能施設の運営を成り立たせる要因　129／五-二　小規模多機能施設の意義　132

第七章　高齢者介護と子育てをつなぐ地域密着「幼老共生ケア」……135
第一節　「幼老共生ケア」が生まれる背景　135
第二節　「幼老共生ケア」の特徴　137
二-一　「幼老共生ケア」の定義　137／二-二　「幼老共生ケア」の可能性と効果　139／二-三　「幼老共生型福祉施設」におけるケアの技術　141
第三節　調査概要　142
第四節　施設の設立経緯と理念　144
第五節　幼老共生型福祉の実践　147
五-一　高齢者ケアの特徴　147／五-二　世代間交流の効果　153／五-三　地域における交流と役割　157
第六節　おわりに　160

第Ⅳ部　中国の高齢者福祉
第八章　中国の高齢者を支える福祉資源……165
第一節　家族の変容と老親扶養の変化　167
一-一　「親への恩返し型」扶養　167／一-二　「421家庭」の増加と老親扶養の困難さ　168
第二節　「福祉の社会化」　169
二-一　民間の養老施設　171／二-二　「社区福祉」　174
第九章　「社区」在住都市高齢者の生活実態と福祉課題……181
第一節　社区養老サービスの整備　181
第二節　中国の高齢者のケアをめぐる支援構造の特徴　183
第三節　北京市「社区居家養老」政策　184
第四節　「社区」調査　186
第五節　都市高齢者の生活実態　188
五-一　都市中心部A社区の事例　188／五-二　都市郊外B社区の事例　197
第六節　都市高齢者をめぐる支援構造と福祉課題　204
六-一　都市高齢者と各福祉資源　204／六-二　都市高齢者の福祉課題　206
第一〇章　農村失地高齢者の生活実態と福祉課題……209
第一節　「二元構造」と「失地農民」　209
第二節　「失地農民」出現の経緯と各種補償策　211

二-一　土地政策の変遷と「失地農民」の出現　211／二-二　「失地農民」に対する補償策の類型　213
第三節　農 村 調 査　217
第四節　農村失地高齢者の生活実態　219
四-一　近郊区C村の事例　219／四-二　遠郊区D村の事例　223／四-三　遠郊区E村の事例　229
第五節　農村失地高齢者の生活・福祉課題　234
五-一　土地収用補償策の実施状況　235／五-二　就業環境　236／五-三　社会保険　237／五-四　農村失地高齢者を取り巻く福祉資源と福祉課題　239
おわりに……243
一　各章のまとめ　244
二　育児と高齢者扶養・介護を支える福祉資源の供給構造　246
三　本書の意義と課題　251
四　日本との比較を通して中国を考える　252
初出一覧　257
参考文献　259
あとがき　271
索　引

# はじめに

## 一　研究の背景と目的

東アジアの経済や社会の変化の特徴を一言でいえば、それは「圧縮された近代(1)」であろう。欧米諸国に遅れて近代化に取り組んだが、経済発展の後発走者として極めて短期間に急速な経済成長を遂げている。人口動態面においても、東アジアは急速な少子高齢化をはじめとして、圧縮された人口転換を見せている。

日本は、戦後、欧米諸国を追いかける形で経済発展を遂げ、アジア地域の中でいち早く先進国の仲間入りを果たした。年金や医療、介護などの社会保障制度を整備するにあたっても、高齢化が先に進んだ欧米諸国が常にその手本であった。しかし、現在、日本は、世界に類を見ないスピードで高齢化が急速に進行しており、二〇〇五年に日本の高齢化率は世界で最も高い水準となった。世界一の超高齢社会を迎えた日本の手本は、もうどこにもいない。また、ここ二十数年、日本は合計特殊出生率がほぼ一貫して一・五を下回り続け、超少子化国となっている。人口構造の少子高齢化などによって、日本の家族の扶養能力が著しく低下し、地域における相互扶助機能も弱体化している。このような家族と地域社会の変化は、育児や高齢者扶養・介護などのあり方に大きな影響を及ぼしている。

一方、中国に目を転じれば、一九九〇年代以降、ほぼ毎年一〇％超のＧＤＰ成長率を見せており、かつての日本同様急速な経済発展を遂げた。近年、経済成長が減速しているものの、七％程度を維持している。しかし、高度経済成長という光の背後には、多くの影も見える。そのうちの一つが、少子高齢化問題である。中国の場合、ＧＤＰ総額は多いが一人当たりＧＤＰが低いため、少子高齢化は先進国より厳しい状況に直面している。先進諸国が高齢化社会に入ったとき、年平均一人当たりＧＤＰが一万ドルを超えていたのに対して、中国が高齢化社会に突入した二〇〇〇年時点での一人当たりＧＤＰは一〇〇〇ドルにも達していなかった。「未富先老（豊かになる前に老いている）」、「邊富邊老（豊かになりながら老いてゆく）」などの言葉が、中国の高齢化の現状を物語っている。また、三〇年以上続いた「一人っ子政策」により、出生率の低下が激しく、子ども数が急速に減少した。強力な人口政策のもとで、家族規模が縮小しつつあり、家庭内における子どもの養育や高齢者の扶養・介護の問題が大きな社会問題としてクローズアップされつつある。

本書では、日中両国の育児と高齢者扶養・介護をめぐる福祉資源の供給構造を究明することを目的とする。すなわち、育児と高齢者扶養・介護は、誰もしくはどの機関によってどのように担われているのか、その実態と課題を把握することを目指している。このような課題設定は、次のような考えに基づいている。

第一に、育児と高齢者介護は、ともに「生命再生産労働」であり、人類の生命と生活に関わる非常に重要なテーマである。(2) 先進国と中進国を問わず、多くの国は少子高齢化という共通の問題に直面している。家族と地域コミュニティが果たしていた福祉機能が弱体化を見せている現在、育児と高齢者扶養・介護を家族の内外でどのように支えていくのか、それを検討することは時代の要請といえる。

第二に、日本との比較から、中国の将来像を考えるうえで重要な示唆を得ることができると思われる。日本は東アジアの中で一番早く少子高齢化を経験し、長年にわたって少子高齢化対策に取り組んできた。近年、社会保障・社会福祉の分野において、日本に学ぶ気運が高まっており、日本への留学生の中に社会保障・社会福祉を研究テーマとする人も増えている。日本の育児と高齢者扶養・介護をめぐる社会関係・制度・政策を中国と比較することは、中国の今後の少子高齢化問題への対応、児童福祉・高齢者福祉環境の整備を考えるうえで極めて重要な意味を持つと考えられる。

## 二　先行研究と本書の分析視点

本書では、分析するにあたって、考え方と理論の枠組みは、「福祉ミックス（welfare mix）」、あるいは「福祉多元主義（welfare pluralism）」に依拠した。福祉ミックス論とは、「福祉の供給者は国家のみではなく、多様な供給者が国民の福祉に貢献しているという考え方である」（落合　二〇一三b：一七八）。福祉の多元性を形成するセクターについて、さまざまな論者がさまざまな理論を提示しているが、最も有名な理論がデンマーク出身の社会学者・政治学者G・エスピン-アンデルセンの「福祉レジーム論」である。エスピン-アンデルセンは欧米諸国の福祉モデルを分類するにあたって、福祉の供給者として「国家」だけでなく、「市場」と「家族」も取り上げ、この三者の相互関係を分析している。エスピン-アンデルセンが提示した三元モデルは、比較福祉研究をはじめとする各分野に多大なインパクトを与えたが、現在、むしろ三元モデルを雛形として、さらに第四のセクター「コミュニティ／非営利部門」を加えて分析する四元モデルが主流となっている。(3)

近年、東アジアの育児と高齢者扶養・介護についての比較研究は急速に発展している。(4) 先行研究のうち、日本と中国を含むアジア地域の育児と高齢者扶養・介護をめぐる社会関係と制度・政策について最も体系的に調査し、理論的に解釈した研究は、落合らの研究（落合・山根・宮坂編　二〇〇七、落合　二〇一三b）である。

落合の研究グループは、二〇〇一〜二〇〇三年に韓国、中国、台湾、タイ、シンガポールという東アジア・東南アジア五地域で、都市中間層の住民を対象に、子どもと高齢者のケアをめぐる家族内での分担、援助を得る社会的ネットワーク、家族意識などを半構造化インタビューの方式で調査した。なお、日本も既存の研究成果を参考に比較の対象に入れている。落合らの分析枠組みでは、子どものケアをサポートするエージェントとして、母親、父親、親族、コミュニティ、家事労働者、施設（保育園・幼稚園など）の六つを扱っている。アジア六地域の育児構造を比較するために、各エージェントの育児支援効果について、「A非常に効果的」、「Bある程度効果的」、「Cあまり効果的でない」、「Dほとんど効果的でない」の四段階で評価している。高齢者ケアについても、同様の枠組みで分析がなされており、各地域の高齢者ケアをサポートするエージェント、すなわち子ども、子どもの配偶者、親族、コミュニティ、ケア労働者、施設の高齢者ケア支援効果が比較されている。日本と中国を見ると、両国のケア供給構造の特徴から、落合は、日本の福祉システムは「弱い福祉国家に補完された家族主義」、中国のそれは、育児の場合「社会主義レジーム」（二〇〇〇年代に公的保育が激減し、様変わりした）、高齢者ケアの場合「移行的社会主義」（国家よりコミュニティ重視）であると結論づけている。

俯瞰的・包括的な視点に立ってアジア六社会のケア構造を明らかにした落合らの研究は、日中の育児と高齢者扶養・介護の比較を試みる本書にとって直接の先行研究になっている。本書では、それを参考にしたうえで、特に以下の四点に焦点を当てて検討していきたい。

第一に、日中両国の子育て支援施設による育児支援である。日本では、一九九〇年代後半以降、「母親の孤立」、「育児不安」を背景に、子育て支援センターや児童会館、育児系ＮＰＯなど、地域における子育て支援が行政レベルと市民レベルの双方において進められている。中国においても、近年「中華全国婦女聯合会」によって運営されている公益事業団体「婦女児童活動センター」が増えており、一部の先進地域では「婦女児童活動センター」による育児支援が見られるようになっている。[5] 日中の育児をめぐる支援構造を比較する際、これらの施設の役割を看過することができない。そこで本書では、東アジアにおけるケアの比較研究であまり取り上げられなかった子育て支援施設に着目することにした。

第二に、日本の「コミュニティ／非営利部門」による高齢者ケア支援である。福祉の担い手が多様化する中で、近年、「介護系NPO」[6]が急速に発展している。介護保険と保険外の地域福祉の両方で活動し、新たなケア実践を試みる「介護系NPO」の活動を考察することは、日本における新しい地域福祉・介護福祉システムを考えるうえで、大きなヒントになると考えられる。本書では、特に地域の民家などを活用して利用者に柔軟なケアを行う介護系NPO・小規模多機能施設の役割と意義に着目したい。

第三に、中国の「社区」[7]による高齢者ケア支援である。中国の高齢者ケアにおいて「社区」の役割が高く評価されており、高齢者福祉サービス体系の鍵とされている。高齢者の扶養方法については、政府の「在宅を基礎とし、社区を頼りとし、社会福祉施設を補充とするような発展の方向を堅持する」(民政部ほか 二〇〇〇)という方針からも社区の福祉政策上の重要性がうかがえる。本書では、中国高齢者をサポートするエージェントのうち、特に「社区」の役割について検討していきたい。

第四に、中国農村高齢者の生活実態と福祉課題である。中国高齢者扶養・介護の問題を論じる際には、都市と農村の「二元構造(二重構造)」下の経済格差や福祉格差を考慮しなければならない。中国の農村部自体は、この数十年の間に大きく変容している。都市開発が進む中で、近年、農村部で生活の最後のより所である農地を失った「失地農民」が出現し始めており、彼らは伝統的な意味での「農民」ではなく、「都市住民」でもない「第三の身分」とされている。都市化の急進に伴って、失地農民は今後さらに増加すると予測される。中国の農村と農民のこのような変化を視野に入れる必要がある。本書では、都市高齢者だけでなく、さまざまな要素が複雑に入り混じった都市化された農村と失地高齢者にも焦点を当てることにした。

## 三　調査研究の方法

本書で使用するデータは、日本と中国で実施した質的調査から得たものである。

まず、「日中の育児」に関しては、筆者は二〇一一年六月から二〇一三年九月までの間に、札幌市内の子育て支援施設計五ヶ所において、その日施設を利用した子育て中の親を対象に、育児負担、子育てをめぐるサポートなどについて半構造化インタビューの方式で調査した。また、同様の方法で、二〇一二年三月に北京市海淀区婦女児童活動センターにて調査を行った。

次に、「日中の高齢者福祉」に関わる調査について示す。日本における調査は、公益財団法人日本生命財団の「平成二六年度高齢社会若手実践的課題研究助成」を受けて実施した(8)。筆者は、二〇一四年一〇月から二〇一五年九月までの一年間に、四名の共同研究者と一緒に、北海道札幌市、東京都小金井市、富山県富山市のNPO法人によって運営されている小規模多機能施設を訪問した。小規模多機能施設の高齢者福祉・地域福祉における役割を解明するために、職員・ボランティアへのインタビューや、職員と利用者の様子を中心とした参与観察を行った。

中国における調査については、「二元構造」下の格差を考慮し、都市高齢者と農村高齢者に対してそれぞれ調査を実施した。二〇一四年三月と九月に、北京市における二つの社区と三つの村を訪問し、社区／村在住の高齢者と、社区／村を管理する居民委員会／村民委員会の職員に対して、半構造化インタビュー調査を行った。高齢者への聞き取り内容は、家族構成、経済状況、家族との交流、友人・近隣との交流、老後の計画などである。居民委員会／村民委員会の職員への聞き取り内容として、地域住民の特徴、社区福祉サービスの実施状況、サービスを運営するうえでの問題点と課題などの項目を設定した。

## 四　本書の構成

本書は、はじめに、第Ⅰ部、第Ⅱ部、第Ⅲ部、第Ⅳ部、おわりにから構成されている。以下、各章の内容について概観する。

「はじめに」では、本書全体の問題設定を提示する。日中両国で育児と高齢者扶養・介護が注目されている社会背景、先行研究と本書の分析視点、調査研究の方法などについて述べ、本書の構成を示す。

第Ⅰ部「日中の人口変動と福祉レジーム」では、第一章において、東アジアの少子高齢化の現状・特徴、従来欧米諸国を中心に行われてきた「福祉レジーム論」の内容、近年急速に発展している東アジアの福祉をめぐる研究・議論について概観する。そのうえで、第二章では、日本と中国の社会保障・福祉政策の流れをまとめ、両国の福祉レジームの特徴について分析する。

第Ⅱ部「日中の育児支援」では、日中の少子化と育児構造の特徴を検討する。第三章は日本の育児をめぐる支援構造についての考察、第四章は中国の育児をめぐる支援構造に関する考察である。具体的には、家族・親族からの子育て支援や、子どもを介したママ友付き合い、地域における子育て支援活動、児童手当や産休・育休など政府による支援政策、託児施設・ベビーシッターによるサポートの実態と課題を見出していく。

第Ⅲ部「日本の高齢者福祉」では、日本の高齢者扶養・介護をめぐる支援構造を検討する。第五章では、日本における家族の変容と同居規範の変化、および「介護の社会化」政策を概観する。そのうえで、第六章と第七章では、「コミュニティ／非営利部門」による高齢者ケア支援に着目して、ＮＰＯや地域住民によって運営される小規模多機能施設の事例分析を行う。第六章では、高齢者下宿／グループホームやデイサービス、地域交流スペースを運営するＮＰＯ法人の事例を、第七章では、デイサービスと保育所、地域交流スペースを運営するＮＰＯ法人の事例を取り上げ、小規模多機能施設の「高齢者生活支援機能」と「地域における交流と役割」を考察する。

第Ⅳ部「中国の高齢者福祉」では、中国の高齢者扶養・介護をめぐる支援構造を検討する。第八章では、中国における家族の変容と老親扶養の変化、および「福祉の社会化」政策を概観する。「福祉の社会化」の二本柱である民間の養老施設と「社区福祉」の現状および問題点について検討する。続いて、第九章と第一〇章では、事例分析を行う。第九章では、北京市の二つの社区における事例調査を通して、「社区福祉」の整備状況、社区在住都市高齢者の生活実態と福祉課題を考察する。第一〇章では、北京市郊外の三つの村における事例調査より、農地収用補償政策の実施状況、農村失地高齢者の生活実態と福祉課題を分析する。

「おわりに」では、本書の総括を行う。各章の論点をまとめたうえで、日中の育児と高齢者扶養・介護を支える福祉資源の供給構造について検討し、本書の意義と課題を示す。最後に、日本との比較を通して中国の福祉の将来像について考えてみる。

（1）「圧縮された近代」とは、「経済的、政治的、社会的、あるいは文化的変化が、時間と空間の両方に関して極端に凝縮されたかたちで起こる社会状況」である（張　二〇一三：四一）。韓国などのアジア諸国の近代を指す「圧縮された近代」と区別するために、日本の近代を「半圧縮近代」と呼ぶことが提案されている(落合 二〇一三a：一四)。

(2)「生命再生産労働」とは、「社会的存在としての人間を対象として、人類の永続のために新しい生命を誕生させ養育することを目的とした労働、および、子どもから高齢者まであらゆる世代の人間の生活や人生を対象として、日常活動のなかで喪失した生命エネルギーを補填し、生命を維持かつ活性化させることを目的とした労働」であり、簡潔にいえば、「生命(いのち)と生活(暮らし)の再生産のための労働」である(後藤 二〇一二：一九)。

(3) 四元モデルについて、たとえば、国連の研究プロジェクト「ケアの政治社会経済」は、さまざまな社会のケア供給のパターンを比較・説明するために、ケアの供給者として、「家族・親族」、「国家」、「市場」、「非営利部門／コミュニティ」の四つのセクターを示し、それを「ケアダイアモンド(care diamond)」(あるいはケア四角形)と概念化している(落合 二〇一〇、二〇一三b)。上野(二〇一一)の研究では、福祉のアクターについて、官(国家)／民(市場)／協(市民社会)／私(家族)の四元図式を提示している。育児と高齢者介護を「生命再生産労働」として考察する後藤(二〇一二)は、「生命再生産労働」の下位概念として、「家事労働」(家族)、「地域労働」(地域)、「公務労働」(行政)、「企業労働」(企業)の四つを設定している。

(4) その研究成果として、パネル調査を通して日中韓三ヶ国の子どものケア役割、年金と家族による経済的扶養などを比較した篠塚・永瀬編(二〇〇八)、東アジア五都市でアンケート調査を実施し、幼児の生活や保護者の子育て意識を分析したベネッセ教育総合研究所(二〇〇五、二〇一〇)などがある。

(5) 中国では、日本の児童会館や育児系NPOなどのような子育て支援施設はほとんど存在しないが、それに相当するものとして「婦女児童活動センター」がある。「婦女児童活動センター」は、女性の教育訓練、児童の校外活動、早期教育・育児支援などを行う公共施設である。各種サービスは無料・低料金で提供されている。婦女児童活動センターの設置状況について見ると、地図で調べた限り、たとえば北京市一六区二県内で、「海淀区婦女児童活動センター」や「石景山区婦女児童活動センター」など、計一一ヶ所の婦女児童活動センターがある。

(6)「介護系NPO」とは、「特定非営利活動促進法(NPO法)に基づいて法人格を取得し、介護保険指定事業者となって介護保険や枠外の地域福祉で活動している団体」である(安立 二〇〇三：三六)。

(7)「社区」とは、地域における人口の管理、防災、福祉、文化活動などを担う半官半民の自治組織である。「社区」という表現は中国独特の言葉であり、適切な日本語訳がないが、しいて翻訳すれば「コミュニティ」にあたる。詳しくは、第八章で後述する。

（8）　研究タイトルは「都市高齢者への共助的実践活動と世代間交流の研究」である。本研究プロジェクトは、遠山景広氏（北海道大学大学院文学研究科　博士後期課程）、金昌震氏（同上）、工藤遥氏（同上）、小林真弓氏（ＮＰＯ団体「ねっこぼっこのいえ」代表）と筆者の五名で構成されている（肩書きは当時のもの）。

# 第Ⅰ部　日中の人口変動と福祉レジーム

# 第一章　東アジアの少子高齢化と福祉レジーム

## 第一節　東アジアの少子高齢化

### 一－一　東アジアの少子化の概況

現在、東アジアは世界で合計特殊出生率ＴＦＲ（total fertility rate）が最も低い地域となっており、少子化という共通の課題に直面している。その東アジア地域において、日本は最も早く少子化を経験してきた。少子化現象の分析指標としては、合計特殊出生率、年少人口数、年少人口率の三つがあり、とりわけ、合計特殊出生率がその中心となる。少子化とは、「合計特殊出生率の低下と停滞、年少人口数の減少、年少人口比率の低下」のことである（金子　二〇〇三：六一・二〇一一：一一）。

表１－１と表１－２は、日本の少子化の指標の推移である。日本では、合計特殊出生率の低下は一九五〇年代か

**表 1-1　日本の合計特殊出生率(TFR)の推移**

| 年　次 | 1950 | 1970 | 1990 | 2000 | 2010 | 2011 | 2012 | 2013 | 2014 | 2015 |
|---|---|---|---|---|---|---|---|---|---|---|
| TFR | 3.65 | 2.13 | 1.54 | 1.36 | 1.39 | 1.39 | 1.41 | 1.43 | 1.42 | 1.45 |

出典）国立社会保障・人口問題研究所(2016)，厚生労働省(2016a)をもとに作成。

**表 1-2　日本の年少人口数と年少人口率の推移**

| 年　次 | 1990 | 1995 | 2000 | 2005 | 2010 | 2015 |
|---|---|---|---|---|---|---|
| 年少人口数(1,000 人) | 22,486 | 20,014 | 18,472 | 17,521 | 16,803 | 16,110 |
| 年少人口率 | 18.24% | 15.95% | 14.58% | 13.76% | 13.40% | 12.70% |

出典）国立社会保障・人口問題研究所(2016)，内閣府(2016a)をもとに作成。

ら始まり、一九七一年から一九七四年までの第二次ベビーブームを終えた頃から、少子化現象として顕著に見られるようになった。過去最低であった丙午の年(一九六六年)の合計特殊出生率を下回り、一九八九年に一・五七が記録され、「一・五七ショック」と騒がれた。それ以降、少子化は大きな社会問題となった。少子化の傾向はその後も変わらず、一・三～一・四台を維持してきた。近年、合計特殊出生率は微増しているが、それは「団塊ジュニア(一九七一～一九七四年生まれ)」と呼ばれる三十代後半の女性の駆け込み出産による一時的な上昇であると見られる。団塊ジュニア世代以降は、出産が活発だった三十代後半の女性自体の人数が減るため、少子化傾向は止まらないと予測されている。また、年少人口数も年少人口率も年々減少する傾向にある。

二一世紀に入ってから、日本以外の東アジア諸国・地域でも出生率の低下は著しく、日本以上に深刻な状況にある。二〇一四年の合計特殊出生率を見ると、韓国は一・二一、香港は一・二四、台湾は一・一七であり、日本の一・四二を下回る水準である(内閣府　二〇一六b)。世界一の人口規模を抱える中国も、長年にわたる「計画生育(出産)政策」により、少子化が急速に進行している(表1-3、表1-4)。途上国の急激な人口増加は食糧危機、資源不足、貧困問題をもたらすとの認識を背景に、人口増加に歯止めをかけることこそが、中国を貧困から脱出させ、経済発展につなげていく方法

**表1-3　中国の合計特殊出生率(TFR)の推移**

| 年　次 | 1980 | 1985 | 1990 | 1995 | 2000 | 2005 | 2010 | 2015 |
|---|---|---|---|---|---|---|---|---|
| TFR | 2.5 | 2.7 | 2.4 | 1.7 | 1.4 | 1.5 | 1.5 | 1.6 |

出典）World Bank "Open Date-Country-China" をもとに作成。ただし，2015年データは中華人民共和国国家衛生和計劃生育委員会(2017)より。

**表1-4　中国の年少人口数と年少人口率の推移**

| 年　次 | 1990 | 1995 | 2000 | 2005 | 2010 | 2015 |
|---|---|---|---|---|---|---|
| 年少人口数（万人） | 31,659 | 32,218 | 29,012 | 26,504 | 22,259 | 22,715 |
| 年少人口率 | 27.7% | 26.6% | 22.9% | 20.3% | 16.6% | 16.5% |

出典）中華人民共和国国家統計局(2016)をもとに作成。

だと考えられ、一九七九年から「一人っ子政策」が導入された。憲法にも、婚姻法にも「夫婦は計画出産を実行する義務がある」と明記されている。強力な人口政策はこの三十数年間で出生数を合計四億人程度減少させた。一九七〇年に五・八であった合計特殊出生率は、一九九〇年代に入ってから、人口置換水準の二・一を切り、現在は一・六に低下している[1]。中国においても、年少人口数と年少人口率が年々減少傾向にある。近年、少子化の進展に伴う労働力不足、高齢者扶養・介護などのさまざまな問題への懸念から、政府は人口政策を大きく転換し、三〇年以上続いた「一人っ子政策」の廃止に踏み切った。二〇一六年一月に「二人っ子政策」が開始され、すべての夫婦に二人目の子どもを持つことが認められるようになった。

## 一-二　東アジアの高齢化の概況

日本の高齢化率は、二〇一五年時点で二六・七%であり、世界最高水準となっている。日本以外の東アジア地域は、高齢化率が一〇～一五%とまだ高くないが（表1-5）、日本を上回るスピードで急速に高齢化していく。東アジアの高齢化の最大の特徴は、そのスピードの速さにあるといえる。

**表1-5　東アジアの高齢化率**

| 地　域 | 日　本 | 韓　国 | 台　湾 | 香　港 | 中　国 |
|---|---|---|---|---|---|
| 高齢化率（2015年） | 26.7% | 13.1% | 12.2% | 15.1% | 10.5% |

出典）日本―内閣府（2016a），韓国・台湾・香港―UNPD "World Population Prospects: The 2015 Revision"，中国―中華人民共和国国家統計局（2016）

**表1-6　高齢化のスピードに関する国際比較**

| 国 | 65歳以上人口割合（到達年次） | | | 経過年数（年間） | |
|---|---|---|---|---|---|
| | 7% | 14% | 21% | 7%→14% | 14%→21% |
| 韓　国 | 1999 | 2017 | 2027 | 18 | 10 |
| シンガポール | 1999 | 2019 | 2027 | 20 | 8 |
| 日　本 | 1970 | 1994 | 2007 | 24 | 13 |
| 中　国 | 2000 | 2025 | 2037 | 25 | 12 |
| ドイツ | 1932 | 1972 | 2013 | 40 | 41 |
| イギリス | 1929 | 1975 | 2030 | 46 | 55 |
| アメリカ | 1942 | 2014 | 2048 | 72 | 34 |
| スウェーデン | 1887 | 1972 | 2021 | 85 | 49 |
| フランス | 1864 | 1990 | 2023 | 126 | 33 |

出典）鎌田・辻・秋山・前田（2013: 16）より抜粋。

高齢化進行の速度を測る指標として、「倍加年数」、すなわち「六五歳以上人口割合が七％から一四％になるまでに要した年数」がしばしば用いられる。倍加年数の国際比較（表1-6）を見ると、フランスでは一二六年、スウェーデンでは八五年、アメリカでは七二年かかったが、日本の場合わずか二四年とこれまでで最短である。日本は高齢化率が七％を超え、「高齢化社会」となったのは一九七〇年である。一九九四年には高齢化率が一四％を超え、「高齢社会」に到達し、そしてそのわずか一三年後の二〇〇七年に高齢化率が二一％を超え、「超高齢社会」となった。日本以外のアジア地域は、日本と同じか、より速いスピードで高齢化が進行している。倍加年数は、中国が二五年、韓国が一八年、シンガポールが二〇年である。倍加年数という指標は、高齢化進行の速度だけではなく、「高齢化に対応した社会づくりのために準備できる時間の長さ」も意味する。そのため、日本と比べ、他のアジア地域の高齢化はより深刻な状況に直面している。日本は高度経済成長期と重なっていたため、高齢化によって生じた社会の負担はそれほど大きなものにならずにすんだが、ほかのアジア地域では、社会資本整備の前に高齢化が進む国も多く、その対応には困難が伴うことが懸念されている（国際長寿センター　二〇一二：八）。たとえば、中国の場合、「未富先老」、「邊富邊老」などの言葉が、このような高齢化の実態を表現している。

近年、東アジアにおける急速な少子高齢化の進行を背景に、従来欧米諸国を中心に行われてきた比較福祉研究は、東アジアにおいても行われるようになった。特に一九九〇年代以降、東アジア福祉の研究は急速に発展している。東アジアの比較福祉研究を見る前に、比較福祉研究の分野に大きな影響を与えた「福祉レジーム論」について説明する。

## 第二節　欧米の福祉レジーム

### 二-一　エスピン-アンデルセンの「福祉レジーム」の三類型

G・エスピン-アンデルセンは、一九九〇年に刊行された『福祉資本主義の三つの世界』という著書の中で、脱商品化の度合いと、階層化の様式あるいは連帯の様式という二つの指標を用いて、欧米諸国の福祉レジーム（福祉の制度的形態）を「社会民主主義レジーム」、「保守主義レジーム」、「自由主義レジーム」の三つに分類している。各レジームの概要は下記のとおりである。

①社会民主主義レジーム：スウェーデンやデンマークなどの北欧諸国に代表される福祉レジームである。この

モデルは、普遍主義的な原則に立脚し、極めて強力で包括的な社会権を保障している。社会民主主義的福祉国家は、サービス志向が強く、子どもや高齢者、あるいは要介護の人々のケアに直接責任を負う。福祉サービスの供給においては、国家の役割が顕著であり、個人は家族や市場にあまり頼らない。国家が公的サービスを提供しているのは、家族の福祉ニーズを満たすためだけでなく、女性が家事よりも働くことを選択できるようにするためでもある。男女平等もその特徴の一つである。

②保守主義レジーム：ドイツやフランスを典型とする福祉レジームである。これらの福祉国家においては、社会権は雇用と拠出（保険原理）に基づいており、職業的地位の格差が維持されている。社会保険にカバーされるためには、長期にわたる雇用キャリアが求められる。したがって、家族はこのような条件を満たす男性稼得者に依存することになり、女性の福祉権は派生的間接的なものになる。また、福祉の供給源として家族や地域コミュニティが理想的であり、国家は家族の補助的な立場にある。

③自由主義レジーム：アメリカやカナダに代表される福祉レジームである。保守主義型と異なり、家族主義的ではなく、個人主義的である。市場こそがほとんどの市民にとって望ましい適切な福祉の源であると主張されている。社会政策は、「真の困窮者」に限定したミーンズテスト付きの扶助、最低限の社会保険プランが中心となっている。

エスピン-アンデルセンが提示した福祉レジームの概念は、政府・市場・家族の相互関係を捉えることを意図している。三つのレジームの特徴は、表1-7のように要約できる。

## 二-二　エスピン-アンデルセンの理論に対する評価と批判

**表1-7　各レジームの特徴**

| | | 社会民主主義 | 保守主義 | 自由主義 |
|---|---|---|---|---|
| 役　割 | 家　族 | 周辺的 | 中心的 | 周辺的 |
| | 市　場 | 周辺的 | 周辺的 | 中心的 |
| | 国　家 | 中心的 | 補完的 | 周辺的 |
| 福祉国家 | 連帯の支配的様式 | 普遍的 | 血縁，コーポラティズム，国家主義 | 個人的 |
| | 連帯の支配的所在 | 国　家 | 家族 | 市　場 |
| | 脱商品化の程度 | 最大限 | 高度(稼得者にとって) | 最小限 |
| 典型例 | | スウェーデン | ドイツ・イタリア | アメリカ |

出典）エスピン-アンデルセン(1999 = 2000: 129)

エスピン-アンデルセンの福祉レジーム論は、比較福祉研究をはじめとする各分野に多大なインパクトを与えた。たとえば、「エスピン-アンデルセンによるレジームの視点は、個々の制度よりも福祉の世界の『大まかな見取り図』を理解しようという重要な意図を含んでいる。そして、その見取り図を作成するために、脱商品化、階層、階級間の連帯、歴史的な制度の遺産という四つの要素が西欧福祉国家の分析に取り入れられ、その結果として自由主義、保守主義、社会民主主義と名づけられた福祉レジームの三つのグループが見出されたのである」と評価されている(古　二〇〇九：九)。他方においては、エスピン-アンデルセンの理論はいくつかの重要な批判も受けている。主なものとして、以下の三つが挙げられる[2]。

一つ目は、フェミニストからの批判である。エスピン-アンデルセンのレジーム論は、政府、市場、家族の三つのセクターの相互関係を捉えているが、福祉国家と家族の関係についての立ち入った分析を行わなかった。両性間のいかなる分業関係が選択されるかによって、福祉国家のあり方に大きな変化が生まれるが、エスピン-アンデルセンの分析ではジェンダーの視点が欠如している。彼自身も、『ポスト工業経済の社会的基礎』という著書の中で、「ジェンダーの違いをきちんと認識していなかった」、「家族の分析がひどく未熟だった」とこの点を認めており、「脱家族化」という指標を新たに設定し、分析を深めている。

二つ目は、非営利組織研究からの批判である。エスピン-アンデルセンの分析のユニークな点は、狭隘な国家制度論・政策論から脱却し、政府・市場・家族の相互関係と役割分担のあり方を意味する「レジーム」に着目したところである。「福祉体制の分析≠福祉国家の分析」という視角をより明確にするために、『ポスト工業経済の社会的基礎』では、彼は「福祉国家レジーム」という言葉をほとんど用いず、「福祉レジーム」という表現をとっている。しかし、レジームを構成するセクターとして、民間非営利の福祉団体についての視点が欠如している。エスピン-アンデルセンの分析の中で、ボランタリー組織に言及しているが、それはあくまで政府の制度に吸収されていく存在として見ており、民間非営利組織の役割を正面から扱っていない。

三つ目は、レジーム類型をめぐる批判である。すなわち、「たった三つの型しかないのか」という批判である。たとえば、オーストラリア、ニュージーランド、イギリスは、エスピン-アンデルセンのレジームの三類型では括りにくく、「第四の世界」として分類する必要があるという指摘がある。また、日本をはじめとする東アジア諸国の福祉モデルがどこまでこのレジーム類型で説明できるのか、問題とされてきた(3)。

次節では、本章の関心点、エスピン-アンデルセンの理論では説明しきれない東アジアの福祉レジームをめぐる研究・議論について概観する。

## 第三節　東アジアの福祉レジーム

### 三-一　東アジアの社会福祉への関心の高まりの背景

日本におけるこれまでの社会保障・福祉研究には、「欧米先進国への関心の高さとアジア諸国をはじめとする発展途上国に対する関心の低さ」という特徴が見られる。その原因として、次の三点が挙げられる。第一に、日本では先進国の〝進んだ〟社会保障に関心が置かれているため、日本よりも立ち遅れているアジアの社会保障は、関心の対象から外れることになった。第二に、他のアジア諸国では、長い間、高齢者や障害者の扶養・介護は、家族・親族、および地域共同体によって担われてきたため、社会保障・福祉への期待も高くはなかった。社会保障・福祉に関心を抱く研究者も少なかった。第三に、アジア諸国を含む発展途上国では、統計が整備されていないため、研究そのものが難しいという面もある。しかし、近年、アジア諸国においても、家族の扶養機能の低下や地域共同体の互助機能の弱体化により、生活に支障を来す人々が増加し、それらの人々に対する公的な支援の必要性が増してきている。その結果、アジア地域では社会保障・社会福祉に関心を向ける研究者も増加している（袖井　二〇〇八ａ）。

これまで、東アジア各国の政府の関心は、社会福祉ではなく経済成長や経済開発に置かれてきた。すなわち、東アジアは、「福祉志向国家」ではなく、「開発志向国家」といえるだろう。ところが、一九九〇年代に入って生じた次の三つの新しい動きが、東アジア各国の社会福祉への広範な関心と政府の本格的な取り組みを引き起こした。一つ目は、一九八〇年代後半から高揚する民主化運動と、それに伴う国民の「生活の質の向上」に対する関心である。二つ目は、一九九七年のアジア通貨・金融危機と、それを契機とするソーシャル・セーフティネット構築や社会保護政策に対する関心である。三つ目は、急速な少子高齢化の進行と、それに伴う政府の福祉国家戦略への関心である。このうち三つ目の背景が最も重要である。東アジアとりわけ韓国、台湾、中国、タイでは、少子高齢化への危機感から社会保障の問題が議論の俎上に載せられ、国民皆保険・皆年金制度の構築が、新しい政策課題として浮上している（末廣　一九九六・二〇〇〇・二〇〇六）。

## 三―二　東アジア型福祉モデルをめぐる議論

東アジア型福祉モデルをめぐる議論を整理する前に、アジア地域の社会保障の全体像を概観してみる。経済発展や社会変容の視点に立って見れば、アジアの社会保障は次の三つのグループに分類できる（大泉　二〇〇七）。

①第1グループ：日本とＮＩＥＳ。経済発展の度合いが高く、高所得で、一人当たり所得は一万ドルを超えている。産業構造は、第二次産業から第三次産業へシフトするサービス経済化の過程にある。人口動態面では、合計特殊出生率が一・五を下回り、少子化が社会問題になっており、高齢化率は急速に上昇する傾向にある。社会保障制度としては全国民を対象とした医療保険・年金制度がほぼ整備されているが、今後は、急速な高齢化に対応できる、持続的な制度へのシフトが課題である。

②第2グループ：中国とＡＳＥＡＮ４。経済発展の段階は、工業化の途上にある。中所得国であり、一人当たり所得水準は一〇〇〇〜五〇〇〇ドルの範囲にある。産業構造は第二次産業が中心である。先進国に比べ、人口構造はまだ若く、高齢化率も高くない。しかし、近年では、都市部だけでなく、農村部においても出生率の低下が見られ、今後高齢化の加速が予想される。社会保障制度については、公務員や軍人、国営企業従業員などの公的部門と、民間企業の被雇用者を対象とした社会保障制度はあるが、就業人口の大半を占める農業従事者や自営業者は制度の対象外である。全国民を対象とした国民皆保険・皆年金制度の構築が今後の課題となる。ただし、第1グループと比較すると、所得水準がまだ低いため、社会保障制度の拡充は困難である。

③第3グループ：インド、ベトナム、ラオス、カンボジア、ミャンマー。経済発展および工業化が初期段階にある。一人当たりの所得水準は一〇〇〇ドル以下と低く、低所得国に分類される。当面は貧困政策が社会保障制

表1-8　アジアの社会保障制度

| | 地域 | 社会保障制度の現状と課題 | 所得水準 | 産業構造 | 人口構造の変化 |
|---|---|---|---|---|---|
| 第1グループ | 日本，韓国<br>台湾，香港<br>シンガポール | 全国民を対象とした社会保障制度を有するが，今後の高齢化に伴う持続性維持が課題 | 高所得 | サービス経済化への移行 | 少子化<br>高齢化 |
| 第2グループ | 中国，タイ<br>マレーシア<br>フィリピン<br>インドネシア | 被雇用者向けの制度は有するものの，農業・自営業者を含めた国民皆保険，国民皆年金制度の構築が課題 | 中所得 | 工業化の途上 | 出生率の急速な低下 |
| 第3グループ | インド，ベトナム<br>ラオス，カンボジア<br>ミャンマー | 公務員・軍人に限定されたもので民間企業被雇用者向け制度が整備される段階 | 低所得 | 工業化のスタート | 出生率に低下の兆し |

出典）大泉（2007: 141）

度の中心である。人口動態面では、出生率の低下は見られるものの総じて高く、まだ人口増加に悩まされている。社会保障制度の対象は、公務員・軍人や国営企業従業員など公的部門に限定されているが、今後、工業化や都市化が進行していく中で、徐々に増える都市部の民間企業の被雇用者を対象とする制度の整備が課題となる。

こうした類型化は、アジアの社会保障・社会福祉の多様性を示している。では、東アジア型福祉モデルはどのような特徴を有しているのか。多くの研究者は、東アジア福祉はエスピン-アンデルセンの三つのレジームのいずれにも当てはめることが難しいということを支持しており、三つのレジームとは別に、東アジア福祉を、「家産制福祉国家」、「儒教主義福祉国家」、「開発主義福祉国家」、「生産主義福祉資本主義」、あるいは「ハイブリッド・レジーム」などの名称で新たに名付けている（古　二〇〇九）。

また、東アジア（韓国、台湾、香港）は、ラテンアメリカ（アルゼンチン、ブラジル、メキシコ）とともに「新興福祉国家」とも呼ばれており、社会保障制度の特色として、次の三点が挙げられる（宇佐見　二〇〇三）。第一に、経済の発展度合いのわりに公的社会支出が低い。これは欧米先進国のみならず、経済発展水準で劣るラテンアメリカと比較しても、社会保障・社会福祉に対する社会支出が低水準だといえる。

第二に、韓国と台湾は、一九八〇年代前半までは特定の職域（限られた層）を対象とした社会保険と、残余的社会扶助制度を特色とする社会保障制度であった。また育児や高齢者介護などのケアに関しては、社会サービスの発展が未熟であり、家族主義的な傾向が根強い。第三に、韓国と台湾では、一九八〇年代以降社会保障制度が急速に拡充し、国民皆保険・皆年金を実現した。第四に、香港の社会保障・社会福祉は、韓国・台湾とは異なる様相を呈しており、社会保険の整備は見られない。その代わりに低所得層を対象とした資産調査を要する社会扶助と、非政府組織が社会保障の中心を構成している。

以上見てきたように、一九九〇年代末までの議論の多くは、日韓、またはＮＩＥＳを中心的な分析対象としており、中国を取り上げることは少ない。しかし、一九九〇年代末以降、こうした状況が大きく変わり、中国の社会保障・社会福祉に研究者の関心が向けられるようになった。こうした研究関心は、中国の改革開放に伴う社会変動に由来するとされている。従来の計画経済に立脚していた社会保障制度は、経済体制の転換に応じて、全面的に再編成された（武川　二〇〇六：五）。一九九〇年代後半以降の社会保障制度改革は、①計画経済期にはなかった失業保険制度と城市居民最低生活保障制度（公的扶助制度）の創設、②社会保険制度の保険料の個人・企業・国家の三者負担制の導入、③社会の安定装置としての社会保障制度体系の構築、などの特徴を有しており、「市場経済化に対応する、まさに資本主義的な社会保障制度体系を中国において構築する改革であった」と評価できる（田多　二〇〇四：二一一―二一四）。

中国の社会保障制度の改革と発展は、中国をも含めた東アジアの比較の可能性を高めていると考えられる。次章では、日本と中国の社会保障政策の流れと福祉レジームの特徴について検討したい。

（１）　中国の合計特殊出生率について、まだ一致した見解はない。ただし、多くの学者と政府関係者は、中国の合計特殊出生率がすでに一・八以下に低下していることを支持している。

（2）エスピン-アンデルセンの理論に対する批判は、『福祉資本主義の三つの世界』の日本語版の訳者の一人である宮本太郎の解説を参考にした。

（3）エスピン-アンデルセンの「福祉レジーム論」が日本や東アジアの福祉モデルの発展を十分に説明できないのは、そもそもレジーム論が基本的に欧米諸国の経験に基づく理論であるからである。東アジアの福祉モデルが欧米のそれと異なった理由として、次の四点が考えられる。第一に、東アジアは伝統的な家族制度のもとで福祉資源として家族・親族ネットワークが強く、人々の福祉に対するニーズが家族・親族内で満たされていたため、欧米諸国のような福祉国家を形成しなかった。第二に、東アジアとヨーロッパでは、消費税や社会保険料など国民負担率が異なるため、社会福祉の「発展」の度合いも異なる。たとえば、消費税率八％の日本では、スウェーデン（標準消費税二五％、食料品の消費税一二％）のような「高福祉モデル」を形成することは無理がある。第三に、人口規模の違いも関連している。人口が一〇〇〇万人程度のスウェーデンでは、政府は子どもや高齢者のケアに直接責任を負い、手厚い福祉サービスを提供できるが、人口規模がスウェーデンの一〇倍以上の日本では、政府が全国民に対して社会サービスを提供することは難しい。第四に、社会保障・福祉制度を構築するための期間の長さが異なる。家族と地域共同体による伝統的ケアを一部代替するものとして、社会保障・福祉政策が出現したとされている。欧米諸国はゆっくり時間をかけて社会保障・福祉制度を作り上げたのに対して、「圧縮された近代」を経験した東アジアは、極めて短期間に福祉政策を進めなければならない。そのため、ヨーロッパのような社会保障・福祉制度が「整った」福祉モデルを形成できなかった。

# 第二章　日中の福祉レジーム

第二次世界大戦後、東アジアにおいて、社会福祉の制度化にいち早く着手したのは日本と中国である。日本は福祉国家型、中国は社会主義型を目指した。日中を比較すると、日本は高度経済成長の恩恵を生かして社会福祉の充実化を果たしたが、中国は政治的混乱と計画経済の失敗によって、社会主義型福祉が挫折し、経済優先の政策が推進されたために社会保障の整備が著しく遅れている（櫻井　二〇一五：一四―一七）。たとえば、社会保障体系の中核をなす公的医療保険・年金制度を見ると、日本は一九六一年にすでに国民皆保険・皆年金を実現したが、中国は現在いまだ整備中であり、日本と五〇年以上の差がある。

本章では、日中両国の社会保障・福祉政策を時系列に整理し、それぞれのレジームの特徴を論じてみる。(1)

# 第一節　日本の福祉レジーム

## 一-一　社会保障・福祉政策の流れ

日本の社会保障制度は、第二次世界大戦前・戦中より、被用者を対象とした健康保険法（一九二二年）、旧国民健康保険法（一九三八年）、船員保険法（一九三九年）、労働者年金保険法（一九四一年）など、すでに整備が始まっているが、社会保障制度が本格的に発展し始めたのは、第二次世界大戦後のことである。一九四七年に施行された日本国憲法第二五条において、「すべて国民は、健康で文化的な最低限度の生活を営む権利を有する。国は、すべての生活部面について、社会福祉、社会保障及び公衆衛生の向上及び増進に努めなければならない」と明文化し、「福祉国家」を目指して、各制度の整備に着手し始めた。日本の社会保障政策は、大別して、①戦後、②高度経済成長期、③オイルショック後、④バブル崩壊後の四つの時期を経て推移してきた（図2-1）。

### 戦後の政策

戦後の混乱に直面した日本は、終戦前からの制度も踏まえながら、社会保障の本格的な整備を始めた。当時の政策の主な目的は、戦後の緊急援護と基盤整備、いわゆる「救貧」にあり、国民の栄養改善、伝染病予防、生活援護などが政策のメインテーマとなっている。生活保護法（一九四六年に旧法施行、一九五〇年に新法制定）、児童福祉法（一九四八年）、身体障害者福祉法（一九四九年）など、一連の政策が矢継ぎ早に整備された。

| | |
|---|---|
| 昭和20年代 | 戦後の混乱・栄養改善，伝染病予防と生活援護 |
| | 戦後の緊急援護と基盤整備（いわゆる「救貧」） |
| ↓ | |
| 昭和30・40年代 | 高度経済成長・生活水準の向上 |
| | 国民皆保険・皆年金と社会保障制度の発展（いわゆる「防貧」） |
| ↓ | |
| 昭和50・60年代 | 高度経済成長の終焉・行財政改革 |
| | 安定成長への移行と社会保障制度の見直し |
| ↓ | |
| 平成以降 | 少子化問題・バブル経済崩壊と長期低迷 |
| | 少子高齢社会に対応した社会保障制度の構造改革 |

**図2-1　日本の社会保障制度の変遷**

出典）辻（2013: 209）

## 高度経済成長期の政策

一九五五年から高度経済成長の時代が始まり、日本は目覚ましい経済発展を遂げてきた。この時期に、雇用面では、不足しがちな労働力を確保するために、終身雇用や年功賃金を特徴とする「日本型雇用システム」が定着していった。企業の手厚い福利厚生への見返りとして、従業員には会社への帰属意識・忠誠心が求められるため、男性従業員は仕事を最優先するようになった。この時期は、「夫は仕事、妻は家庭」という性別役割分業意識が定着し、「専業主婦家庭」が形成された時期でもある。性別役割分業のもとで、女性は育児や介護を一身に担うようになった。日本型雇用システムは、農業・自営業従事者が減少し被用者が増加する中で、日本の失業率を低水準に抑えるとともに、労働者とその家族に生活保障を提供する役割も果たしてきた。

社会保険に関しては、一九六一年には、すべての国民が公的医療保険制度と年金制度に加入する国民皆保険・皆年金制度が導入された。年金では、戦前からあった厚生年金など被用者を対象とする制度に加え、二〇歳から六〇歳までの自営業・農業従事者、学生など全国民を対象とする国民年金制度ができた。医療保険では、被用者対象の医療保険制度（政府管掌健康保険、組合管掌健康保険、共済組合)に加え、自営業・農業従事者、学生など、すべての国民が加入する国民健康保険制度が作られた。

また、精神薄弱者福祉法(一九六〇年、現・知的障害者福祉法)、老人福祉法(一九六三年)、母子福祉法(一九六四年、現・母子及び父子並びに寡婦福祉法)などが次々と整備され、福祉六法体制が確立した。「福祉元年」と呼ばれる一九七三年には、老人医療費の無料化が実施された。これは、七〇歳以上の高齢者について医療費の自己負担分を公費で負担する制度である。また、厚生年金法と国民年金法が改正されて、それまで月額二万円であった夫婦の老齢年金が五万円に引き上げられた。日本では、国際水準から見ても、遜色のない社会保障制度が出来上がった。

一九六八年に、日本はGNP(国民総生産)でアメリカに次いで世界第二位の経済大国となった。このような経済的ゆとりが、手厚い社会保障・社会福祉を支えていた。日本は高度経済成長とともに「福祉国家」を実現した。

## オイルショック後の政策

しかし、政府が社会保障・社会福祉を拡大したあとに、オイルショックが発生した。「日本では『福祉国家』がスタートするやただちに『福祉国家の危機』が叫ばれるようになり、『福祉国家』は成熟に至るまえに挫折する運命をたどった」(上野　二〇一一：二一八)。一九七三年のオイルショックによって、日本は狂乱物価、インフレや不況に陥り、約二〇年間続いた高度経済成長が終わりを告げた。一九七五年には、日本は初めて「赤字国債」を発行した。財政危機に直面した日本政府は、拡大の一途をたどる社会保障政策を見直し、そして、一九七〇年代末から「日本型福祉社会」路線へ転換した。「日本型福祉社会」の意味について、一九七九年に公布された「新経済社会七ヵ年計画」の中で次のように記述されている。「欧米先進国へキャッチアップした我が国経済社会の今後の方向としては、先進国に範を求め続けるのではなく、このような新しい国家社会を背景として、個人の自助努力と家庭や近隣・地域社会等の連帯を基礎としつつ、効率のよい政府が適正な公的福祉を重点的に保障するという自由経済社会のもつ創造的活力を原動力とした我が国独自の道を選択創出する、いわば日本型ともいうべき新しい福祉社会の実現を目指すものでなければならない」。すなわち、個人の自立・自助努力と家族および地域社会の役割が強調されている。政府が「日本型福祉社会」を推進する最大の目的は、社会福祉、特に老人福祉に対する公的支出を抑制することにあった。

### バブル崩壊後の政策

一九九〇年代初頭には、バブル経済が崩壊し、日本経済は長期にわたり低迷することとなり、「平成不況」が始まった。この時期に、社会保障制度が前提としていた「正規雇用・終身雇用」という雇用基盤と、「正社員の夫＋専業主婦の妻」という家族モデル、近隣住民のつながりという地域基盤が大きく変化した。バブル経済の崩壊とともに経済のグローバル化が一層進展した。激しい国際競争に対応するために、雇用分野で規制緩和が進み、パートタイム労働者や派遣社員といった非正規雇用が増え、「日本型雇用システム」に揺らぎが見られるようになった。また、核家族や単独世帯の増加など世帯の小規模化の進展により家族・親族間の助け合い機能が低下するとともに、都市化に伴う生活様式の変化により地域のつながりも希薄化してきた。

一方、少子高齢化は急速に進行し、その政策対応も求められている。この時期に少子化という問題も国民の間で広く認識されるようになった。保育の拡充政策として、「エンゼルプラン」(一九九四年)と「新エンゼルプラン」(一九九九年)、男性を含めた働き方の見直しや専業主婦も対象にした子育て支援の充実を求める「少子化対策プラスワン」(二〇〇二年)など、一連の少子化対策・子育て支援策が打ち出された。また、高齢者福祉分野では、平均寿命が大幅に伸びる中で、要介護高齢者が増え始め、寝たきり老人の問題がクローズアップされるなど、介護の問題が大きな社会問題になった。社会全体で要介護高齢者を支えるという理念のもとで、二〇〇〇年に、日本は世界でドイツに次いで二番目に介護保険制度を導入した。

少子高齢化のさらなる進行の中で、高齢化による社会保障給付費の増加と、少子化による支え手の減少は避けられない。将来の社会保障の給付と負担を見直すために、年金、医療保険、介護保険において、数回にわたって改革・見直しが行われてきた。たとえば、介護保険は、二〇〇〇年より実施されてから、五年ごとに大きな見直し(介護保険法の改正)、三年ごとに小さな見直し(介護報酬の改正)が行われてきた。人口の少子高齢化と経済の低成長に見合った社会保障制度の持続的維持が今後の課題だとされている。

## 一-二　日本の福祉レジームの特徴

以上、日本の社会保障・福祉政策の概要を見てきた。では、日本の福祉レジームはどのような特徴を有しており、また、エスピン-アンデルセンが提示した三つのレジームのどれに属しているのだろうか。結論からいうと、日本は欧米の三つのレジームの要素を組み合わせているとされている。日本の福祉レジームに見られる、「保守主義的」、「自由主義的」、「社会民主主義的」な要素について、順に見ていきたい(エスピン-アンデルセン　一九九〇＝二〇〇一・一九九九＝二〇〇〇)。

日本のレジームの特徴としてまず挙げられるのは、家族主義である。この点では、保守主義レジームの大陸ヨーロッパ、特に南欧と同様である。「正規労働者の夫(一家の稼ぎ手)＋専業主婦の妻(ケアの担い手)」という日本の家族モデルは、戦後の高度経済成長期に一般的になった。産業化と都市化に伴い、子どもと同居する高齢者の割合が低下する傾向は、どの国でも同じである。しかし、日本の場合、他の国と比較すると、同居率の低下は遅く緩やかであると指摘されている。また、コーポラティズムが強いという点においても、大陸ヨーロッパと共通している。社会保険は、公務員、企業の被用者、農業従事者・自営業者を対象に個別の制度が設けられており、職業上の地位によって分立している。

次に、自由主義レジームの要素については、社会保障給付の規模から確認できる。日本は医療給付がアメリカやイギリスとほぼ同規模で、子育て支援などの（高齢者関連以外の）給付水準がヨーロッパをかなり下回っており、全体的に社会保障支出の規模が小さいという点で、自由主義的な要素も有しているといえる（厚生労働省　二〇一二：八五）。

さらに、雇用保障を重視する日本は、社会民主主義レジーム諸国と同様の低失業率を実現してきた。しかし、日本と社会民主主義レジーム諸国とでは、低失業率を実現した手段が異なる。日本の場合、男性稼ぎ主には安定した雇用が確保されているが、女性の雇用は不安定である。

日本の福祉レジームには上記のような特徴が見られるが、こうした特徴を支える条件は変化している。日本における家族主義は、かなりの程度で高い経済実績や男性の終身雇用・高賃金、家庭にとどまりたい主婦の存在によって支えられてきた。しかし、現在、家族主義を支える基盤は急速に侵食されつつある。非正規雇用者の増加や共働き家族の割合の高まりはその証拠だといえる。こうした企業福祉や家族福祉の変化にも注意を払う必要がある。

## 第二節　中国の福祉レジーム

一方、中国の福祉レジームはどうなっているのか。中国の福祉レジームを理解するうえで、「二元構造（二重構造）」という表現が非常に重要な概念だと思われる。中国の都市‐農村「二元構造」を作り出したのは、戸籍制度である。一九五八年の「中華人民共和国戸籍登録条例」の公布によって、住民を「農村戸口（農村戸籍）」と「城鎮戸口（都市戸籍）」に分けて管理する戸籍制度が確立した。政府は農村から都市への人口移動を厳格に制限した。戸籍制度のもとで、都市と農村において異なる制度・政策が制定されてきたため、経済や教育、福祉など多くの面において都市住民と農村住民の間に大きな不平等が存在している。たとえば、都市と農村の所得格差を見ると、過去三〇年余りの間、都市住民の年間所得は、常に農村住民の二〜三倍以上の水準で推移してきている（図2‐2）。近年、戸籍制度の改革によって、人口移動は昔よりはるかに自由になってきているが、「都市戸籍」と「農村戸籍」という「二元構造」は、基本的には変わっていないため、都市と農村の間で依然として大きな格差が存在している。

### 二‐一　社会保障・福祉政策の流れ

中国都市と農村の社会保障・福祉政策は、「毛沢東時代（一九四九〜一九七六年）」と、「改革開放以降（一九七八年〜現在）」の二つの時期に分けて見ることができる。

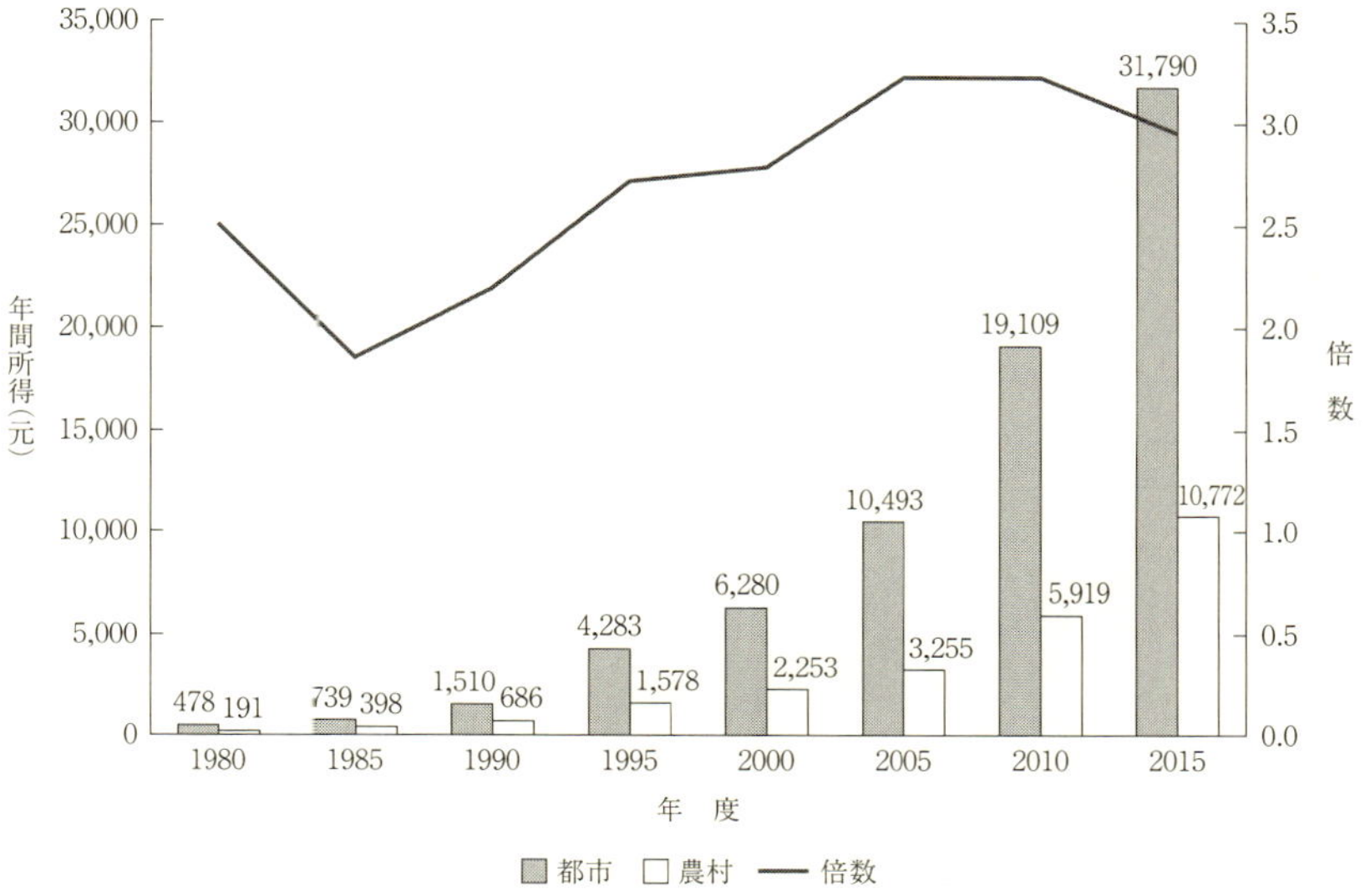


**図 2-2　都市住民と農村住民の年間所得格差**

出典）中華人民共和国国家統計局（2016），王（2008: 3）をもとに作成。

## 毛沢東時代の政策

一九四九年（中華人民共和国成立）から一九七六年（毛沢東の死去）までの時期が「毛沢東時代」と定義されている。戸籍制度によって作り出された「二元構造」は、毛沢東時代の社会保障・福祉政策の方向性を決定した。中国政府は、一九五一年に「中華人民共和国労働保険条例」を公布し、都市部の社会保障・福祉制度の骨格を確立した。当時の保険制度は、全国民を対象とするものではなく、都市労働者を中心としていた。一般的にいえば、社会保険の正常の運営を保つためには、被保険者の保険料の負担が不可欠であるが、都市戸籍を持つ住民は「単位」（勤務先、ほとんどが国営企業と集団企業）の従業員として、保険料自己負担なしで年金や医療、労働災害などを一括した総合的な社会保険に加入していた。当時、保険料は「単位」と政府が全額負担していた。国有企業を中心とする「単位」制度は、所得保障だけではなく、労働者とその家族を含めて住宅、教育、余暇活動に及ぶ生活のすべてを保障していた。「単位」の従業員を対象とする福利厚生は、主に次の三つがある。①住宅の無料分配、②食堂や託児所、体育館、病院など各種の職場付属施設の利用、③暖房費や交通費など各種の手当および生活補助金の提供である。当時の「単位」は都市従業員にとって大家族のような存在であった。

都市部の手厚い社会保障・福祉制度に対して、農民の生活は、「人民公社―生産大隊―生産隊」という制度のもとで、低いレベルで保障されていた。当時、経済水準が低く、農家が相互に協力し合う必要性が高まった。一九五八年に「農村で人民公社を設置することに関する決議」が採択され、「人民公社化」という運動が急速に推進され、一九七〇年代末まで、人民公社が農村を管理する末端権力組織となった。「人民公社化」以降、農民たちが所有する土地や家畜、家庭の手工業のための生産資材などが国家・集団所有となった。人民公社のもとに、「生産大隊」と「生産隊」が設置され、共同生産・共同分配の体制が確立した。人民公社が解体されるまで、農村の社会福祉は、公的扶助である「五保制度(食・衣・住・医・葬を保障する)」と、地域相互扶助の性格を持つ初級的な医療保険である「農村合作医療制度」しかなかった。「三無老人(労働力、法定扶養者、収入源がない高齢者)」に対しては、「五保制度」が適用されるが、家族による扶養が中心であるため、一般農民の老後生活を保障する年金制度は存在しなかった。

毛沢東時代の社会福祉政策を一言でまとめれば、都市住民にとっては「単位」、農民にとっては「人民公社」が「福祉コミュニティ」であった。

### 改革開放以降の政策

一九七六年、毛沢東の死去によって、計画経済社会に終止符が打たれた。一九七八年一二月に開かれた中国共産党第一一期中央委員会第三回総会(三中総会)では、改革開放政策の実施が決定された。

都市部では、市場における自由競争原理が導入された結果、非効率な国有企業は経営不振に陥り、「単位」制度が崩壊し、国有企業・政府が保険料を全額負担する社会保障モデルが維持できなくなった。一九九〇年代に、政府は、「企業従業員養老保険制度改革に関する決定」(一九九一年)や「都市従業員基本医療保険制度の構築に関する決定」(一九九八年)など一連の法規定と条例を制定し、社会保険制度の改革・再編を行った。社会保険制度はこれまでの企業・国家が保険料の財源を賄う国家保障型から、個人・企業・国家の三者負担という社会共済型へ転換した。また、国有企業の改革・倒産により、社会主義社会には無縁と思われていた失業、貧困などが発生し、貧富格差も拡大した。政府は社会の安定を図るために、失業保険(一九九九年)や城市居民最低生活保障制度(一九九三年発足、一九九九年全国的実施)を確立した。現行の社会保険制度として、都市企業従業員を対象に養老保険、医療保険、失業保険、労災保険、出産保険の五種類の保険が適用されている。福祉サービスに関しては、一九八七年に、地域福祉サービスを意味する「社区服務」の概念が提出され、地域福祉の整備も進められている。また、国民皆保険・皆年金を目標に、都市部の自営業者や無職者を対象として、二〇〇七年には「城鎮居民基本医療保険制度」、二〇一一年には「城鎮居民社会養老保険制度」が新たに設けられた。

一方、農村部では、まず経済面を見ると、共同生産・共同分配の人民公社が崩壊し、「家族聯産承包責任制」と呼ばれる農家ごとの生産請負制が導入された。これは「農家を農業生産の基本的な経営単位とし、集団所有の土地を人口によって農家に分配し、農家は集団に対して一定数量の現物あるいは現金を納める制度である」(小林二〇〇八：二六一)。福祉方面では、人民公社の崩壊に伴い、相互扶助の養老機能は果たせなくなり、人民公社を土台とする「合作医療制度」も維持できなくなった。また、「一人っ子政策」の実施と労働人口の都市への移動によって家族扶養の機能も低下し、農村部で新たなセーフティネットの構築が求められるようになった。こうした社会背景のもとに、一九九二年に、政府は「県級農村社会養老保険基本案(試行)」を公布し、農村部での統一的な年金制度の実施を試みた。しかし、この制度は任意加入、保険料の自己負担、財政責任の不在によって挫折した。二〇〇六年には、旧型農村養老保険は全面的に見直されることとなり、二〇〇九年に「新型農村社会養老保険」がスタートした。医療保険に関しては、二〇〇三年に「新型農村合作医療制度」が施行された。[2] ただし、失業保険・労災保険・出産保険はいまだに存在しない。これらの制度の確立により、既存の公務員・事業団体職員や都市労働者を中心とする養老・医療保険の対象外であった人々が新たにカバーされることとなった。

しかし、農村部の社会保障の中核を担う「新型農村社会養老保険」と「新型農村合作医療制度」の保障水準はどの程度なのか。「新型農村社会養老保険」を例に取ってみたい。個人納付の基準は、年額一〇〇～五〇〇元の五段階を設定しており、多く納めた者が多く得られる。しかし、最高段階の保険料五〇〇元(一元は約一六・五円である)を納付した場合でも、毎月の受給額は一一三元程度で、農村の一人当たり平均消費支出額(現金)の三二一元に対する代替率は、三五％程度に過ぎない(小林　二〇一二：三〇)。また、地域福祉の整備状況を見ると、二〇〇六年に、政府は農村部に「社区」システムを導入し始めたが、実施期間が十分ではなく、まだ実験段階にある。現在の農村部での福祉サービスは、ほぼ施設サービスのみにとどまっている。

全国をカバーしている社会保障制度はできているものの、制度設計や給付水準などの面において、都市部と農村部とではまったく異なるシステムになっている。中国の都市と農村の社会保障・福祉政策をまとめれば、表2-1のようになる。

## 二-二　中国の福祉レジームの特徴

「一個中国、四個世界(一つの中国、四つの世界)[3]」という言い方があるように、中国は膨大な人口と広大な地

**表 2-1　中国の都市と農村の社会保障・福祉政策の概要**

<table>
<tr><th colspan="3"></th><th>都市戸籍住民</th><th>農村戸籍住民</th></tr>
<tr><td>計画経済期</td><td colspan="2">福祉コミュニティ</td><td>国有企業労働者と家族を対象とした「単位」<br>・住宅，医療，年金，教育，余暇活動を全面保障<br>・1978 年，市場経済の導入により崩壊</td><td>農民を対象とした「人民公社―生産大隊―生産隊」<br>・共同生産・共同分配，社会保障は皆無に近い<br>・1978 年，農家生産請負制の導入により解散</td></tr>
<tr><td rowspan="7">改革開放以降</td><td rowspan="5">社会保険</td><td>養老保険</td><td>1991 年：城鎮企業職工基本養老保険(就労者)<br>2011 年：城鎮居民社会養老保険(非就労者)</td><td>2009 年：新型農村社会養老保険</td></tr>
<tr><td>医療保険</td><td>1998 年：城鎮職工基本医療保険(就労者)<br>2007 年：城鎮居民基本医療保険(非就労者)</td><td>2003 年：新型農村合作医療</td></tr>
<tr><td>労災保険</td><td>1996 年：工傷保険(就労者のみ)</td><td>無</td></tr>
<tr><td>失業保険</td><td>1999 年：失業保険(就労者のみ)</td><td>無</td></tr>
<tr><td>出産保険</td><td>1994 年：生育保険(就労者のみ)</td><td>無</td></tr>
<tr><td colspan="2">社会救済</td><td>1999 年：城市居民最低生活保障制度</td><td>1956 年：五保制度(計画経済期から存在する)<br>2007 年：農村居民最低生活保障制度</td></tr>
<tr><td colspan="2">地域福祉</td><td>1987 年：社区服務</td><td>皆無に近い</td></tr>
</table>

域を抱えており、地域間格差が著しく、国内の事情が複雑なため、中国全体の福祉レジームを一元的に論じることができない。また、中国の福祉レジームは、もし理論上一つのものであるとしても、アジアの開発福祉モデルあるいは経済発展中心の福祉モデル、儒教福祉モデルであると簡単にまとめることができない(熊二〇〇六：二〇九)。

実際、中国の社会保障制度の特徴は、①都市と農村に対して、それぞれ異なる制度を適用している、②年金制度において賦課方式と積立方式が併存しており、医療保険も個人口座と社会プールの両方が設けられ、自助努力の部分がたくみに組み込まれている、③社会福祉サービスの基盤である「社区」によるサービスと民営化・市場化されたサービスから構成されるといった点にあるため、一元的なものとなっていない(袖井二〇〇八b：三五三―三五六)。

産業化と都市化に伴い、血縁や地縁で結ばれた人間関係が衰退し、社会保障と社会福祉は、家族や地域共同体が果たしていた福祉機能を補完・代替するものとして出現した。現在、産業化と都市化の最中にある中国においても、家族と地域共同体が変容し、国民皆保険・皆年金に向けて急スピードで社会保障制度を整備している。しかし、以上見てきたように、中国の福祉レジーム自体はいまだ構築中であり、福祉政策の背後には、独自の歴史的背景や地域間格差などの特殊な事情もある。「二〇〇〇年以降、市場経済の拡散や少子高齢化の進展などによって政府の福祉政策分野への積極的な取り組みが始まっているが、そこでモデルになっているのは普遍主義を標榜する福祉国家モデルではない。『福祉の社会化』や『社区福祉』(地域福祉)という戦略は中国の福祉国家化の道が、先進国が歩んできたものとは異なるものになっていくことを示唆している」(金　二〇〇九：五六)。中国は将来、中国的特色のある社会主義型福祉国家として独自のモデルを形成していくかもしれない。

以上、日本と中国の社会保障政策の流れと福祉レジームの特徴を概観してきた。続いて第Ⅱ部～第Ⅳ部において、事例調査を通して、日中両国の育児と高齢者扶養・介護についてそれぞれ検討していく。

(1)　日本の社会保障・福祉政策は厚生労働省(二〇一二)と辻(二〇一三)、中国の社会保障・福祉政策は範(二〇〇六)、鐘(二〇〇八)、卢(二〇一七)を参照した。

(2)　農民が対象の「新型農村社会養老保険」と都市非就業者が対象の「城鎮居民社会養老保険」は制度設計や給付水準などの面において共通点が多い。二〇一四年に中国国務院常務会議で、両制度を統合し、全国統一の制度として「城郷居民基本養老保険」を実施することを決定した。医療保険に関しても、「新型農村合作医療制度」と「城鎮居民基本医療保険」の統合が行われている。

(3)　「一個中国、四個世界」：中国では、地域間の格差が大きく、「一つの中国、四つの所得グループ」という現象が見られる。中国各省・直轄市・自治区の一人当たりGDPを世界各国と比べてみると、次の四つのグループに分けることができる。①上海と北京は、一人当たりGDPはそれぞれ世界で四九位と六四位で世界の高所得グループに属している(全国人口の二・二%)。

②天津、浙江、広東などは、二番目の所得グループに属している（全国人口の二一・八％）。③山東、黒竜江、河北などは、三番目の所得グループに属している（全国人口の二一・八％）。④内モンゴル、甘粛、貴州などは、世界中で最も低い所得グループに属している（全国人口の五〇・六％）（胡　二〇〇三）。

# 第Ⅱ部　日中の育児支援

# 第三章　日本の少子化と育児構造

## 第一節　少子化の進行と子育て環境の変化

日本は、人口面において、少子化・高齢化・人口減少という「三位一体の人口変化」が特徴である（金子　二〇〇六：一五）。「一・五七ショック」と騒がれた一九九〇年以降、少子化は大きな社会問題として認識されるようになった。一連の子育て支援策も少子化対策とセットにして推進されてきた。これまで政府主導による「エンゼルプラン」や「少子化社会対策基本法」、「子ども・子育て支援法」など、各種の少子化対策が積み上げられてきたが、社会全体の少子化傾向は止まらない。

日本社会のマクロレベルでの少子化原因として、①小家族化による子育て支援の家族力の喪失、②コミュニティレベルに存在していた従来の子育て支援システムの崩壊、③女性の社会進出に伴う機会費用の増大、④友人関係ネットワークによる子育て支援システムの弱まりの四点が指摘されている（金子　二〇〇六：三二）。この指摘から、現代日本の少子化の背後には、育児が構造的に困難になっているという状況があるといえる。

「平成二七年国民生活基礎調査」によると、日本の平均世帯人員は、平成元年の一九八九年には三・一〇人であったが、二〇一五年には二・四九人にまで縮小しており、小家族化の傾向が顕著である。また、三世代世帯の割合を見ると、一九八九年に一四・二％であったが、この二十数年の間で六・五％にまで減少している。親族からの育児支援が得にくくなる一方、都市化の進展によって地域住民相互のつながりが希薄化しており、地域における相互扶助機能も低下している。

このような社会的環境の中で子育てをする親は、どのような育児の負担と困難を抱えているのか。また、子育て中の親は、誰から、あるいはどの機関から、どのような支援を得て子育てを行っており、どのような支援を必要としているのか。本章では、日本の育児構造の現状と課題について考察する。

## 第二節　育児援助の分析視点

現代の育児は、家族、特にそのうちの母親一人によって遂行されているというより、親族・地域・諸機関を巻き込む育児ネットワークに支えられてはじめて可能になっている（落合　一九八九：九三）。この指摘のとおり、子どものケアをめぐっては、さまざまな個人や団体が支援を提供している。

「育児援助」とは、「母親に対して育児役割の遂行を容易にするために与えられる直接・間接の助力」であり、育児援助の内容と主な与え手によって次のように分類できる。まず、内容から見ると、育児援助は、育児労働そのものの一部あるいは全部を代行する「直接的育児援助」と、母親の育児役割遂行を側面から支える「間接的育児援助」に大別できる。「間接的育児援助」はさらに、母親を情緒的に支える「情緒的育児援助」、母親に育児知識を与える「情報的育児援助」、育児に必要な金銭や物品を与える「経済的育児援助」などに分けられる。また、育児援助の主な与え手として、夫、子どもの祖父母を含む親族、地域、保育所や幼稚園などの公的・民間の諸機関、育児援助的商品や育児援助的労働慣行などが挙げられる（落合　一九八九：九八―九九）。

支援学の観点から、福祉介護分野における社会的支援は、自助、互助、共助、公助、商助の五類型に分類できる。すなわち、①私的援助―自助：自助努力、家族からの援助、②相互援助―互助：支援者と被支援者のボランタリーな関係、③共同援助―共助：コミュニティレベルにおける支援、小地域福祉活動、④公的援助―公助：専門家による専門的サービス、⑤企業活動―商助：福祉ビジネスとしての専門的サービスである。たとえば、高齢者を取り巻く支援環境として、まず私的援助から始まり、家族以外のボランタリーな関わりとして相互援助が存在する。もう一歩突き進めると、一人暮らしの高齢者を、町内会や老人クラブあるいは有志の人たちが訪問して支えているように、共同援助も控えている。公的援助の代表として、介護保険関係では、ケアマネージャーやホームヘルパーなどによる専門的な支援サービスが挙げられる。また、シルバービジネスとして「商助」も活発である（金子　一九九七：四五、金子　二〇一一：七三―七四）。

「五助」という社会的支援の分類は育児分野にも活用することができる。本章では、自助、互助、共助、公助、商助という五類型の援助の組み合わせを「育児支援ネットワーク」と定義する。具体的には、家族・親族からの育児支援（自助）や、子どもを介したママ友付き合い（互助）、地域における子育て支援活動（共助・公助）、児童手当や産休・育休など政府による支援政策・制度（公助）、託児施設によるサポート（商助・公助）を、育児支援ネットワークとして体系化して捉える。

## 第三節　日本の育児構造の特徴と成因

では、日本の育児構造にはどのような特徴があるのだろうか。アジアの他地域と比較しながら見ていく。アジアの子どものケアをめぐる社会的ネットワークについて、日本、韓国、中国、台湾、タイ、シンガポールというアジア六地域を対象に行った比較研究がある（落合・山根・宮坂 二〇〇七、落合 二〇一三b）。落合らの研究では、子どものケアをめぐる社会的ネットワークの地域別パターンについて、母親、父親、親族、コミュニティ、家事労働者、施設の育児援助の効果がA、B、C、Dの四段階で示されている（表3-1）。

アジアの他地域に比べ、日本では育児の責任が母親に集中しており、父親と親族の育児参加が相対的に少ない。保育所は働く母親のみを対象としているため、専業主婦家庭に対しては、幼稚園に入る年齢まで施設ケアがほとんど提供されていない。また、家事労働者の役割は小さい。親族以外のインフォーマルな人間関係を見ると、子育て中の母親たちが意図的にネットワークを形成している。一九九九年の「新エンゼルプラン」導入以降、地域の子育てサークルがＮＰＯを立ち上げる事例も見られ、専業主婦家庭の育児援助に一役買っていると指摘されている。

なぜ、日本の育児構造には、このような特徴が見られるのか。近代化は家内領域と職業領域の分離と両性のそれぞれの領域への配分をもたらし、「女性の主婦化」や「育児の私事化」をもたらしたと指摘される。日本では、高度成長期に専業主婦が一般化し、「夫は仕事、妻は家庭」という性別役割分業が定着した。幼児期における母親の重要性が強調され、子育てや家事が最優先されるようになった。「主婦化」の現象は、日本に限らず、西

**表3-1　子どものケアをめぐる社会的ネットワーク**

| | 母　親 | 父　親 | 親　族 | コミュニティ | 家事労働者 | 施設(3歳未満児対象) |
|---|---|---|---|---|---|---|
| 中　国 | $A^-$ | A | A | B | C(大都市：B) | A |
| タ　イ | A | A | B | B | C | D |
| シンガポール | $A^-$ | B | A | C | A | A |
| 台　湾 | A | B | A | ? | B | C |
| 韓　国 | $A^+$ | C | B | B | C | C |
| 日　本 | $A^+$ | C(共働き：B) | C(共働き：B) | B | D | C(共働き：B) |

A 非常に効果的　B ある程度効果的　C あまり効果的でない　D ほとんど効果的でない

注)「母親」にのみ用いた記号の$A^-$は非常に効果的であるが，他地域の母親ほど責任が集中していないこと，$A^+$はとりわけ集中していることを意味する。

出典）落合(2013b: 181)

ヨーロッパやアメリカなどの資本主義諸国においても、近代家族の時代に見られた。しかし、欧米では、一九七三年のオイルショックによって深刻な経済的不況が起き、妻を主婦にして養える若い男性が減少した。また、同じ時期に高齢化が進み、高齢社会対策としても女性の労働力化の必要が出てきた。この二点を背景に、一九七〇年代以降、欧米では女性労働力率が上昇し、「脱近代的性別役割分業」の動きが進んだ。それに対して、日本ではその動きは停滞しており、幼児期は母親が育児に専念すべしとする規範が現在でも強く、出産と仕事の二者択一を迫られている(落合ほか　二〇〇四：三八二、落合　二〇一三a：九―一一)。

内閣府男女共同参画局のデータによると、近年、女性の社会進出が進展したにもかかわらず、依然として約六割の女性労働者は第一子の出産を機に離職している。仕事と育児の両立が難しいため、やむを得ず辞めた女性も少なくない。一方で、育児中の母親が親族や地域などの社会的ネットワークから孤立し、育児不安が広がっている問題が目立っている。一九七〇年代に母親の育児不安や育児ノイローゼなどが大きく取り上げられるようになった。当時、これらの育児問題は母親の問題としてのみ語られていたが、一九八〇年代に入ってから、育児不安は「だめな母親」の個人的な問題ではなく、社会構造的な問題として認識されるようになった。行政の施策のレベルでも、一九九〇年代以降、従来の共働き家庭を中心に推進されてきた子育て支援は、専業主婦の在宅育児にも拡大され、すべての子育て家庭に対する支援の充実が図られている（山根　二〇〇〇）。

以上の検討を踏まえて本章では、少子化と小家族化が顕著な大都市の子育て家庭を支える支援ネットワークについて、質的調査の結果をもとに分析する。具体的には、家族・親族、ママ友、地域、政府、市場が提供する育児支援の構造と問題点を検討する。

## 第四節　調査概要

調査地は、日本の代表的な少子化都市・札幌市である。札幌市の二〇一四年の合計特殊出生率は一・一六であり、これは都道府県の中で最も低い東京都（一・一五）と同水準にあり、全国的に見ても低位にある。また、二〇一〇年に一般世帯の平均世帯人員数が二・一六であり、全国平均の二・五九を〇・四三ポイント下回り、小家族化も進んでいる。[1] 少子化と小家族化の傾向が顕著な札幌市は、育児力や介護力を含む「家族力」が弱いといえよう。

二〇一一年六月から二〇一三年九月にかけて、中央区の札幌市子育て支援総合センターと、三つの児童会館（北区のエルムの森児童会館、白石区の東札幌児童会館、西区の平和児童会館）、豊平区の地域子育て支援拠点NPO団体「ねっこぼっこのいえ」の子育てサロンにおいて、その日施設を利用していた子育て中の親や、施設のボランティアを対象に半構造化インタビュー調査を実施した。[2] 調査対象者は、子どもの親七九名、施設のボランティア三名、計八二名である。子どもの親七九名の特徴をまとめると、表3-2のようになる（調査対象者の詳細は、表3-3を参照されたい）。五つの施設の利用者には、子どもと専業主婦の母親という組み合わせが圧倒的に多い。ただし、年中無休の子育て支援総合センターの場合、土日と祝日になると、働く母親と父親の姿も見られる。ま

**写真 3-1　子育てサロンが開始する前**
**（札幌市西区平和児童会館）**

出典）筆者撮影

**写真 3-2　子育てサロンの様子（札幌市**
**子育て支援総合センター）**

出典）札幌市公式ホームページ（http://www.city.sapporo.jp/kocomo/kosodate/shisetsu/sougo_center.html）

表3-2　調査対象者の特徴

| | | |
|---|---|---|
| 調査対象者の内訳 | 母　親　専業主婦 | 67名 |
| | 有職（フルタイム） | 5名 |
| | （パートタイム） | 4名 |
| | （自営業） | 0名 |
| | 父　親 | 3名 |
| 学　歴 | 中学校 | 1名 |
| | 高校 | 5名 |
| | 専門学校・短期大学 | 31名 |
| | 大学・大学院 | 34名 |
| | 不明 | 8名 |
| 世帯年収（万円） | 100未満 | 0名 |
| | 100～299 | 5名 |
| | 300～499 | 28名 |
| | 500～699 | 24名 |
| | 700～999 | 7名 |
| | 1000以上 | 5名 |
| | 不　明 | 10名 |
| 3世代同居状況 | 同　居 | 3名 |
| | 別　居 | 76名 |

た、表3-2に示すように、調査対象者は中間所得層が多く、三世代同居率が低いという特徴を持っている。

## 第五節　日本における育児の実態

### 五-一　育児負担

子育てにおいては楽しいことが多くあるが、一方で時間的負担、身体的負担、精神的負担、金銭的負担という四種類の負担も存在する（金子　二〇〇六：三二）。調査では、「子育てをするうえで大変だと思うこと・負担だと思うこと」について聞き取りを行った。

調査対象者の中で、「子どもの夜泣きで、睡眠不足」や「離乳食を食べてくれない」、「子どもがいうことを聞かない」、「子どもが手強く、いつも散らかすので、やりきれない」など子どもへの対処で大変

**表 3-3　調査対象者のフェースシート**

| | 職業 | 年齢 | 配偶者職業 | 最終学歴 | 年収(万) | 子ども数(性別・年齢) |
|---|---|---|---|---|---|---|
| S1 | 専業主婦(時々英語翻訳) | 30 代 | 会社員 | 大学・大学院 | 700～999 | 1 人：女 3 歳 |
| S2 | 専業主婦 | 30 代 | 会社員 | 短大・高専・専門学校 | 700～999 | 2 人：女 4 ヶ月・男 3 歳 |
| S3 | 専業主婦 | 20 代 | 公務員 | 大学・大学院 | 300～499 | 2 人：女 0 歳・女 1 歳 |
| S4 | 専業主婦 | 30 代 | 会社員 | 短大・高専・専門学校 | 700～999 | 1 人：女 9 ヶ月 |
| S5 | 専業主婦 | 31 歳 | 会社員 | 大学・大学院 | 500～699 | 1 人：女 11 ヶ月 |
| S6 | 専業主婦 | 30 代 | 会社・商店の経営 | 大学・大学院 | 1000～1499 | 1 人：男 1 歳 |
| S7 | 専業主婦 | 30 代 | 公務員 | 大学・大学院 | 500～699 | 1 人：男 1 歳 |
| S8 | 専業主婦 | 27 歳 | 会社員 | — | 500～699 | 1 人：女 1 歳 4 ヶ月 |
| S9 | 専業主婦 | 30 代 | 会社・商店の経営 | 大学・大学院 | 1000～1499 | 1 人：男 1 歳 |
| S10 | 専業主婦 | 33 歳 | — | — | 500～699 | 2 人：男 4 歳・男 7 歳 |
| S11 | 専業主婦 | 30 代 | 会社・商店の経営 | 短大・高専・専門学校 | — | 3 人：男 5 歳(双子)・女 7 歳 |
| S12 | 専業主婦 | 30 代 | 会社員 | 短大・高専・専門学校 | 300～499 | 2 人：女 1 歳・女 4 歳 |
| S13 | 専業主婦 | 40 代 | 会社員 | 短大・高専・専門学校 | 300～499 | 2 人：男 2 歳・女 11 歳 |
| S14 | 専業主婦 | 30 代 | 会社・商店の経営 | 大学・大学院 | 700～999 | 1 人：女 1 歳 |
| S15 | 専業主婦 | 30 代 | 会社員 | 大学・大学院 | 500～699 | 2 人：男 1 歳・女 4 歳 |
| S16 | 専業主婦 | — | — | — | — | 2 人：女 10 ヶ月・女 2 歳半 |
| S17 | 専業主婦 | 20 代 | 会社員 | 短大・高専・専門学校 | 300～499 | 1 人：男 1 歳 3 ヶ月 |
| S18 | 専業主婦 | 30 代 | 公務員 | 短大・高専・専門学校 | — | 1 人：男 2 歳 |
| S19 | 専業主婦 | 30 代 | 会社員 | 大学・大学院 | 500～699 | 1 人：男 1 歳 |
| S20 | 専業主婦 | 30 代 | 会社員 | 大学・大学院 | 500～699 | 1 人：男 1 歳 6 ヶ月 |
| S21 | 専業主婦 | 30 代 | 会社員 | 大学・大学院 | — | 1 人：女 1 歳 7 ヶ月 |
| S22 | 会社員 | 30 代 | — | 大学・大学院 | 300～499 | 1 人：女 3 歳 |
| S23 | 専業主婦 | 30 代 | 公務員 | 大学・大学院 | 300～499 | 2 人：男 1 歳 8 ヶ月・女 4 歳 4 ヶ月 |
| S24(父親) | 塾の経営 | 30 代 | 専業主婦 | 短大・高専・専門学校 | 100～299 | 2 人：男 1 歳・男 4 歳 |
| S25 | 保育士(パート) | 20 代 | 会社員 | 短大・高専・専門学校 | 100～299 | 2 人：女 2 歳・2 人目妊娠中 |
| S26 | 専業主婦 | 40 代 | 会社員 | 短大・高専・専門学校 | 1000～1499 | 1 人：女 1 歳 4 ヶ月 |
| S27 | 専業主婦 | 30 代 | 公務員 | 大学・大学院 | 300～499 | 2 人：男 1 歳・女 6 歳 |
| S28 | 専業主婦 | 40 代 | 会社員 | 短大・高専・専門学校 | 300～499 | 1 人：女 1 歳 7 ヶ月 |
| S29 | 販売員(パート) | 20 代 | 会社員 | 短大・高専・専門学校 | 300～499 | 2 人：女 1 歳・男 3 歳 |
| S30 | 専業主婦 | 30 代 | 会社員 | 短大・高専・専門学校 | — | 1 人：男 3 歳 |
| S31 | 専業主婦 | 31 歳 | 会社員 | 短大・高専・専門学校 | 500～699 | 1 人：男 11 ヶ月 |
| S32 | 専業主婦 | 25 歳 | 会社員 | 高校 | 300～499 | 1 人：女 2 歳 |
| S33 | 専業主婦 | 37 歳 | 会社員 | 大学・大学院 | 300～499 | 1 人：女 1 歳 |
| S34 | 専業主婦 | 31 歳 | 会社員 | 短大・高専・専門学校 | 300～499 | 1 人：男 1 歳 |
| S35 | 専業主婦 | 33 歳 | 会社・商店の経営 | 高校 | 1000～1499 | 2 人：男 1 歳・男 4 歳 |
| S36 | 専業主婦 | 35 歳 | 会社員 | 短大・高専・専門学校 | 500～699 | 1 人：男 1 歳 |
| S37 | 専業主婦 | 31 歳 | 会社員 | 大学・大学院 | 300～499 | 2 人：女 2 歳・女 4 歳 |
| S38 | 専業主婦 | 23 歳 | 会社・商店の経営 | 短大・高専・専門学校 | 300～499 | 1 人：男 2 歳 |
| S39(父親) | 公務員 | 41 歳 | アルバイト | 大学・大学院 | 700～999 | 1 人：女 5 歳 |
| S40 | 公務員 | 37 歳 | 公務員 | 大学・大学院 | 700～999 | 1 人：男 1 歳 |

表 3-3 （続き）

| | 職業 | 年齢 | 配偶者職業 | 最終学歴 | 年収(万) | 子ども数(性別・年齢) |
|---|---|---|---|---|---|---|
| S41（父親） | 会社員 | 35 歳 | 専業主婦 | 高校 | 300～499 | 1 人：男 2 歳 |
| S42 | 専業主婦 | 39 歳 | 会社員 | 短大・高専・専門学校 | 500～699 | 1 人：女 2 歳 |
| S43 | 専業主婦 | 39 歳 | 会社員 | 短大・高専・専門学校 | 500～699 | 3 人：女(年齢—) |
| S44 | 専業主婦 | 33 歳 | 会社員 | 短大・高専・専門学校 | 300～499 | 1 人：女 1 歳 |
| S45 | パート | 37 歳 | — | 中学校 | 100～299 | 2 人：(性別—)4 歳・10 歳 |
| S46 | 専業主婦 | 34 歳 | 会社員 | 高校 | 100～299 | 3 人：— |
| S47 | 専業主婦 | 35 歳 | 会社・商店の経営 | 短大・高専・専門学校 | 700～999 | 2 人：女 2 歳・女 5 歳 |
| S48 | 専業主婦 | 40 歳 | — | — | — | 1 人：女 1 歳 5ヶ月 |
| S49 | 専業主婦 | — | 会社員 | 大学・大学院 | 500～699 | 1 人：(性別—)2 歳 |
| S50 | 専業主婦 | 30 歳 | 会社員 | 短大・高専・専門学校 | 300～499 | 2 人：(性別—)0 歳・2 歳 |
| S51 | 専業主婦 | 31 歳 | 会社員 | 短大・高専・専門学校 | 100～299 | 2 人：(性別—)1 歳・3 歳 |
| S52 | 専業主婦 | 30 歳 | 会社員 | 大学・大学院 | 500～699 | 1 人：男 2 歳 |
| S53 | 専業主婦 | 29 歳 | 会社員 | 大学・大学院 | 300～499 | 1 人：男 2 歳 |
| S54 | 専業主婦 | 32 歳 | 会社員 | 大学・大学院 | 500～699 | 1 人：男 2 歳 |
| S55 | 専業主婦 | 32 歳 | 会社員 | 大学・大学院 | 300～499 | 1 人：男 1 歳 |
| S56 | 専業主婦 | 33 歳 | 会社員 | 短大・高専・専門学校 | 300～499 | 2 人：(性別—)2 歳・6 歳 |
| S57 | 専業主婦 | 34 歳 | 会社員 | 短大・高専・専門学校 | 500～699 | 2 人：男 7ヶ月・男 3 歳 |
| S58 | 専業主婦 | 30 歳 | 公務員 | 大学・大学院 | 500～699 | 1 人：男 1 歳 |
| S59 | 専業主婦 | 34 歳 | 会社員 | 短大・高専・専門学校 | 300～499 | 1 人：男 1 歳 |
| S60 | 専業主婦 | 31 歳 | 会社員 | 大学・大学院 | 500～699 | 2 人：男 0 歳・女 2 歳 |
| S61 | 専業主婦 | 36 歳 | 会社員 | 大学・大学院 | 500～699 | 1 人：女 9ヶ月 |
| S62 | 会社員（育休中） | — | — | — | — | 1 人：(性別—)9ヶ月 |
| S63 | 会社員 | 34 歳 | 会社員 | 大学・大学院 | 500～699 | 3 人：女 10ヶ月・女 4 歳・女 7 歳 |
| S64 | 専業主婦 | 38 歳 | 会社員 | 大学・大学院 | 500～699 | 1 人：女 3 歳 |
| S65 | 専業主婦 | 27 歳 | 会社員 | 短大・高専・専門学校 | 300～499 | 2 人：男 2 歳・男 4 歳 |
| S66 | 専業主婦 | 33 歳 | 会社員 | — | 300～499 | 1 人：男 11ヶ月 |
| S67 | 専業主婦 | 42 歳 | 会社員 | 大学・大学院 | 500～699 | 1 人：女 2 歳 |
| S68 | 専業主婦 | 33 歳 | 会社員 | 短大・高専・専門学校 | 300～499 | 2 人：(性別—)1 歳 7ヶ月 2 人目妊娠中 |
| S69 | パート | 33 歳 | 会社員 | — | 300～499 | 5 人：男小学校 3 年・男幼稚園・男 3 歳(双子)・5 人目妊娠中 |
| S70 | 専業主婦 | 30 歳 | 会社員 | 短大・高専・専門学校 | 500～699 | 1 人：男 1 歳 |
| S71 | 専業主婦 | 20 代 | 会社員 | 高校 | — | 1 人：男 1 歳 8ヶ月 |
| S72 | 専業主婦 | 34 歳 | 会社員 | — | 500～699 | 1 人：男 1 歳 2ヶ月 |
| S73 | 専業主婦 | 26 歳 | 会社員 | 短大・高専・専門学校 | 300～499 | 2 人：女 2 歳 10ヶ月・2 人目妊娠中 |
| S74 | 専業主婦 | 37 歳 | 会社員 | 大学・大学院 | 300～499 | 1 人：女 2 歳半 |
| S75 | 専業主婦 | 33 歳 | 会社員 | 大学・大学院 | — | 1 人：男 1 歳 10ヶ月 |
| S76 | 会社員 | 40 歳 | 公務員 | 短大・高専・専門学校 | 1000～1499 | 2 人：男小学校 1 年・男 3 歳 |
| S77 | 専業主婦 | 33 歳 | 会社員 | 大学・大学院 | 300～499 | 2 人：女 6ヶ月・女 3 歳 |
| S78 | 専業主婦 | 34 歳 | — | 大学・大学院 | 500～699 | 2 人：女 1 歳・男 2 歳 |
| S79 | 専業主婦 | 32 歳 | 公務員 | 大学・大学院 | — | 1 人：女 2 歳 |

注）ケース番号の「S」は，札幌調査を意味する。

だと答えた母親が多い。また、育児のほかに、多くの場合家事も一人でこなさないといけないため、育児と家事の両立で大変だという回答も多く得られた。たとえば、「忙しすぎて手が空いていないときもあるので、家事の間、子どもを泣かせっぱなしにするしかない」や「食材を買いに行くとき、あるいは試着するとき、不便なので、しょうがなく通販を利用している」などの回答があった。育児には身体的・時間的負担が多いことがわかる。四種類の育児負担は、相互に独立しているのではなく、特に身体的負担と時間的負担が精神的負担を引き起こす場合が多い。たとえば、母親たちから「いろいろと用意が大変で、ストレスが溜まる」、「時々いらいらする」、「子どもと二人きりで、リフレッシュの時間がない」などの声が聞かれた。

母親の身体的負担・時間的負担・精神的負担の原因の一つとして、育児を頼れる人がいないことが挙げられる。たとえば、「自分が病気のとき、あるいは出かけたいとき、子どもを見てくれる人がそばにいない。頼りにできる人がいない」、「悩みのあるとき、相談相手がいない」、「実家も遠いし、主人も仕事で忙しく、帰りが遅いので、何でも自分一人でやるのがつらい」などの回答があるように、「夫」や「親」などからの支援を受けられない状態にあると、母親は「孤立育児」に陥る可能性が高い。

最後に、経済的負担については、「来年から、下の子も幼稚園に行くので、二人の料金を払うのはちょっと大変だ」、「幼稚園の料金が高い」、「将来、塾とか、大学とか、いろいろ考えないといけない」、「子どもが大きくなるほど、教育費がかかる」など、幼稚園の費用と将来の教育費の負担を挙げた回答が多い。

上記のような育児負担を抱える母親に対して、誰が、あるいはどの機関がどのようなサポートを提供しているのか、次項で見ていく。

## 五－二　育児支援ネットワーク

### 自助：家族・親族ネットワーク

調査回答者には専業主婦が多い。「仕事と子育ての関係」に対する意見をたずねた結果から、専業主婦の母親を二つに分類することができる。

第一に、自ら進んで専業主婦になった母親がいる。たとえば、「やはり一番小さくてかわいいときは三年しかないので、自分で面倒を見てあげたい」や「保育施設に預けたら、子どもが新しいことができたとき、親として生で見ることができない」などの回答があった。第二に、やむを得ず専業主婦になった母親もいる。「夫がいつも転勤する。自分が短期で働いて辞めたら、相手にとって迷惑なので、働けない」や「以前働いていた。育休も取ったが、どうしても短時間勤務が無理なので、しょうがなく辞めてしまった」などの意見が該当する。

子育て中の母親にとって、家族・親族ネットワークは最も頼もしい支援である。たとえば、「うちは児童会館からちょっと遠いけど、実家は会館のすぐそばにあるので、実家に帰ったついでに、会館へ寄ってきた。実家からすぐ助けを受けられるので、自分のストレスも半分になる。友達もいつもうらやましいって」という回答があるように、親族からの支援により、育児負担が軽減される場合もある。しかし、札幌調査では、この回答者のようにすぐ親から支援を受けられる事例は少数派である。

小家族化や男性の長時間労働により、家族の支援を求めたくても、不可能な場合がある。「うちは転勤族で、夫の仕事の関係で今の地域に転入してきた。友達も両親もそばにいない。悩みがあるとき、身近に相談相手がいない」や「急用ができたとき、気軽に子どもを預かってもらえるところがない」など、家事も育児も一人に任されるため、「孤立感」を訴えた母親が多かった。

### 互助：ママ友付き合い

調査で出会った母親たちの中には、そもそもママ友同士で、一緒に子育て支援施設に来館した母親もいれば、これらの施設でママ友を作った母親もいる。「子どもを遊ばせるために、支援センターに来た」や、「同じような育児経験を持っているお母さんが多いので、支援センターに来た」などの回答があるように、施設の利用目的は子どもを遊ばせるためだけでなく、同じく育児経験を持つほかの母親と交流を求める面もあることがわかった。ママ友付き合いがどの程度なされているかについては、「一緒にランチに行ったり、有料のところで子どもを遊ばせたりする」や、「ときどき家に遊びに来てもらって、一緒に子どもの誕生日会をやったことがある」、「今年の四月に引っ越してきた。最初は不安だったが、児童会館でママ友ができて助かった。会う時は、いつも育児に関する情報を交換する」などの回答を得た。相談・交流の相手としてママ友を挙げた人が多かったが、ママ友間の付き合いは、子どもを預ける関係までには発展していない。互助としてのママ友からのサポートは、母親本人に直接的な育児支援を与える手段として有効ではないが、母親の精神的負担を軽減させ、社会とのつながりを感じさせるなど、情緒的サポートを提供しているといえる。すべての利用者が子育て支援センターや児童会館で人間関係を広げたわけではないが、これらの子育て支援施設は、母親たちを囲い込み、ある程度ママ友付き合いを創出する機能を持っている。ママ友間の互助を促進させる手段として、こうした子育て支援施設の増設と施設における子育てサロンの育成が考えられる。

## 共助・公助：地域の子育て支援

インタビュー調査を実施した三つの児童会館では、それぞれ週に一〜三回「子育てサロン」が行われており、乳幼児と親は無料で自由に参加できる。親子体操やボール遊びなど、さまざまな活動がある。職員が常にそばにいてフォローし、専門的な立場から育児中の母親の相談に応じる。子ども同士で遊んでいる場面や、母親同士で話し合って交流している場面もよく見られる。また、ＮＰＯ団体「ねっこぼっこのいえ」では、毎週の水曜日と金曜日に乳幼児から高齢者まで参加できる「みんなのひろば」で、地域のボランティアによる絵本の読み聞かせや素語り、みんなで楽しむ「スイカ割り」など、多世代交流が行われている。

地域における子育てサロンの運営には、子どもが日頃関わっている地域社会の協力が不可欠である。子育て支援ボランティアには、地域の中高年者が圧倒的に多い。ただし、平和児童会館で「自分が高校生のとき、よくこの児童会館に遊びに来ていた。そのとき、自分より小さい子どもは懐いてくれたので、仲良くなった。今は仕事で忙しいので、週に一回、三時間程度来ている」という回答に見られるように、二十代の若者も参加している。子育てサロンは育児中の母親にとってどのような意味を持っているのか。たとえば、「家だと二人きりになるので、児童会館に来て、子ども同士・母親同士でいろいろ交流できる」や、「子どもの社会性が育まれるし、同じ立場の母親たちと話し合うと、自分も頑張れるようになる」などの回答があった。こうした地域の子育て支援は、子どもの健やかな成長にとって有益であるだけでなく、核家族の中で育児に奮闘している母親の一助にもなっている。

## 公助：行政の支援政策・制度

日本政府による子育て支援策は、主に①妊婦健診を公費の補助で受けられる受診券、②出産育児一時金、③児童手当、④出産休暇、⑤育児休暇の五点にまとめられる。

調査では、特に⑤育児休暇の取得状況についてたずねた。まず、母親の育児休暇に関しては、「自分が一人目を産んだ後、職場に復帰したが、長い間席を外していたので、後ろめたい思いをする。二人目を作ると、また迷惑になるし、職場もそういう雰囲気じゃないので、二人目がほしいが、たぶん産めない」という回答があるように、働く母親の仕事と出産・育児が両立しにくい現実に直面している。職場環境や、当事者でない上司や従業員への配慮が働く女性の出産・育児行動に影響している。この母親の職業は公務員であり、第一子を出産したとき、職場からある程度理解を得たが、それでも第二子の出産が難しいようである。企業になると、「以前の職場は古い会社で、育休の前例がない。出産をきっかけに仕事を辞めた」や「妊娠中も仕事していたが、やはり夫は出張が多いので、どっちか辞めないといけない。自分が辞めた。以前の職場は育休を取った人がいない。会社に柔軟に対応してほしい」など、仕事と育児の両立がより厳しい状況に置かれている。また、父親の育児休暇に関しては、「短期間だけでも夫に育休を取ってほしいが、実際取ったら、たぶん仕事をなくすかもしれない」、「今みんな核家族で、自分たちの力でやるしかない。旦那は育休が取れるけど、取ってしまったら、冷たく見られるので、そう簡単に取れない」などの回答があった。育児休暇の取得は、公務員と大企業勤務者のみに可能であり、中小企業ではその取得が困難である。

### 商助・公助：保育所・幼稚園・「認定こども園」・「保育ママ」

子どもを預ける施設は、厚生労働省管轄の保育所と文部科学省管轄の幼稚園がメインである。保育所の利用について、「二人目を産むために、自分も働いてお金を貯めたいが、今の身分が専業主婦だと、入所の優先順位が下がるので、認可保育所への申し込みをして待機している。結局、求職活動ができない」、「子どもを保育所に入れたかったが、一年待ちといわれた。保育所に専業主婦の子どもでも入所できたら、自分も安心して働ける」などの回答が示しているように、いったん職場を離れ、専業主婦になった母親は再就職しようとするとき、保育所の入所要件の制約から、困難に直面することがわかった。日本の保育所は主に共働き家庭を支援する施設として発展してきた。保護者に就労の意志があり、求職活動をしている状態も入所要件として挙げられているが、働いている親と比べ入所の優先順位が低くなるため、再就職したい母親にとって、保育所入所基準は不利となる。

急速な少子化の進行や家庭・地域を取り巻く環境の変化の中で、二〇〇六年一〇月に、親の有職無職にかかわらず小学校就学前の子どもを受け入れ、保育所と幼稚園の両方の機能を備える「認定子ども園」制度(3)が誕生した。上記の問題を改善するために、親の就労の有無が問われない「認定子ども園」制度の導入・普及が有効だと思われるが、札幌調査の結果に限っていえば、保護者の間で既存の保育所・幼稚園と比べ、「認定子ども園」の認知度がそれほど高くないため、人気が落ちるという問題点が存在する。

また、近年、三歳未満の児童を対象に、保育士などの資格を持つ「保育ママ」が自宅で保育を行う「保育ママ」制度(4)ができた。調査で保護者の「保育ママ」制度に対する意見をたずねた。家庭的な雰囲気の中で保育ができるという肯定的な意見がある一方、個人事業のイメージが強いため、安全性と密室性への懸念を示した回答者も多い。

一時保育について、その問題点として、「料金も高く、手続きも複雑」や「一時保育は早い者勝ち」、「一時保育サービスはあるが、ちょっと遠いので、結局自分で迎えに行けず、おばあちゃんに迎えを頼む。一時保育サービスそのものを拡充するのはもちろん大事だけど、送り迎えサービスもあれば助かる」などといった意見が聞かれ、料金の高さや数の不足、距離の問題が指摘された。

家事労働者の役割に関しては、回答者の間で家政婦やベビーシッターの利用が見られなかったが、「あればい

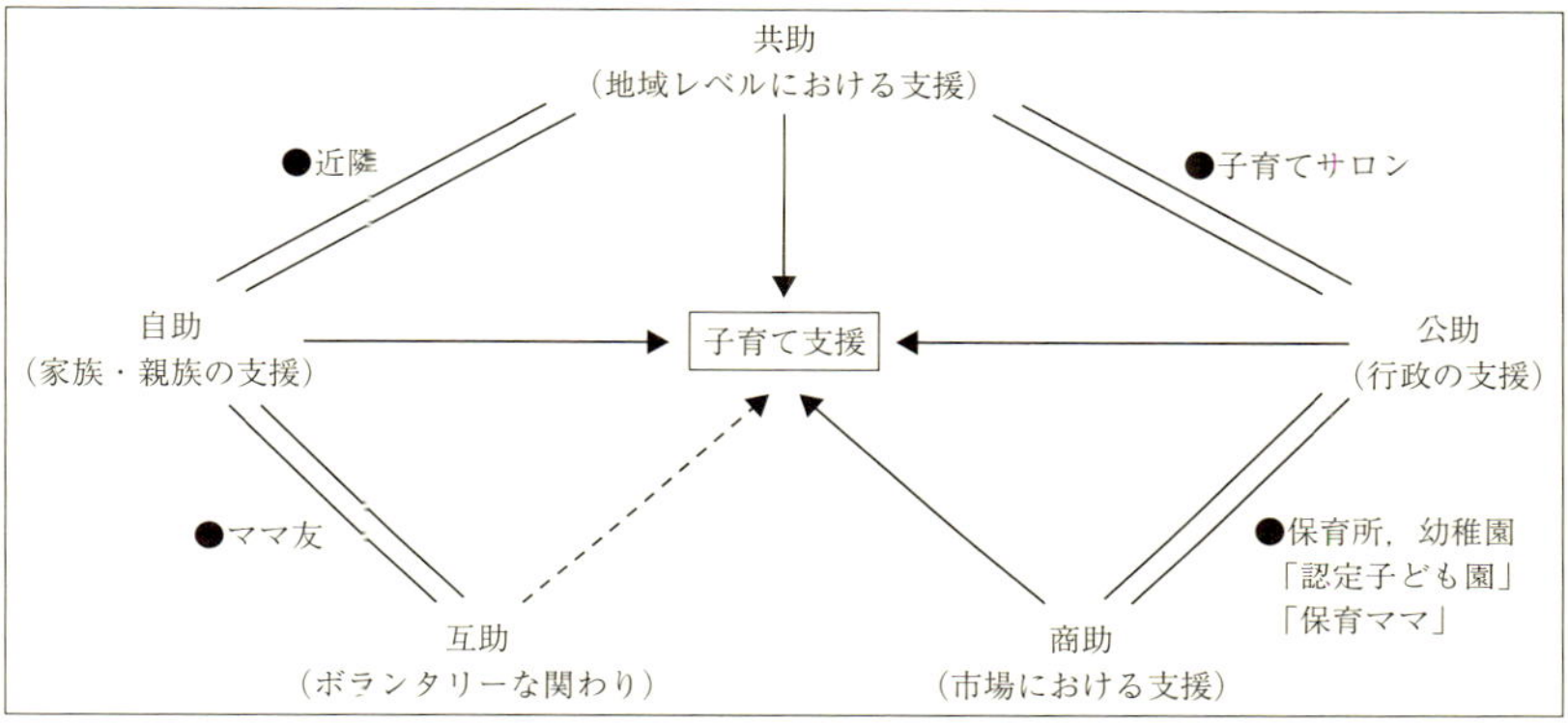


**図 3-1　日本都市の育児支援ネットワークと代表例**

注）図 3-1 と図 4-1（第４章で後述）で矢印の種類の違いは，支援の相対的な強さを意味する。強い順に，太線＞実線＞点線。日本の育児支援ネットワークに支援効果が強い太線の矢印は存在しない。

いと感じる子育て支援サービス」という質問に対して、「以前、このような張り紙を見たことがあるが、時給六〇〇円でヘルパーさんが雇える。たぶん雇主は六〇〇円を払うが、残りは国からの補助。こんなに安く雇えるなら、気分転換のために使ってみたい」というように、家事の支援を家政サービスに求めたい意向を示した回答者もいた。

札幌調査の結果に基づいて、日本都市部の育児支援ネットワークの現状をまとめると、図３-１のようになる。日本では「五助」のうち、特に支援の強いセクターはなく、育児の担い手が母親に集中している。現在、子育て家庭の自助の一部を補完する手段として、政府の子育て支援政策・制度という公助、地域における子育て支援共助活動、さらにママ友間のインフォーマルな互助などが行われている。

## 第六節　まとめと課題

以上、インタビュー調査の結果より、日本における育児の実態を見てきた。次に、日本の育児構造が抱える課題について考察していきたい。

かつて、日本では母親は家族や地域からさまざまな支援を受けながら子育てをしていたが、都市化や少子高齢化の進行により、三世代同居率が低下し、小家族化が進む現在、家族・親族のサポートは常に協力的であるとは限らない。子育て中の母親にとって、配偶者と親が主な支援者であるが、親までの距離、仕事・家庭事情などに制約される場合も多いため、育児負担が母親に集中しがちである。「母親が行う以外に育児の選択肢が実質的にないのは、アジアの中で日本独自の現象といえるかもしれない」（上野　二〇〇六：二〇〇）。

このような状況を打開するために、「家庭内の育児構造」と「家庭外の育児構造」の両方の改善を図る必要がある。まず、家庭内の育児構造について見ると、これまで少子化への危機感から、政府は仕事と家庭の両立ライフなどを推進してきており、一定の成果を挙げたが、現行の職場のあり方や育児規範などによって、育児の負担が母親に集中している構造は依然として変わっていない。男性が仕事だけの生活、女性が家事・育児だけの生活から、両性が仕事と家庭が両立できるような生活へと、少しずつ転換していかなければならない。札幌調査でインタビューした母親の中には、自ら進んで専業主婦になった人がいる一方、育児休暇取得の困難さや現行の保育施設の利用の制約から、やむを得ず専業主婦になった人も少なくない。公助による母親の就労支援が求められる。母親の就労支援には二つの側面がある。一つは、現役で働いている母親の就労支援であり、もう一つは、いったん職場を離れて、専業主婦になった母親の再就職支援策である。現役で働いている母親に対して、育児休暇や短時間勤務など、政府が提唱する両立ライフをより一層推進することが要請される。また、いったん専業主婦になった母親は、再就職の意思があっても、保育所の「共働き家庭を優先する」という利用上の制約から、子どもを預けられないという問題が存在する。子どもの預け先を確保しておかないと、再就職ができないため、このような母親に対する支援策の一つとして、入園条件が緩和された「認定子ども園」制度の導入・普及が考えられる。

また、家族・親族からのサポートが得にくく、核家族の中で育児に奮闘している母親にとって、地域をはじめとする家庭外のセクターによる育児支援も欠かせない。周囲とのつながりが薄く、母親が一人で育児に関わる状況に置かれると、「母親の孤立」や「育児不安」が生じやすい。一九九〇年代以降市町村やNPOなど多様な主体により推進されている地域の子育て支援活動が広がりを見せている背景には、このような事情が存在している。地域の子育て支援は、子どもと母親に遊び・交流の場を提供するとともに、子育ての知識・情報源ともなっている。なお、地域の子育てサロンなどに集った母親は、同じ育児経験を持つ他者と交流することができ、これは母親本人の精神的負担の軽減につながる。血縁と地縁ネットワークが弱体化している現在、互助・共助による地域ぐるみの子育て支援が求められる。

（１）　札幌市の統計データは、札幌市（二〇一五、二〇一六）と厚生労働省（二〇一六c）を参照した。

（２）　調査した五施設の概要は下記のとおりである。⑴札幌市子育て支援総合センターは、札幌市の〇歳から就学前の子どもとその親が無料で自由に交流できる場である。利用時間は、年末年始の一二月二九日から一月三日を除いて、毎日午前九時から午後五時までであり、札幌市で唯一の全市対象・年中無休の常設子育てサロンが開かれている。⑵調査した三つの児童会館において、活動の一環として、乳幼児とその保護者が自由に集い、遊べる子育てサロンが開催されている。開催頻度は、それぞれ週に一～三回である。⑶NPO団体「ねっこぼっこのいえ」は、札幌市指定常設子育てサロンである。①乳幼児から高齢者まで参加できる多世代交流広場「みんなのひろば」、②〇～二歳の乳幼児を持つ家庭のための広場「赤ちゃんひろば」、③絵本を楽しむ会や障害理解の会を行う「学びのひろば」の三つの広場を持っている。どの広場も参加費無料である。

（３）　「認定子ども園」は、主に次の二つの機能を有している。①就学前の子どもに幼児教育・保育を提供する機能：保護者が働いている、いないにかかわらず受け入れて、教育・保育を一体的に行う。②地域における子育て支援を行う機能：すべての子育て家庭を対象に、子育て不安に対応した相談活動や、親子の集いの場の提供などを行う（内閣府ホームページより）。

（４）　保育ママ制度は市区行政が仲介となる。札幌市の場合、保育ママの形態には「居宅型」と「グループ型」の二種類がある。

「居宅型」とは、保育ママの居宅において、保育ママと補助者などが常に二人以上で子どもの保育を行う、従来の保育ママのことである。「グループ型」とは、地下鉄駅やＪＲ駅など近隣で交通利便性の高い地域の賃貸物件などの一階を活用し、二人の保育ママが協力して家庭的保育を行う、新しい保育ママのことである（札幌市公式ホームページより）。

# 第四章　中国の「一人っ子化」と育児構造

## 第一節　「一人っ子化」の進行と子育て環境の変化

中国では、一九七九年から始まった「一人っ子政策」により、家族規模が急速に縮小してきている。一九九〇年代に入ってから、平均世帯人員は四人を割り込むようになり、二〇〇〇年には三・四四人、二〇一五年には三・一〇人へと減少し、中国の家族は核家族化している。特に、「一人っ子政策」が比較的厳格に守られている都市部では「一人っ子化」が進行しており、「421家庭」や「6＋1家庭」[1]などの表現がその実態を物語っている。

一九九〇年代には、中国の合計特殊出生率はすでに人口置換水準の二・一を切っており、現時点で一・六に低下している。東アジアの人口動態に目を向けると、出生率の低下をめぐる人口政策については、日本の少子化対策や韓国の低出産対策など、東アジア諸国は総合的な政策展開を図っている。一方、中国は漢民族と五五の少数民族からなる多民族国家であり、戸籍も農村戸籍と都市戸籍に分かれており、事情が複雑であるため、国策としてなお「計画出産」を持続させているが、近年、急速な高齢化や労働力減少への懸念から、政府は人口政策を緩和する姿勢を見せている。

二〇一三年一一月九日～一二日に開かれた中国共産党第一八期中央委員会第三回総会（三中総会）では、重要な決定事項の一つとして、「単独家庭（夫婦のどちらかが一人っ子の家庭）」における第二子の出産を認める方針が打ち出された。さらに、二〇一五年一〇月二六日～二九日に開かれた中国共産党第一八期中央委員会第五回総会（五中総会）では、すべての夫婦に子どもを二人まで認めるという「二人っ子政策」の方針が示され、二〇一六年一月一日より「二人っ子政策」が本格的に始まった。

長年の「一人っ子政策」の影響で、核家族化や「一人っ子化」というように家族規模や人口構造が変化してきた。この変化に伴い発生した家庭内における子どもの養育問題が社会的な関心を集めている。たとえば、日本では児童手当の給付や地域の子育て支援拠点の設置など、「子育て支援」が少子化対策の一環として、広く実施されている。一方、産業化と都市化の最中にある中国では、育児の責任は主に家族が担っており、子育て支援に関しては、まだ政策的な議論に至っていない。

以上を踏まえ、本章では以下の二点に焦点を当てることにしたい。第一に、中国都市部で一人っ子を持つ子育て家庭は、誰から、あるいはどの機関から、どのような支援を受けているのか、保護者はどのような子育て支援策を希望しているのか、中国都市部の育児支援ネットワークの現状と課題を究明し、子育て支援環境の整備に関する考察を試みる。第二に、「一人っ子政策」が実施されてから、すでに三〇年以上が経過している。長年の「一人っ子政策」に対して、都市住民はどのような意見を持っているのか、理想の子ども数は何人であるのか、中国都市における出産観にも焦点を当てる。

## 第二節　「一人っ子化」の影響と人口政策をめぐる議論

一九七〇年代末の改革開放政策とほぼ同時期に実施された「一人っ子政策」は、この三十数年間で出生数を四億人程度減少させ、中国の経済成長に大いに貢献した。しかしその一方、近年、そのマイナスの影響も表面化してきている。「一人っ子政策」は経済、社会、文化など多方面に影響を与えているが、ここでは「一人っ子政策」がもたらした「一人っ子化」が家庭内における子どもの養育と教育に及ぼす影響を中心に見ていきたい。

まず、「一人っ子化」は教育重視という現象を引き起こしている。一人っ子たちは小さいときから各種の知能教育を受け、学習負担が重く、遊ぶ楽しみを失うことになる。さらに、以前の大家族の中でよく見られた兄弟や叔父叔母などの称呼が次第に消えてゆき、家族・親族関係が簡略化され、一人っ子は孤独な成長環境に陥ってしまうのではないかと指摘される（孫征　二〇一〇）。また、「一人っ子化」が一人っ子家庭に潜在的リスクをもたらす。すなわち、一人っ子家庭が最も関心を持っているのは子どもの安全の問題であり、一人っ子が予想外の事故で障害者となったり、死亡したりすることを多くの家庭が心配している（于　二〇〇六）。

近年、「一人っ子化」が経済、社会、家庭などにもたらすマイナスの影響が懸念され、政府は人口政策を大きく転換し、「二人っ子政策」の実施に踏み切った。実際に中国の合計特殊出生率はどのぐらいなのであろうか。これに関しては、まだ一致した見解はない。国家計画出産委員会は一・六程度（二〇一五年）と発表しているが、その一方、国務院人口普査弁公室は一・一八（二〇一〇年）、国家統計局は一・〇四七（二〇一五年）としている。

長い間、中国の合計特殊出生率に関する統計が「怪圏」（ねじれた循環）に陥っていると指摘されている。すなわち、調査で低合計特殊出生率という結果が出ると、その原因を統計上の申告漏れだとして、合計特殊出生率を高めに修正し、引き続き厳格に計画出産を実施して、再び調査で低合計特殊出生率という結果が出るといった循環が見られる(郭　二〇一〇：六)。

では、中国における理想の子ども数は何人であるのか、国際調査「EASS　二〇〇六東アジアの家族」のデータを用いて説明する。「一般的に、家庭にとって理想的な子どもの数は何人だと思いますか」という質問に対する回答を見ると、中国では回答数の多い順に、「二人」(六二・七％)、「一人」(二九・七％)、「三人」(五・〇％)、「四人以上」(一・五％)、「〇人」(一・一％)となっている。日本と韓国では理想の子ども数は三人や四人に集中するのに対して、中国では、理想とする人数のばらつきが小さく、二人に集中する傾向が見られる。

## 第三節　中国の育児構造の特徴と成因

第三章と同様に、落合の研究グループの東南アジア・東アジア六社会の国際比較調査の結果を用いて、中国の育児構造の特徴を説明する。日本と比較すると(第三章の表3-1参照)、中国では、育児は母親だけの責任という社会通念がなく、母親のほかに、父親も親族も、特に祖父母が育児に協力的に参加している。祖父母による育児支援は後の子どもによる老親扶養とセットだと意識されている。傍系も含めた親族間の子どもの預け合いは援助というより当然のこととして行われている。子どもは大きな親族ネットワークの中で育っている。親も親族ネットワークの中に埋め込まれている。保育施設の役割が大きく、特に大都市では家事労働者もある程度活用されている。また、旧市街地でのコミュニティにおける近隣ネットワークは子どものケアにおいて多大な役割を果たしている。

では、なぜ中国の育児構造はこのような特徴を有しているのか。中国では、女性の職場進出・共働きを進める社会主義政策のもとで、男性も家事と育児を分担しており、また、共働き家庭を支える保育施設も充実している。ただし、一九九二年から中国は計画経済から社会主義市場経済へと大きな転換を遂げた。計画経済期の国営企業付属の幼稚園は、経営体制改革により、大半が閉鎖に追い込まれ、公的保育施設が大幅に減少した。一方、市場経済の進行に伴い、民営幼稚園の勢力が拡大している（馮　二〇〇七：二二五）。

また、上記の国際比較調査の結果から、中国では家族・親族による育児支援が重要な位置を占めていることがわかる。家族・親族間の相互協力・相互援助という伝統的かつ親密な関係は、なぜ現代においても継続できているのか。従来の研究では、「家本位」や「世代の継承を重んじ、家族や親族を重視する伝統」によるものという文化的な視点からの説明が多い。一方、鄭（二〇〇三）は、今日の都市部の家族・親族関係を人口政策と戸籍制度という社会的要因と関連づけて分析した。一九五八年の「中華人民共和国戸籍登録条例」の公布以降、政府は人口移動を政策的に管理し、農村から都市へ、あるいは小都市から中・大都市への移動を厳格に制限した。近年、戸籍制度に関する改革が進行しつつあり、人口移動の自由度は昔よりはるかに高くなっているが、戸籍制度は依然として人口を一定の場所に固定させる機能を持つため、中国都市部の家族・親族が先進国とは異なり、近隣に居住する形式をとっている。それが親族ネットワークの存在を可能にしていると指摘される。

さらに、なぜ中国の都市部で家事労働者が活用されているのだろうか。一九九〇年代後半からの国有企業の改革により、女性たちの失業と再就業の困難が問題になった。また、「農村人口の出稼ぎ労働者化」も盛んである。中国の家政産業は、都市・農村の地域格差、そして仕事を失った女性や農村からの出稼ぎ女性と、彼女らを雇用する高収入者層女性たちの間の経済的格差によって成り立っていると指摘される（大橋　二〇〇四）。

以上、「一人っ子化」が家庭内の育児・教育に与えた影響や、中国の育児構造の特徴・成因を整理した。本章では、家族規模や人口構造が急速に変容している中国の大都市では、一人っ子を持つ子育て家庭を取り巻く支援環境はどうなっているのか、第三章と同様に、家族・親族（自助）、友人（互助）、地域（共助）、行政（公助）、市場（商助）の「五助」の枠組みを用いて分析する。また、都市住民は「一人っ子政策」に対して、どのような意見を持っており、理想の子ども数は何人であるのか、都市住民の出産意識にも着目したい(2)。

## 第四節　調査概要

調査地は、少子化傾向が顕著な大都市・北京市である。先進国の「自主型少子化」に対して、中国の少子化は「一人っ子政策」による「強制型少子化」といえる（陳　二〇一〇：一四九）。ただし、近年、北京や上海などの大都市では、ホワイトカラー層を中心に先進国と似たような形で晩婚化・晩産化が進んでいる。『中国二〇一〇年人口普査資料』によると、北京市の合計特殊出生率は〇・七一である。

二〇一二年三月に、北京市海淀区婦女児童活動センターにて、子ども連れの利用者計三〇名（子育て中の保護者二八名、住み込みのベビーシッター二名）を対象に、半構造化インタビュー調査を実施した。二〇〇九年に開設したこのセンターは、五階建ての建物で、教室、遊び場など合計三五部屋あり、総面積は六〇〇〇平方メートルである。特に婦女、児童、高齢者に対する支援を行っている(3)。「中華全国婦女聯合会」によって運営されている公益施設であるため、各種サービスは無料あるいは低価格で提供されている。二階の親子活動スペースでは、子どもの早期教育に関する定期的な教室が開かれている。教室は有料であるが、値段が安い。海淀区は北京市の

①センターの外観

②新米パパママ講座

③子ども活動室

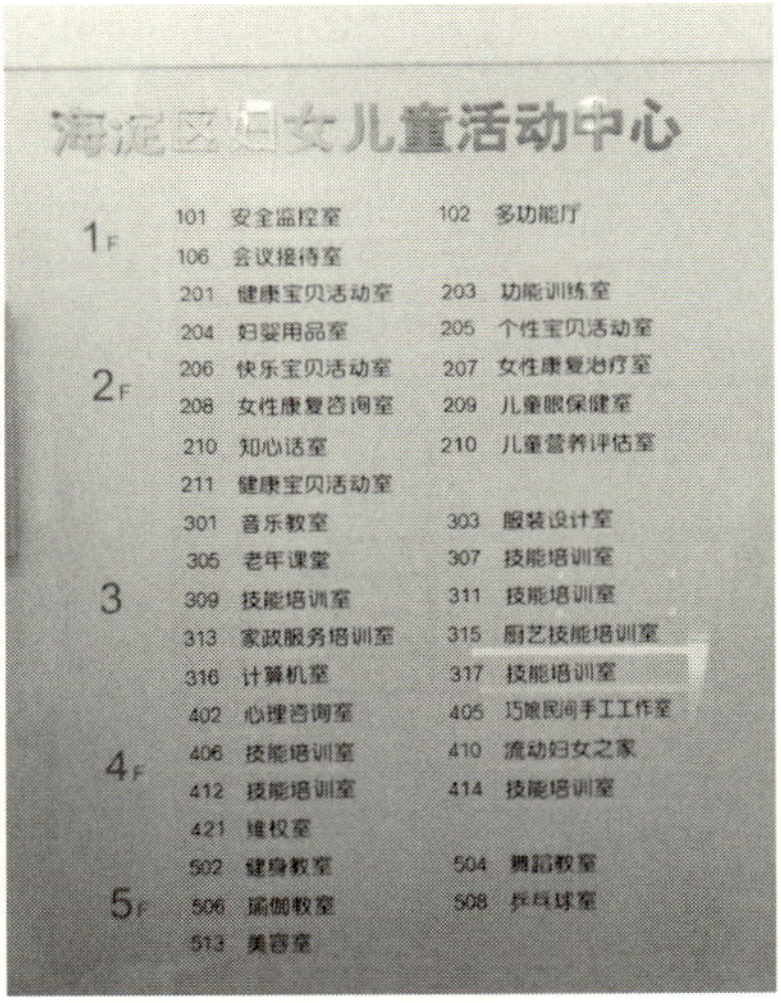


④センター各階の紹介

**写真 4-1　海淀区婦女児童活動センター**

出典）筆者撮影

**表 4-1　調査対象者の特徴**

| | | |
|---|---|---|
| 調査対象者の内訳 | 母　親　専業主婦 | 1 名 |
| | 有職（フルタイム） | 16 名 |
| | （パートタイム） | 0 名 |
| | （自営業） | 1 名 |
| | 父　親 | 6 名 |
| | 祖父母 | 4 名 |
| | 家庭のベビーシッター | 2 名 |
| 母親・父親の学歴 | 中学校 | 0 名 |
| | 高　校 | 0 名 |
| | 専科大学（日本の専門学校・短期大学に相当する） | 0 名 |
| | 大学・大学院 | 19 名 |
| | 不　明 | 5 名 |
| 夫婦 2 人の月収（元） | 5000 未満 | 1 ケース |
| | 5000～7999 | 6 ケース |
| | 8000 以上 | 11 ケース |
| | 不　明 | 6 ケース |
| 3 世代同居状況 | 同　居 | 12 ケース |
| | 別　居 | 12 ケース |

大学や研究機関が密集するエリアであり、また、「中国のシリコンバレー」と呼ばれる「中関村」も区内にあり、ＩＴ技術者など、全体的には教育水準・所得水準の高い人が多く居住している。表４-１に示すように、センターの利用者は学歴が高く、比較的中・高所得層に集中している[4]。センターを利用した母親のそばに、父親か祖父母が付き添っていることが多いため、同じ世帯に属する二人がインタビューに応じた場合もある。二四ケースのうち、一二ケースは三世代同居[5]である。ただし、本調査では対象者が都市の高学歴層に集中しているため、都市住民の一部しか代表できないという限界がある。

表 4-2　調査対象者のフェースシート

| ケース | 調査対象者 | 年齢 | 母親の職業 | 父親の職業 | 学歴 | 夫婦の実質月収（元） | 子ども数（性別・年齢） | 3 世代同居状況 |
|---|---|---|---|---|---|---|---|---|
| 1 | B1 母親,<br>B2 父親 | — | — | — | — | — | 1 人（女 4 歳半） | 核家族 |
| 2 | B3 母親 | 32 歳 | — | — | 大学 | — | 1 人（女 2 歳） | 同居（父方の祖父母） |
| 3 | B4 母親 | 37 歳 | 編集者 | 民間企業社員 | 大学院 | 8000 以上 | 1 人（男 2 歳） | 同居（父方の祖母） |
| 4 | B5 母親 | 33 歳 | 研究員 | ソフトウェア開発 | 大学院 | 5000～7999 | 1 人（男 2 歳） | 同居（母方の祖父母） |
| 5 | B6 父親 | 40 歳 | 経理 | 民間企業社員 | 大学 | 8000 以上 | 1 人（女 1 歳 10ヶ月） | 核家族 |
| 6 | B7 父親 | 33 歳 | 教師 | 国営企業社員 | 大学院 | 8000 以上 | 1 人（女 2 歳半） | 同居（父方の祖母） |
| 7 | B8 母親,<br>B9 父親 | 33 歳 | 専業主婦 | サービス業 | 大学 | 8000 以上 | 1 人（女 2 歳） | 同居（母方の祖父母） |
| 8 | B10 母親 | 34 歳 | 国営企業社員 | 公務員 | 大学院 | 8000 以上 | 1 人（女 2 歳） | 同居（母方の祖父母） |
| 9 | B11 父親 | 37 歳 | — | 国営企業社員 | 大学 | 5000～7999 | 1 人（男 2 歳） | 核家族 |
| 10 | B12 母親 | 30 歳 | 民間企業社員 | 居民委員会職員 | 大学 | 5000 未満 | 1 人（男 10ヶ月） | 同居（父方の祖父母） |
| 11 | B13 母親 | 33 歳 | 編集者 | 自営業 | 大学院 | 8000 以上 | 1 人（女 9ヶ月） | 同居（母方の祖父母） |
| 12 | B14 母親,<br>B15 母方の祖母 | — | — | — | — | — | — | 同居（母方の祖父母） |
| 13 | B16 父方の祖父 | — | — | — | — | — | 1 人（男 1 歳） | 核家族 |
| 14 | B17 母親,<br>B18 父親 | 33 歳 | 教師 | エンジニア | 大学院 | 5000～7999 | 1 人（男 1 歳） | 核家族 |
| 15 | B19 母親 | 37 歳 | 公務員 | — | 大学院 | 5000～7999 | 1 人（女 11ヶ月） | 同居<br>（B19 の父方の伯母） |
| 16 | B20 母親 | 41 歳 | 教師 | 民間企業社員 | 大学院 | 8000 以上 | 2 人（双子：<br>女 1 人・男 1 人<br>13ヶ月） | 核家族 |
| 17 | B21 母親,<br>B22 母方の祖父 | 35 歳 | 民間企業社員 | — | 大学 | 8000 以上 | 1 人（男 2 歳） | 核家族 |
| 18 | B23 母親 | 29 歳 | 自営業 | 自営業 | 大学 | 8000 以上 | 1 人（女 1 歳半） | 核家族 |
| 19 | B24 ベビーシッター | — | — | — | — | — | — | 核家族（雇い主の家） |
| 20 | B25 母親,<br>B26 父方の祖父 | 33 歳 | 民間企業社員 | 研究員 | 大学院 | 8000 以上 | 1 人（男 2 歳半） | 同居（父方の祖父） |
| 21 | B27 母親 | 30 歳 | 民間企業社員 | 国営企業社員 | 大学 | 8000 以上 | 1 人（女 2 歳） | 同居（父方の祖父母） |
| 22 | B28 母親 | 28 歳 | 公務員 | 民間企業社員 | 大学院 | 5000～7999 | 1 人（女 1 歳） | 核家族 |
| 23 | B29 ベビーシッター | — | — | — | — | — | 1 人（男 1 歳半：<br>雇い主の子ども） | 核家族（雇い主の家） |
| 24 | B30 母親 | 30 歳 | 民間企業社員 | 民間企業社員 | 大学 | 5000～7999 | 1 人（女 1 歳半） | 核家族 |

注）1. 1 ケースに回答者が 2 名いる場合，前者の年齢と学歴を表記する。
　　2. ケース番号と区別するために，調査対象者番号の前に B（北京調査）をつける。

# 第五節　中国における育児の実態

## 五-一　出産観

双子の一ケースを除いて、インタビューを受けた親たちは全員一人の子どもしか持っていない。調査では、「国の政策的な制限（一人っ子政策）がない場合、理想の子ども数は何人であるか」という質問に対して、三〇人のうち、一九人が「二人」、六人が「一人」、五人が「はっきりいえない」と回答した。「三人以上」と回答した人はいなかった。回答が「二人」に集中する傾向が見られる。理想の子ども数が二人であると答えた理由は、主に以下の三点にまとめられる。①子どもに兄弟が必要：一人っ子は他人への思いやりや集団生活におけるルールなどを身につけるのは難しい。子どもが一人だけでは寂しい。②一人っ子の潜在的リスク：予想外の事故で今の子どもに万が一何かあったら、自分にはもう子どもがいなくなる。一人だけ産むのはリスクが高い。③経済的な制約：養育費も教育費も高く、子どもを一人前になるまで育て上げるのは容易ではない。二人以上は無理であるというものである。

次に、「現行の『一人っ子政策』を堅持すべきか、それとも緩和すべきか」という質問に対して、「堅持すべきである」と回答したのは一三人である。その理由は以下の二点にまとめられる。①中国において、そもそも人口が膨大であるうえに、「一人っ子政策」の影響で生じた戸籍を持たない人口もいるため、おそらく総人口が国勢調査で公表されたデータより多い。②資源に限りがあるため、これ以上人口を増やさないほうがいい。これに対して、「緩和すべきである」と回答したのは一七人である。その理由は主に三点にまとめられる。一点目と二点目がまず、前述した「理想の子ども数が二人である理由」で挙げられた①と②と同じである。三点目は、「一人っ子政策」を緩和しても、本当に産みたい人なら産むが、そもそも産みたくない人は産まないだろうという理由であった。

## 五-二　育児負担

四つの育児負担、すなわち身体的負担・時間的負担・精神的負担・経済的負担については、調査結果から次のようにまとめられる。

北京調査で「子どもを育てていて負担に思うこと」という質問に対して、一番多く挙げられているのは経済的負担である。インタビューした親たちは全員大学あるいは大学院卒であり、週一回程度子どもをセンターの早期教育の教室に通わせており、子どもの教育に高い関心を示している。子どもを育てる費用に関しては、「教育費が高く、子育てが国の責任より、自己責任なので、子どもを一人前になるまで育て上げるのは容易ではない」や、「社会保障制度がまだ整っていないので、子どもが病気になると、医療費の負担が高い」、「皆が一人っ子で、どの親も自分の子どもにたくさんの時間や金銭を費やすので、競争が激しい。周りの子どもが英語や音楽教室に行くなら、自分も子どもを教室に通わせなければならない」などの回答が示しているように、子どもの養育費・教育費の私的負担が重い。時間的負担として、「子育てのほかに、仕事もあるので、時間に追われている」や、「じいちゃんとばあちゃんが子どもの面倒を見てくれて、安心できるが、仕事から早く帰って、子どもの顔を見たい」などの回答を得た。身体的負担に関しては、「子どもの夜泣きで睡眠不足である」や「子どもは今二歳で、手間がかかるので、すぐ疲れてしまう。（母方の）ばあちゃんと交代で子どもを見ている」などの回答があった。

また、育児疲れによる精神的負担を挙げたのは二人である。

こうした育児負担を抱える親に対して、さまざまな個人や機関がサポートを提供している。具体的に子育て家庭が、誰から育児支援を受け、どのような施設を利用しているのか、子育て家庭を取り巻く支援ネットワークを見ていく。

## 五-三　育児支援ネットワーク

### 自助：家族・親族ネットワーク

中国では、女性の職場進出が国の政策により推進されており、共働き家庭が多い。調査で子どもの保護者を対象にインタビューした二二ケースの中で、専業主婦家庭は一ケースのみであり、残りの二一ケースは自営業か共働き家庭である。子育て家庭の就労形態を問わず、子育てにおいて、祖父母が重要な役割を果たしている。「育児をよく手伝ってくれる人」という質問に対して、「じいちゃんとばあちゃんはまだ働いているので、ほとんど自分たちで子どもの面倒を見ている」と、「私の姉がよく手伝ってくれている」と答えた二ケース以外の二〇ケースでは、「子どもの祖父母」が挙げられている。たとえば、「私と妻は仕事があるので、平日にいつもじいちゃんとばあちゃんに手伝ってもらっている。土日だけ、妻と二人で家事、育児をやる」や、「今この子の(母方の)じいちゃんとばあちゃんと一緒に住んでいる。食事の準備や子守を手伝ってくれて、助かる。今日もばあちゃんにこのセンターに来てもらった」などの回答があった。さらに、祖父母のほかに、回答者のおばや兄弟など、子どもの祖父母以外の親戚による育児支援も見られた。

祖父母の積極的な育児参加は、子ども夫婦にとって欠かせない手助けとなっているが、近年、その逆機能も浮上してきている。親は「子どもをスタートラインから負けさせないよう」と、自分が受けた教育レベル以上の教育を、子どもに受けさせることを希望する。子どもの教育がより重視されている現在、特に都市部において、「隔代教育(隔世教育)」の影響が懸念されている。たとえば、祖父母世代の育児方法が古く、孫の身の回りの世話はできるが、教育役割を十分に果たせないといわれている。また、祖父母の「孫をかわいがる」ことから生じた過保護問題も指摘されている。

### 互助：ママ友付き合い

日本では、特に専業主婦の母親の間で子どもを介したママ友付き合いが見られるが、北京調査では互助の代表であるママ友付き合いの話が出なかった。また、札幌調査の対象者と北京調査を比較すると、子育て支援関連施設の利用目的に違いが見られる。札幌でインタビューをした母親が児童会館や子育て支援センターを利用する目的は、大きく「子どもを遊ばせるため」と「ほかの母親と交流するため」の二つに分けられる。これに対して、北京調査で出会った母親が婦女児童活動センターを利用する目的はほとんど子どものためであり(子どもを早期教育教室に通わせたり、子どもを遊ばせたりする)、母親同士の交流を求めるためにセンターに行くケースは見られなかった。子育て中の母親のこのような日本・中国でのメンタリティーの違いはなぜ生じているのだろうか。札幌調査の母親たちはほとんどが家事・育児を一身に担う専業主婦であるのに対して、北京調査の母親たちは職業を持っており、家族・親族と託児施設によるサポートを受けている。おそらく、そのような背景の違いから「互助」に対する期待のあり方に差異ができたのではないか。

## 共助・公助：「社区」と公益施設による育児支援

日本では、児童会館や育児系ＮＰＯなどの子育て支援施設が普及しているが、中国では託児所・幼稚園や有料な遊び施設以外に、子ども同士で遊べる公共施設はまだ少ないのが実態である。近年、中国の都市部で「社区」レベルの子育て支援も行われるようになってきており、社区と、幼稚園や民営の早期教育センターの連携による「社区早教（コミュニティにおける早期教育）」[6]が次第に増えている。「社区早教」は、主に①民営の早期教育センターが直接社区内に設置されるタイプ、②幼稚園が一部の施設を定期的または不定期的に社区の親子に開放して、参加者を募集し、「社区早教」を行うタイプ、③居民委員会が幼稚園や早期教育センターから先生を招き、社区内のスペースを活用して、「社区早教」を行うタイプという三つの形式がある。①に関しては、現時点で有償サービスがメインである。ただし、社区に依拠しているため、利用料金は一般の民営早期教育センターより低く設定されている。②と③は、政府出資による無料の「社区早教」が多い。

保護者を対象にインタビューした二二ケースの中で、「社区早教」を利用した経験があるのは三ケースのみであり、いずれも利用したのは居民委員会が幼稚園や早期教育センターから社区に先生を招く無料の「社区早教」という形式である。この結果から、「社区早教」は実施期間が十分ではなく、普及していない現状がうかがえる。調査対象者の中で「社区早教」を利用したことがないが、「社区が無料の早期教育を提供してくれれば、助かる」や「社区を単位に、出産や子どもの早期教育に関する指導講座があればいい」など、「社区早教」の充実を求める声も聞かれた。

社区による育児支援のほかに、近年、公益事業団体「婦女児童活動センター」が増えており、北京などの先進地域では婦女児童活動センターによる育児支援が行われるようになっている。婦女児童活動センターは「婦女聯合会のために、婦女児童のために、社会のために奉仕する」を理念として、女性や児童に対する支援活動を行っている（郭象 二〇一二）。本章の調査対象施設「海淀区婦女児童活動センター」はその代表例の一つである。

日中両国の地域と公益施設による育児支援を比較してみると、次のような特徴が見られる。日本では遊び場の提供や子育て相談、地域の育児ボランティアなど子どもの社会的・情緒的発達支援まで幅広い育児支援が行われている。それに対して、中国では「育児支援」的な部分が少なく、乳幼児の「教育」、すなわち「早期教育」の支援に重点が置かれている。

### 公助：行政の支援政策・制度

中国における出産・育児に対する経済的支援については、日本のような出産育児一時金や児童手当は存在しないが、政府による出産・育児支援制度として、「産休」と「生育保険（出産保険）」の二つが挙げられる。労働法によると、「女性労働者は、出産に際して九〇日以上の産休を享受する」（第六二条）と定められている。二〇一二年に従来の九〇日の産休が九八日に延長されている。さらに、二〇一六年に「二人っ子政策」が実施されて以降、各省は産休制度を改正し、国が定める産休の規定日数九八日にそれぞれ三〇～八〇日上乗せすることを決定した。

また、一九九五年から都市部の企業を対象に、被用者の出産による経費負担は社会保険化された。「生育保険」による支給内容は、産休期間中の本人の給与および出産経費である。北京調査で母親を対象にインタビューした一八人の中で、共働き家庭の母親一六人は、全員出産したとき、産休を取得し、その後、職場に復帰した経歴を持つ。中国では女性が仕事と子育てを両立させるうえで、政府による女性の社会進出の支援と、職場の理解と協力が不可欠である。

## 商助・公助：託児所・幼稚園・家政サービス

中国では子どもが三歳未満の場合、託児所に入るが、三歳以上になると、幼稚園に入るのが一般的である。託児所は衛生部門管轄の保育施設であり、幼稚園は教育部門管轄の教育機関である。中国では、一九九九年に「早期からの教育」政策に着手以来、教育部門による教育も重視されるように変化している。そのため、子どものケアが主体であった従来の託児所は単独では存続しなくなり、幼稚園に合併吸収されることが多くなっている（一見 二〇一〇：五〇四―五〇五）。現在、託児所はまだ存在しているが、数がそれほど多くない。託児所と幼稚園の「託幼一体化」が進んでいる。

中国の託児施設は、親の就労状況に応じて多種多様であり、共働き家庭を支えるうえで、不可欠な役割を果たしているが、調査では料金の高さや数の不足、園児募集計画の不透明さなどの問題が指摘された。たとえば、「幼稚園料金が高く、数が足りない」や、「私立より公立幼稚園のほうがいいけど、入るのが難しい」、「園児募集計画が不透明なところもあり、コネがないと入れない」、「入園時の寄付金が高い」、「一時保育や日単位の託児をやる幼稚園が少ない」など、託児所・幼稚園状況の改善を求める回答があった。

続いて、家政サービスについて説明する。北京調査では、二名のベビーシッターにもインタビューすることになった。従来、家事や育児、介護を含む家政サービスは技術を要しない単純労働と見なされ、主に失業した中高年女性や農村からの出稼ぎ女性により担われているが、近年、家政サービス員の資格化が推進されている。育児分野でいうと、二〇〇三年に「育嬰師」という新たな国家資格が制定された。従来のベビーシッターとは異なり、専門訓練を受けた「育嬰師」は、在宅保育家庭を対象に、ミルクや入浴などといった生活上の世話だけでなく、乳幼児の運動能力・知的能力・社会性の発達を促すなど、教育の領域まで担当する。今回インタビューした二名のベビーシッターは農村からの出稼ぎ労働者であり、「育嬰師」の資格を持っていない。二名とも、雇い主の家

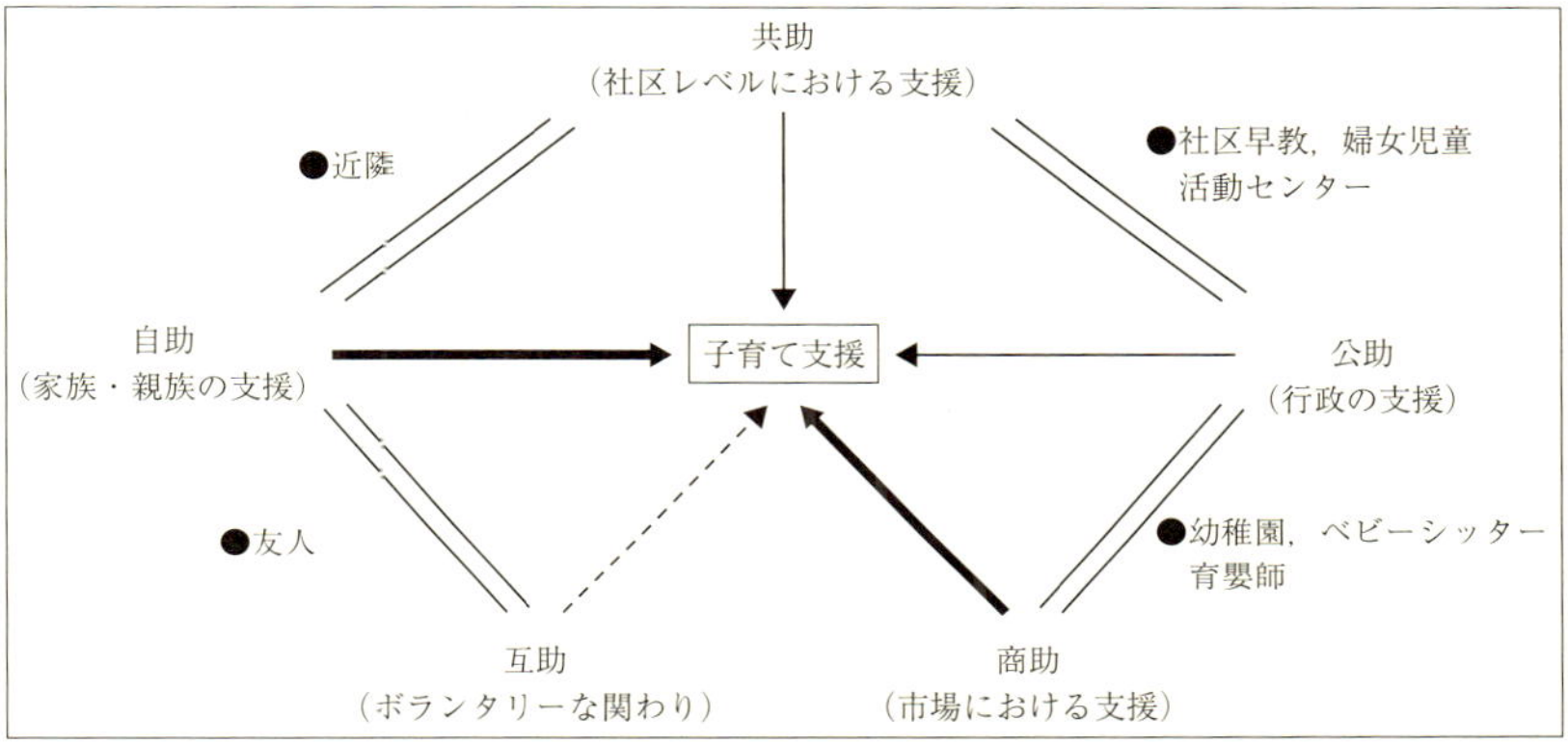


**図 4-1　中国都市の育児支援ネットワークと代表例**

注）矢印の種類の違いは，支援の相対的な強さを意味する。強い順に，太線＞実線＞点線。

に住み込みで家事や育児を手伝っている。「育嬰師」の資格はまだ普及していない現状がうかがえる。

中国都市部の育児支援ネットワークの特徴をまとめると、図4-1のようになる。「五助」のうち特に家族・親族による自助と、託児施設や家政サービスなどの商助(公助も参与)が機能している。ただし、市場からサービスを購入する際に、その費用の負担は主に家族によって担われている。また、新しい動向として、共助と公助の混合である「社区早教」の整備を求める傾向も見え始めている。

## 第六節　まとめと考察

北京調査の結果を踏まえ、中国の大都市における「一人っ子化」と出産意識と、中国の育児支援ネットワークの現状と課題について考察する。

## 六―一　大都市における「一人っ子化」と出産意識

以上の北京調査の「理想の子ども数」に対する回答から、「二人っ子志向」という特徴がうかがえる。北京調査の結果は、先行研究で取り上げた国際調査「ＥＡＳＳ　二〇〇六東アジアの家族」の結果と一致している。「理想の子ども数」が多くないのは、人々の意識が「一人っ子政策」の実施に影響されている面もあり、また自己責任のイメージが強い子育ての経済的負担が重い面も挙げられる。また、北京調査の対象者が大体子どもの年齢が三歳以下で、親の年齢が三二歳以上であるという事実から、都市中・高所得層の晩婚化・晩産化がうかがえる。中国の「一人っ子化」現象を説明するとき、「一人っ子政策」は決定的な要因であるが、大都市の場合、経済発展とともに、人々の意識の変化や、「養育費と教育費の負担が重く、これ以上子どもが作れない」という経済的な側面の制約もあると思われる。

歴史的かつ国際的に見ると、人口抑制政策は中国独特の現象ではない。同じく東アジアに属する日本も韓国も経済発展にとって欠かせない重要課題として、人口抑制政策を導入した歴史がある。国の経済発展段階により、東アジア各国の人口抑制政策導入の時期には約三〇年のズレが見られ、時間順に、日本が一番早く、韓国はその次に、中国は最後になっている。

日本では一九四七～一九四九年に第一次ベビーブームが生じた。それに対して、戦後の食糧難もあり、当時、日本政府は今とは逆に、出産抑制政策をとることを迫られた（山田　二〇〇七：六五）。人口の増加を食い止めるために、一九四八年に人工妊娠中絶の一部を合法化した「優生保護法」が制定された。韓国では、一九六〇年代には「少なく産んで元気に育てよう」、一九七〇年代には「息子と娘を区別せずに二人だけ産んで元気に育てよう」、一九七〇年代後半～一九八〇年代には「元気に育てた一人娘は一〇人の息子よりましである」などのスローガンが示しているように、一九六一～一九九五年に産児制限政策や家族計画事業が国を挙げて実施された（金・張　二〇〇七）。しかし、かつて人口抑制政策が実施された日本と韓国は、目下少子化対策を講じなければならなくなっている。一連の子育て支援策も少子化対策とセットにして推進されている。

現在、中国は「一人っ子政策」から「二人っ子政策」に切り替える段階にあり、計画出産がなお続いているが、近い将来、特に都市部で育児の経済的負担やライフスタイルの多様化により先進国のような「自主型少子化」が発生する可能性は十分ある。

## 六-二　中国の育児支援ネットワークの現状と課題

中国では、「一人っ子政策」が実施されてから、すでに三〇年以上が経過した。一人っ子第一世代が結婚・出産年齢に達し、親として育児を担う時期に入っており、さらに一人っ子第二世代も注目され始めている。一人っ子世代は明らかに兄弟姉妹数の多い親世代とは異なる環境に直面している。

中国都市部における子育て支援ネットワークに関しては、家族規模は着実に縮小しているが、家族・親族が協力的に子育てに参加しており、自助としての家族・親族ネットワークは今日でも機能している。また、商助と公助の代表である託児施設も比較的充実しており、共働き家庭を支えている。さらに、中高所得層しか利用できないが、民間の家政婦やベビーシッターも活用されているため、現在のところ、子育て支援はまだ政策的課題として浮かび上がっていない。

北京調査では保護者から、公立幼稚園の数の不足や園児募集計画の不透明さ、私立幼稚園の費用の高さといった幼稚園問題を改善してほしいという要望が聞かれた。また、新しい子育て支援方式として、保護者が社区に早期教育の支援を求める回答があった。ただし、この二点に関しては、育児問題よりも、むしろ子どもの教育という文脈で語られている。北京調査の結果に限っていえば、現時点で中国では育児が社会的問題になっていないといえる。

しかし、「今後、地理的移動政策の緩和や人口構造の変化により（中国の）親族ネットワークの衰退は必至である」（宮坂　二〇〇七：一一六）という指摘があるように、中国でも近未来に人口ボーナスの終了により、家族・親族の自助を中心とする支援構造に困難が生じ、より幅広いセクターによる育児支援ネットワークの構築が求められるだろう。

中国では、高齢者福祉分野で「社会福祉の社会化」が進められており、民間の養老施設という福祉の市場化と、「社区」という地域社会の役割が強調されている。今後、家族構造の変化に伴って、「介護の社会化」だけでなく、「育児の社会化」も進めなければならない。中国の子育て環境の将来を展望するにあたり、国による子育て支援策はもとより、民営幼稚園やベビーシッターといった商助の活用も必要である。国のバックアップを中心に、子育て家庭の経済能力を超えないように民営幼稚園の利用料金の設定とベビーシッターの資格化の推進が求められる。また、北京調査で保護者が「社区早教」の充実を求める傾向も見え始めていることから、人々が実際に生活をする「社区」における育児支援も中国の今後の課題として挙げたい。

（1）「421家庭」とは、祖父母四人、親二人、それに一人っ子で構成された家族を指す。また、一人っ子は両親と祖父母の六人の大人から愛情を一身に集めて育つため、現在このような家族が「6＋1家庭」とも呼ばれている。
（2）筆者が中国の育児についての調査を行ったのは二〇一二年三月である。調査時に「二人っ子政策」はまだ実施されていない。そのため、調査対象者に当時の人口政策「一人っ子政策」に対する意見をたずねた。

（3）各階の概要は下記のとおりである。①一階：多目的ホール、応接室、レストラン、②二階：子ども活動室、保護者教室などの親子活動スペース、③三階：高齢者教室、パソコン教室、家政サービス訓練室、料理技能訓練室などの各種教室、④四階：「流動婦女（女性出稼ぎ労働者）の家」、維権（権利擁護）室、カウンセリング室など、⑤五階：舞踊教室、卓球教室、ヨガ教室などの運動・美容関連の教室。センターでは、「食品アレルギーの予防」、「子どもの早期発達」、「親子関係構築法」などの講座が設けられている。

（4）今回の北京調査で「夫婦の実質月収」が判明した一八ケースの中で、八〇〇〇元以上は一一ケース、五〇〇〇～八〇〇〇元未満は六ケース、五〇〇〇元未満は一ケースであった。北京市人力資源・社会保障局と北京市統計局が公表したデータによると、二〇一一年に北京市従業員の平均月収は四六七二元である。ただし、公表されたデータは、社会保険料や所得税などが引かれる前の月収である。四六七二元から社会保険料や所得税を差し引いた結果、二〇一一年の北京市従業員の実質平均月収は約三六三〇元と計算される。すなわち、夫婦の合計月収が七二六〇元以上であれば、中所得層以上といえ、このセンターの利用者は比較的中・高所得層に集中していると判断する。

（5）北京調査でインタビューをした時点で三世代同居中を意味する。孫の世話のために、しばらくの間、祖父母が泊まり込んで三世代同居の形をとった場合も含まれている。

（6）子どもの早期教育については以下の三つの内容が挙げられる。①子ども向け：子どもの知的能力や運動能力の向上を図る講座と遊び。②親向け：子どもの健康や教育の仕方に関する講座や、子育て相談サービス、親同士の交流イベント。③親子向け：親子の親密さを深めるための親子ゲームや工作である。このように、中国における子どもの早期教育は、子どもの知育発達の促進が主な内容であるが、その活動は、親向けの子育て支援にも及んでいる。

# 第Ⅲ部　日本の高齢者福祉

# 第五章　日本の高齢者を支える福祉資源

日本では、二〇一六年九月時点で六五歳以上の高齢者人口は、過去最高の三四六一万人となり、総人口に占める割合も二七・三%と過去最高となった。高齢化率は、今後も伸び続け、二〇三五年には三三・四%(三人に一人が高齢者)、さらに二〇六〇年には三九・九%(二・五人に一人が高齢者)に達すると見込まれている。急速な高齢化の背景には長寿化の進行がある。平均寿命は、二〇一五年時点で、男性八〇・七九年、女性八七・〇五年と、前年に比べて男性は〇・二九年、女性は〇・二二年上回った。また、六五歳時の平均余命(ある年齢からの平均生存年数)を見ると、一九五五年には男性が一一・八二年、女性が一四・一三年であったが、二〇一三年には男性が一九・〇八年、女性が二三・九七年となっており、男女とも老後期間が長くなっている[(1)]。

高齢化・長寿化に伴って生じた新たな社会政策上の問題は二つある。一つは老後期間の延長に伴う高齢者の社会参加の問題であり、もう一つは老親扶養期間の長期化に伴う扶養・介護負担の問題である(武川　二〇〇九：二一二)。伝統社会において、老親扶養は家族内の問題として処理されていたが、家族形態の変容などを背景に、年金や介護サービスをはじめとする高齢者福祉の重要性が高まっている。

本章では、日本における老親扶養の変化と「介護の社会化」政策の流れを概観してみる。

## 第一節　家族の変容と老親扶養の変化

### 一―一　家族規模の縮小化と同居慣行の変化

日本では、明治時代の末から第二次世界大戦までの間、「家制度」と呼ばれる国家公認の家族規範があった。これは、一八九八年に制定された明治民法（旧民法）において規定された日本の家族制度である。当時、一般的には長男が家の跡継ぎとして家産を単独相続していた。家産を譲ってくれた親への恩返しとして、長男は結婚後も親と同居して扶養・介護することは、当然の義務とされていた。戦前の小学校教育では親孝行や謝恩などについて教える「修身」という科目が設けられていた。このような家制度のもとでは、高齢者の老後問題はほとんどすべて家の中で解決された。しかし、第二次世界大戦後、次の二つの大きな変化によって、日本の家族像が変容した。一つは戦後直後の民法改正であり、もう一つはその後の高度経済成長に伴う社会構造の変化である。戦後、日本の民主化を進めたアメリカによって家制度が廃止されることになった。一九四七年に制定された新しい民法のもとでは、均分相続となり、長男には親に対する特別の扶養義務はなくなり、家制度を支える基盤は失われた。また、一九六〇年代の高度経済成長期には、産業構造の変化に伴って就労形態が大きく変化した。息子が家業を継いで生計を立てる世帯が減少し、給与所得者からなるサラリーマン世帯（核家族）が急増した。この時期に、厚生年金加入者も増加していった（直井　二〇一〇、染谷　二〇〇〇・二〇〇三）。

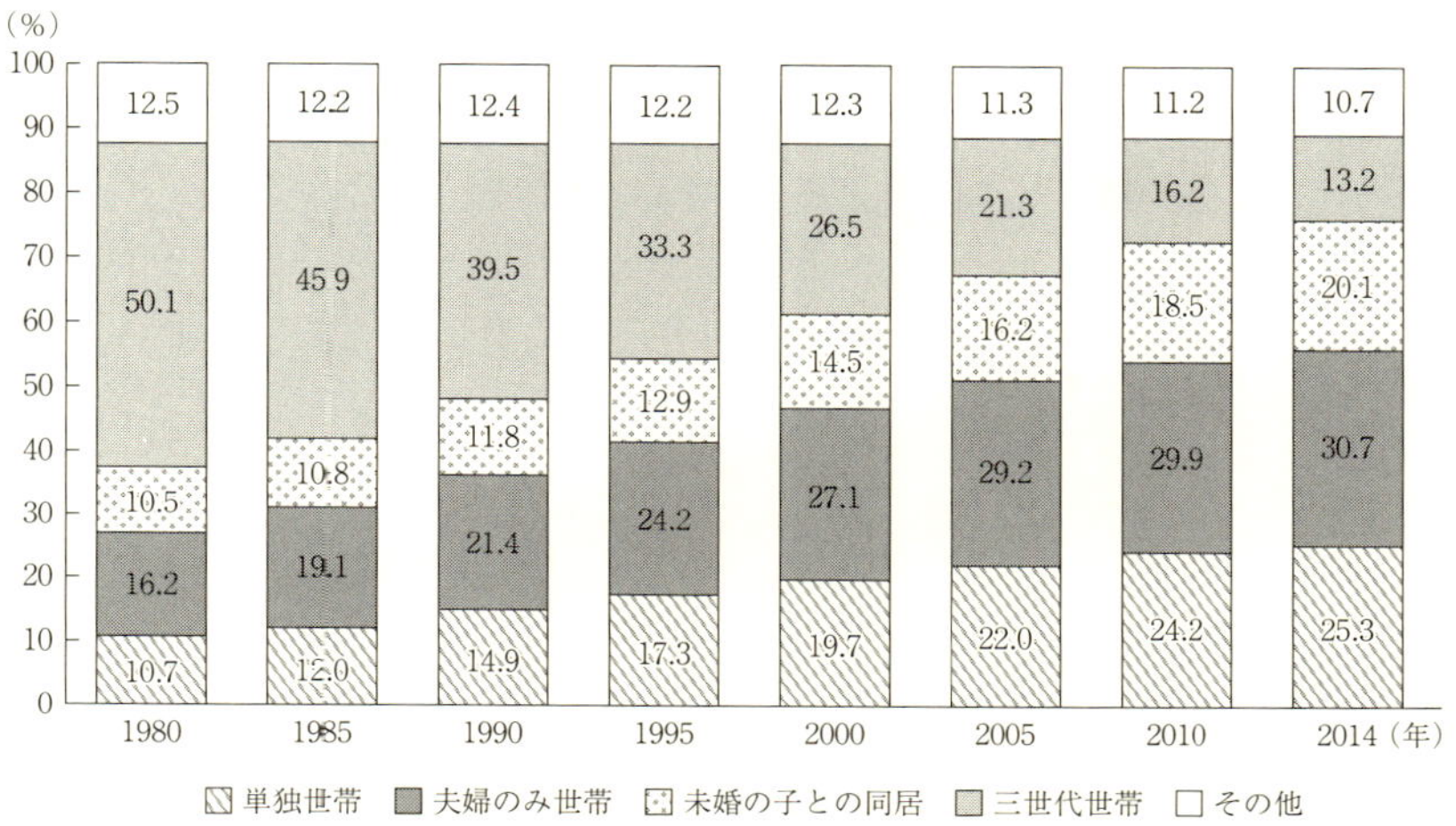


**図5-1　65歳以上の高齢者のいる世帯の世帯構造別の構成割合**

出典）内閣府(2016a: 13)をもとに作成。

核家族化の進行などにより、家族規模が年々縮小している。平均世帯人員数は一九五〇年代に五人程度であったが、平成元年の一九八九年には三・一〇人、二〇一〇年には二・五九人、二〇一五年には二・四九人と急速に減少している(厚生労働省　二〇一六c)。また、家族の老親扶養に対する考え方も変化している。毎日新聞社の「第二二回全国家族計画世論調査」(一九九四)によると、老親扶養について、「当たり前の義務」と回答する人の割合は一九八〇年代前半には過半数を占めていたが、一九八〇年代後半から急激に低下している。その一方で、「施設(老人ホーム)・制度(年金など)の不備でやむをえない」と回答する人が増加している。

図5-1に示すように、高齢者の子どもとの同居率は年々低下している。一九八〇年には、六五歳以上の高齢者のいる世帯の中で、三世代世帯が一番多く、全体の五〇・一%を占めていたが、二〇一四年には一三・二%にまで減少している。その一方で、未婚の子との同居、夫婦のみ世帯、単独世帯は増加傾向にある。未婚の子との同居の増加は、子どもの晩婚化・未婚化傾向を反映している。夫婦の

表5-1　高齢者の生活の主な収入源

（単位：％）

| 生活の主な収入源 | 1980年 | 1985年 | 1990年 | 1995年 | 2000年 | 2005年 | 2010年 | 2015年 |
|---|---|---|---|---|---|---|---|---|
| 仕事による収入 | 31.3 | 24.5 | 23.8 | 21.6 | 20.8 | 17.7 | 24.3 | 23.4 |
| 公的年金（国民年金，厚生年金など） | 34.9 | 53.4 | 54.3 | 57.1 | 67.5 | 73.9 | 66.3 | 70.8 |
| 私的年金（企業年金，個人年金など） | 3.8 | 1.9 | 1.9 | 1.7 | 1.6 | 1.0 | 1.2 | 1.1 |
| 預貯金などの引き出し | 2.1 | 2.2 | 2.0 | 2.4 | 1.6 | 1.0 | 1.4 | 0.7 |
| 財産からの収入（利子，配当金，家賃，地代など） | 5.3 | 5.6 | 4.0 | 2.5 | 2.3 | 1.9 | 2.0 | 1.1 |
| 子どもなどからの援助 | 15.6 | 9.0 | 5.7 | 4.2 | 3.4 | 2.5 | 1.9 | 0.8 |
| 生活保護 | 1.2 | 1.1 | 0.9 | 0.3 | 0.9 | 0.5 | 0.8 | 1.0 |
| その他 | 3.1 | 1.9 | 1.8 | 2.4 | 1.7 | 1.5 | 1.9 | 1.1 |
| 無回答 | 2.7 | 0.4 | 5.7 | 7.9 | 0.2 | 0.1 | 0.1 | − |

出典）内閣府（2015b: 24）をもとに作成。

み世帯と単独世帯の増加は、核家族規範の浸透によってもたらされたといえる。一九八〇年には、夫婦のみ世帯は一六・二％、単独世代は一〇・七％であり、両者を合わせると三割弱であったが、二〇一四年には、各種世帯のうち、夫婦のみ世帯が一番多く三〇・七％を占めており、単独世帯の二五・三％と合わせると半数を超えている。

## 一-二　高齢者扶養・介護における家族の責任・義務の所在

高齢者の子どもとの同居率の低下の背景には、年金制度の充実があることも指摘しておかなければならない。日本においては公的年金制度が成熟し始めた一九八〇年代を境に、男性の高齢者は子どもに頼らず自分の年金で自分と妻の生活費を賄うことができるようになった（大和　二〇〇六：一九二）。『第八回高齢者の生活と意識に関する国際比較調査結果』によると、二〇一五年時点で七〇・八％の高齢者が「公的年金（国民年金、厚生年金など）」を生活の主な収入源としており、「子どもなどからの援助」に頼る高齢者がわずか〇・八％のみである（表5-1）。年金制度の充実により、高齢者に対する経済的扶養は、私的扶養から社会的扶養へと転換してきた。

一方、身体的介護については、経済的扶養とは異なり、多くの高齢者は家族・親族に頼っている。要介護者などから見た主な介護者の続柄を見ると、

**表5-2　扶養および介護における家族の責任・義務の所在**

| | （経済的）扶養 | （身体的）介護 |
|---|---|---|
| 民　法 | ○<br>家族の義務である | ×<br>家族の義務でない |
| 社会意識 | ×<br>家族の責任でない | ○<br>家族の責任である |
| 実　態 | ×<br>家族の責任でない | ○<br>家族の責任である |

出典）武川（2009: 240）

六割以上が同居している家族・親族が主な介護者となっている（内訳：配偶者が二六・二％、子が二一・八％、子の配偶者が一一・二％、父母が〇・五％、その他の親族が一・八％）。また、別居の家族などが九・六％を占めているため、両者を合わせると、家族・親族が七割以上である（内閣府　二〇一六a）。上記のデータから、日本では高齢者は家族による介護に頼っているという現状が見えてくる。

介護の問題を考えるさいに興味深いことは、「介護と扶養とのあいだのねじれ」である（表5-2）。日本の民法では、「直系血族及び兄弟姉妹は、互に扶養をする義務がある」と規定されており、家族に対して老親の扶養義務が定められている。しかし、実態では、上述のとおり、年金制度の成熟などによって多くの高齢者は経済的には家族に頼っていない。また、各種世論調査で老後の経済生活の責任が家族にあると考える人は少なく、本人または政府の責任にあると考える人が多いことが判明している。すなわち、意識面においても、高齢者の扶養は必ずしも家族の責任ではない。一方、高齢者介護を見ると、扶養と異なり、法律上の義務が家族にあるとはなっていない。民法上、扶養（経済的援助）は強制執行することができるが、介護（身体的援助）はそれができない。ところが、各種世論調査の結果によると、高齢者が介護を必要としたときの介護の責任が家族にあるという考え方が非常に強いようである。また、実態としても、高齢者の主な介護者は家族である。もし家族による介護が自発的に行われているのであれば、高齢者が隔離された施設ではなく住みなれた家庭で介護を受けているというノーマライゼーションの見地からして好ましいといえる。しかし、家族介護の現状を見ると、軽介護の場合はともかく、寝たきり高齢者や認知症高齢者など重介護の場合、家族の負担能力を超えることが少なくない（武川　二〇〇九：二二八―二三〇・二四〇―二四二）。このような重介護を要する高齢者とその家族は、特別養護老人ホームなどの施設に支援を求めざるを得ない。

一九六三年の「老人福祉法」の制定から、日本の高齢者福祉は五〇年以上の道のりを歩んできた。二〇〇〇年に介護保険が導入されて、社会全体で高齢者介護を支える仕組みが作り上げられた。政府が打ち出した一連の福祉政策により、介護サービスが一定程度充実した。しかし、特別養護老人ホームには待機者が全国で五二万もいるという現状があるように、行政の力だけでは高齢者介護の問題に十分に対応できない。そこで、筆者は、要介護高齢者とその家族をサポートする福祉資源として、地域住民の共助的実践活動から生まれた「介護系ＮＰＯ」の役割に着目している。

次節では、日本の高齢者介護政策の流れを整理し、介護系ＮＰＯが登場した社会背景とその特徴について見てみる。

## 第二節　介護の社会化

### 二-一　高齢者介護政策の流れ

戦後から現在までの高齢者介護政策の流れは、以下のとおりである（増田　二〇一〇）。日本における高齢者介護政策の起点は、一九六三年に制定された老人福祉法である。この法律は、老人福祉に着目した単独の法律であり、高齢者介護分野に大きな変化をもたらした。一つ目は、常時介護を要する高齢者の入居施設として特別養護老人ホームが新設されたことである。老人福祉法制定前に存在した養護老人ホームは、養護を必要とする低所得者の入所生活施設である。それに対して、特別養護老人ホームは介護福祉施設に位置づけられており、要介護者であれば、所得の多寡に関係なく入居することができる。二つ目は、老人家庭奉仕員(ホームヘルパー)派遣事業が法制化されたことである。当時、その事業は、高齢者介護より家事援助が中心であり、また、低所得者が利用対象者であった。この時代の高齢者福祉政策の特徴は、「措置制度」の一言に要約することができる。

一九七〇年代半ばまで施設サービスの整備に重点が置かれていたが、高齢化が鮮明になった一九八〇年前後から、イギリスのコミュニティ・ケア政策や北欧のノーマライゼーション思想の影響を受け、地域福祉、在宅福祉への認識が高まった。一九八〇年代後半には、ホームヘルプサービス事業、デイサービス事業、ショートステイ事業が「在宅三本柱」として位置づけられ、在宅サービスの充実が図られるようになった。そして、一九八六年には、老人病院と特別養護老人ホームのそれぞれの機能をあわせもった「中間施設」として、老人保健施設が制度化された。

一九九〇年代に入ると、急速な高齢化の進行に伴い、寝たきりや認知症などの要介護高齢者が増加する一方、家族形態の変容により、家族の介護機能が低下し、高齢者の介護に対する国民の不安が増大していった。一九九〇年代に日本の介護政策が大きく飛躍した。一九九〇年には、老人福祉法などの福祉関係八法が改正された。この改正は、在宅福祉サービスの積極的な推進と、都道府県中心の福祉サービスシステムから市町村中心の福祉サービスシステムへの転換を図るものであった。また、一九八九年にはゴールドプラン(高齢者保健福祉推進十か年戦略)、一九九四年には新ゴールドプラン(新・高齢者保健福祉推進十か年戦略)、一九九九年にはゴールド

表 5-3　高齢者介護政策の流れ

| 年　代 | 高齢化率 | 主な政策 |
|---|---|---|
| 1960 年代<br>高齢者福祉政策の始まり | 5.7%<br>(1960) | 1963 年　老人福祉法制定<br>◆特別養護老人ホーム創設<br>◆老人家庭奉仕員(ホームヘルパー)法制化 |
| 1970 年代<br>老人医療費の増大 | 7.1%<br>(1970) | 1972 年　有吉佐和子著『恍惚の人』ベストセラー<br>1973 年　老人医療費無料化(福祉元年) |
| 1980 年代<br>社会的入院や寝たきり老人の社会的問題化 | 9.1%<br>(1980) | 1982 年　老人保健法の制定(老人医療費の一定額負担の導入等)<br>1983 年　老人保健制度の実施<br>1989 年　ゴールドプラン(高齢者保健福祉推進十か年戦略)の策定<br>◆施設緊急整備と在宅福祉の推進<br>1990 年　老人福祉法等の福祉 8 法の改正(市町村中心のシステム等) |
| 1990 年代<br>ゴールドプランの推進 | 12.0%<br>(1990) | 1994 年　新ゴールドプラン(新・高齢者保健福祉推進十か年戦略)策定<br>◆在宅介護の充実<br>新しい介護システムの検討開始 |
| 介護保険制度の導入準備 | 14.5%<br>(1995) | 1996 年　連立与党 3 党政策合意。介護保険制度創設に関する「与党合意事項」。介護保険法案国会提出<br>1997 年　介護保険法成立<br>1999 年　ゴールドプラン 21 策定 |
| 2000 年代<br>ゴールドプランの推進 | 17.3%<br>(2000) | 2000 年　介護保険施行<br>2005 年　介護保険法の一部改正<br>2008 年　介護保険法の一部改正<br>2009 年　介護報酬初のプラス改定 |

出典）増田(2010: 46)

プラン21が策定された。

一九九四年には厚生省内に高齢者介護対策本部が設置され、新しい高齢者介護支援システムの構築に向けての検討が本格的に始まった。一九九七年には「介護保険法」が制定され、二〇〇〇年から介護保険制度が施行となった。介護保険は、次のようなねらいがある。

まず挙げられるのは、介護の社会化の推進である。社会全体で介護を支える仕組みを作り、家族などの介護者の負担を軽減し、介護不安を解消する。

二つ目は、「社会的入院」問題の解消である。介護保険が制定されるまで、高齢者介護サービスの不足や行政による措置制度のスティグマ性を背景に、介護施設ではなく、病院に入所する高齢者が多く、医療費を圧迫した。介護保険制度の導入によって、介護と医療を切り分けて、医療にかかる社会支出を減らすことができた。

三つ目は、利用者本位のサービス利用システムの構築である。「措置から契約へ」という言い方があるように、介護保険制度のもとで、利用者が必要なときに、気兼ねなく必要なサービスを選択し、利用するシステムが確立した。

四つ目は、高齢者介護を支える財源の確保である。要介護高齢者の急増により、税金などの公的財源で将来の介護サービスを支えることが難しい。介護保険導入後、介護サービスを支える財源には、税金のほかに被保険者が拠出する保険料も加わるようになった。

五つ目は、多様な事業主体の参入によるサービスの量的拡大と質的向上である。従来、介護サービスの提供主体は、地方自治体と社会福祉法人に限定されており、民間企業の参入はほとんど見られなかった。介護保険実施後、多様な事業主体が参与するようになり、介護サービスの量的拡大と健全な競争を通じての質の向上が図られている。

## 二－二　介護の担い手の多様化

介護保険導入後、高齢者介護をめぐる環境は著しく変化した。変化のうちの一つが介護の担い手の多様化である。居宅サービス、地域密着型サービス、施設サービスの三つのうち、施設サービスは制度上の制約もあり、介護老人福祉施設（特別養護老人ホーム）の開設主体の九割以上が社会福祉法人（準政府機関）であるが、居宅サービスと地域密着型サービスにおいて、民間企業などの参入が急増している。

特に、近年、「介護系ＮＰＯ」と呼ばれる「官でもなく民でもない」セクターの実践への注目が高まっている。日本では、一九九〇年代後半に「介護保険法」(一九九七年)と「特定非営利活動促進法(ＮＰＯ法)」(一九九八年)の二つの法律が新たに登場した。介護保険法は、日本の福祉制度を根本から揺るがすものであり、高齢者を取り巻く介護環境を一変させた。一方、ＮＰＯ法によるＮＰＯ法人の登場と市民の活躍は、「政府の失敗」と「市場の失敗」を超える役割を果たそうとするものである。この二つの新しい制度の結節点にあって、歴史的な課題に挑戦しているのが「介護系ＮＰＯ」であると評価されている(田中　二〇〇三)。

介護系ＮＰＯの特徴は大きく三つある。第一は、ボランティア団体から発展したＮＰＯであること、第二は、介護保険事業だけでなく、介護保険の枠外のさまざまな独自サービスを提供していること、第三は、小規模・地域密着型で利用者本位の活動展開をしていることである。また、介護系ＮＰＯは、そのサービス内容に基づいて五つのタイプに分類できる(図5-2)。事業規模の大きい介護系ＮＰＯの多くは、訪問介護事業だけでなく、小規模多機能施設の開設や運営を目指している(安立　二〇〇三)。

日本では、一九八七年に開設された島根県の「ことぶき園」が、通所から泊まり・居住を行う初めての小規模多機能施設として登場した(平野　二〇〇五b：一八)。地域住民やＮＰＯによる草の根の活動から生まれた小規模多機能施設の実践は、三〇年近くの道のりを歩んできた。これらの施設は、「小規模」、「多機能」、「地域密着」といった点において共通しているが、それぞれ異なる特色も持っている。本書では、小規模多機能施設を、主な利用者から「高齢者中心型」、「共生型」、「幼老共生型」の三つの形態に分類して分析する。(2)「高齢者中心型」とは、高齢者を中心にデイサービスやショートステイ、グループホーム、ホームヘルプなど多様なサービスを提供する施設である。「共生型」とは、高齢者に限らず、障害者や子どもなど、地域での暮らしの支援を必要としている人をすべて受け入れる施設である。一九九三年に誕生した「富山型デイサービス」(3)がその代表的な事例であ

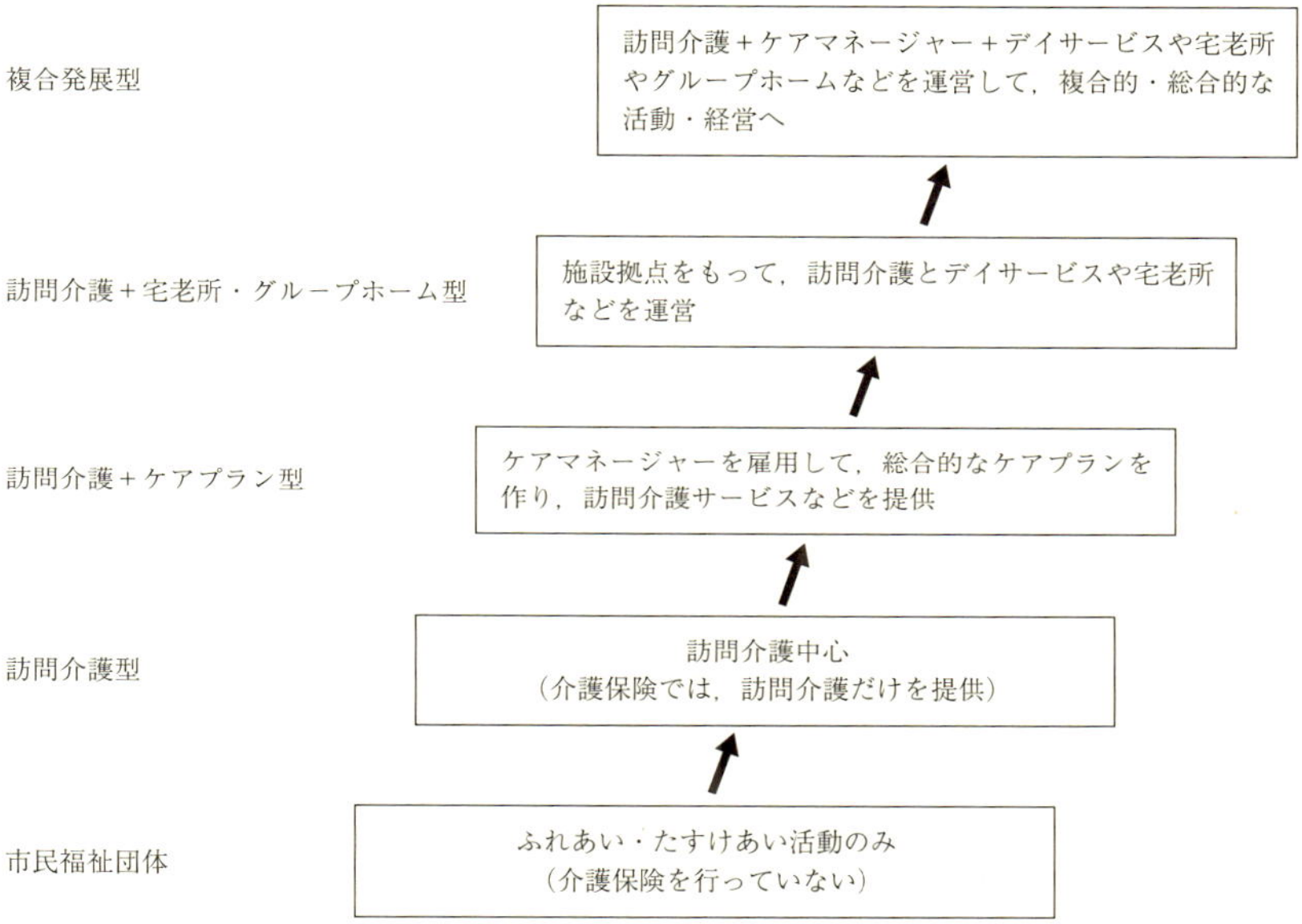
複合発展型
訪問介護＋ケアマネージャー＋デイサービスや宅老所やグループホームなどを運営して，複合的・総合的な活動・経営へ
訪問介護＋宅老所・グループホーム型
施設拠点をもって，訪問介護とデイサービスや宅老所などを運営
訪問介護＋ケアプラン型
ケアマネージャーを雇用して，総合的なケアプランを作り，訪問介護サービスなどを提供
訪問介護型
訪問介護中心
（介護保険では，訪問介護だけを提供）
市民福祉団体
ふれあい・たすけあい活動のみ
（介護保険を行っていない）

**図 5-2　介護系 NPO のタイプ分類と発展**

出典）安立(2003: 48)

る。そして、「幼老共生型」とは、高齢者と子どもの世代間交流に特色を持つ施設である。

次の第六章と第七章では、上述した三つの形態の小規模多機能施設の高齢者福祉・地域福祉実践を、北海道札幌市・富山県富山市・東京都小金井市の三都市におけるＮＰＯ法人の事例調査より考察する。札幌市の事例を「高齢者中心型」に、富山市の事例を「共生型」に位置づける。両施設は、設立経緯や利用者に違いが見られるが、高齢者に通所サービス・居住サービス・訪問サービスを総合的に提供している点では共通しているため、第六章では、この二都市の事例を取り上げて分析する。第七章では、高齢者通所サービスや保育所を同一施設内で運営する小金井市のＮＰＯの事例を「幼老共生型」の事例として分析する。

（1）高齢化に関する統計データは、内閣府（二〇一五a、二〇一六a）、総務省統計局（二〇一六）、厚生労働省（二〇一六b）より。

（2）小規模多機能施設の分類は、研究プロジェクト「都市高齢者への共助的実践活動と世代間交流の研究」（公益財団法人日本生命財団　平成二六年度高齢社会若手実践的課題研究助成）の構成メンバーが意見を出し合って決定した。

（3）「富山型デイサービス」とは、「年齢や障害の有無に関わらず、誰もが一緒に身近な地域でケアを受けられる場所」である。「富山型デイサービス」は、一九九三年七月に、富山県内で病院を退職した三名の看護師が、民家を使い、民間デイサービス事務所「このゆびとーまれ」を開設したことから始まった。対象者を制限しないこの事務所は、家庭的な雰囲気のもと、既存の縦割り制度にはない柔軟なサービスを提供している。「このゆびとーまれ」が誕生して以降、こうした取り組みが徐々に富山県内に広がりを見せ、「富山型デイサービス」と呼ばれるようになった。また、現在、認知症高齢者と障害者が一つの屋根の下でともに生活する「共生型グループホーム」の開設も富山県内で推進されている（富山県厚生部厚生企画課　二〇一四）。

# 第六章　小規模多機能施設による高齢者への共助的支援

## 第一節　小規模多機能施設の発展

二〇一六年に、日本の高齢化率は二七・三％に達しており、日本は四人に一人が高齢者という世界でも有数の超高齢社会を迎えている。人口高齢化に伴う要介護高齢者の増加や、家族の構造的変化などを背景に、「現在、介護はさまざまな道筋で家族という私領域から家族外の『社会』へ移行」しており（笹谷　二〇〇五：三七）、施設サービスと在宅サービスの整備が進んでいる。

一方、高齢者福祉施設が普及する中で、大規模施設における集合的・画一的なケアの問題が提起されるようになった。従来の大規模施設におけるケアサービスは、運営上の理由から施設側のスケジュールを優先し、利用者に対する個別ケアを後回しにしていたため、「流れ作業のケア」になりがちであった。高齢者介護においては身体介助が基本となるため、介護職員には、食事、排泄、入浴などの身体介助に関する知識と技術を有していることとが求められる。一方、介護は身体介助に尽きるものではないことも認識されなければならない。「介護の目的は要介護者の人々の良き生存（well being）をはかること」にあり、「文化的な潤いのある生活」と「生き甲斐のある生活」の創造も必要である（永和　二〇〇九）。

近年、大規模な高齢者福祉施設のケアに対する反省から、日常に近い生活を取り戻す試みが模索されている。そのうちの一つが、ＮＰＯや地域住民が民家などを活用して、利用者一人ひとりに合わせて柔軟なケアを行う小規模多機能ケアの実践である。通所から泊まり・居住を行う初めての小規模多機能施設である島根県の「ことぶき園」に触発されて、一九九一年に活動を始めた福岡県の「宅老所よりあい」の施設名には、普通の家で普通の生活を送らせたいという思いから、「託児所」に対応させた「託老所」ではなく、「自宅」の「宅」の字を用いた「宅老所」が用いられた（平野　二〇〇五ｂ）。

宅老所は、制度上の明確な定義がなく、通い（デイサービス）のみを提供しているところから、泊まり（ショートステイ・ナイトケア）や自宅での手伝い（ホームペルプ）、居住（グループホーム）まで行っているところもあり、サービスの形はさまざまである（宅老所・グループホーム全国ネットワーク　二〇一〇）。一九九〇年代以降、宅老所・小規模多機能ケアの実践が広がりを見せており、認知症介護におけるグループホームや特別養護老人ホームなどにおけるユニットケアを推進していくうえで大きな役割を果たし、「小規模多機能型居宅介護」の制度化に寄与してきた(1)。

本章では、高齢者グループホーム／下宿、デイサービス、ホームヘルプサービスなどを運営する札幌市と富山市のＮＰＯ法人の事例調査から、小規模多機能施設における高齢者ケアの特徴や、地域における小規模多機能施設の役割、施設の運営を成り立たせる要因などを検討する。

## 第二節　小規模多機能施設分析の視点

小規模多機能施設は、工学や社会福祉学、社会学などの分野から注目を集めており、これまで、居住空間やケアの質、運営主体の特徴などの側面からその事例が検討されてきた。

### 二-一　集団ケアから個別ケアへの転換

地域で暮らしていた高齢者が生活の場を従来型の特別養護老人ホームや老人保健施設に移したときには、五つの生活の「落差」を経験するとされる（外山　二〇〇三）。すなわち、「空間の落差」、「時間の落差」、「規則の落差」、「言葉の落差」、「役割の喪失の落差」である。地域と施設のさまざまな生活の落差の中で、最終かつ最大の落差は、五つ目の「役割の喪失」である。地域では、高齢者はただ生活しているだけでも、日々の暮らしにはさまざまな役割や仕事がある。たとえ要介護状態にあっても、生活の中での役割が高齢者を内側から輝かせる。しかし、施設に入居すると、高齢者は一方的に介護を受ける「客体」にされてしまい、生きる意欲や意味を実感することが極めて困難になる。施設高齢者が直面するさまざまな落差に対して、「在宅か施設か」という二元論を超えて、「たとえ住みなれた自宅を離れて施設に移ったとしても、再び個人としての生活領域が形成され生命力が萎むことがないのなら、施設も『自宅でない在宅』でありうる」（同上：三七）と指摘される。「自宅でない在宅」を実現する具体策として、「プライベートゾーン」、「セミ-プライベートゾーン」、「セミ-パブリックゾーン」、「パブ

表6-1　これまでの施設ケアと宅老所・グループホームケアの違い

| | これまでの施設ケア | 宅老所・グループホームケア |
|---|---|---|
| モデル | 病院，医療 | 家庭，生活 |
| 環　境 | 環境軽視<br>大きなスペース<br>集団 | 環境重視<br>適切なスペース<br>個別 |
| ケアのあり方 | 没主体性<br>業務をこなす<br>義務的<br>話も聞けない | 主体性<br>一緒に<br>さりげない<br>話を聞くことから始める |
| 雰 囲 気 | バタバタ | ゆったり |
| 対人関係 | 変化が多い | なじみの関係 |
| 一　日 | 管理された生活<br>日課 | 普通の生活<br>生活リズム |
| 家　族 | 家族は外から | 家族とともに |
| 地　域 | 地域から独立して | 地域のなかで |

出典）グループホームきなっせ（2003: 10）

リックゾーン」の空間概念や施設におけるユニットケア、グループホームが挙げられている。

宅老所やグループホームなどの小規模施設のケアは、これまでのケアのあり方そのものを変えている。これまでの施設ケアと小規模施設ケアの相違点は八つの側面から比較できる（表6-1）。一人ひとりの状況に対応し、生活を支える小規模多機能ケアは、「これまでの流れ作業のケア（物―人関係）から真に利用者本位のケア（人と人との関係）への転換」を図っている（川原　二〇〇四：九四五）。

## 二-二　「宅老所系ＮＰＯ」の視点からの分析

宅老所やグループホームなどの小規模多機能施設を、「宅老所系ＮＰＯ」の視点から分析する研究もある。民家などを活用して小規模多機能ホームを運営するＮＰＯを「宅老所系ＮＰＯ」と呼んでいる浅川（二〇〇三）は、北欧諸国の「施設の住宅化」の動向を参考に、施設と在宅の中間に位置づけられる地域密着の小規模施設の重要性を強調している。福祉先進国のデンマークは、要介護高齢者の在宅生活を支える訪問介護の充実で有名であるが、近年、要介護高齢者の増加や、それに合わせて点在する戸建て住宅を二四時間訪問する体制の拡大の困難さ、一人暮らし高齢者の生活への不安の高まりなどを背景に、高齢者集合住宅が注目されている。高齢者の暮らしを維持するための基本が住宅であり、住宅を確保して、そこにケアサービスを注ぐという考え方が重要だとしている。デンマークをはじめ北欧諸国では、大規模施設の建設中止、施設の住宅化が宣言されている。

日本においても、要介護度が進行した高齢者、家族の事情で在宅介護が難しい高齢者が数多く存在している。こうした高齢者は、特別養護老人ホームに助けを求めざるを得ない。しかし、政府には特別養護老人ホームを迅速かつ大量に建設する財政のゆとりはなく、大規模施設の集団ケアへの反発も大きい。特養に入居できず、在宅生活も困難な高齢者の受け皿は、地域の民家などを改装してそこへさまざまなケアサービスを付けた住宅、すなわち「ケア付き住宅」だと指摘されている。在宅と施設の中間にあって、「通って、泊まって、住む」ことのできるこのような小規模多機能ホームは、「自宅ではないが在宅」という「第三の施設」と呼べる。

## 二-三　「協セクター」の視点からの分析

福祉供給システムとして、官（国家）／民（市場）／協（市民社会）／私（家族）の四セクターを提案する上野（二〇一一）は、四セクターのうち、とりわけ「官でもなく、民でもない」領域――協セクター――の果たす役割に高い期待を寄せている。ＮＰＯや有限会社など、資本力の小さい市民事業体によって担われている小規模多機能施設は、協セクターの代表例の一つである。二〇〇六年の介護保険制度改正では、「通い、泊まり、暮らし、さらには訪問介護を含む複合的なサービス」を提供する「小規模多機能型居宅介護」が新たに創設され、注目を集めるようになった。この新制度は、①地域密着型居宅支援、②二四時間三六五日の切れ目のない暮らしのサポート、③小規模で家庭的なサービス、の三つのねらいを持っている。ただし、この制度は「官」の発想ではない。小規模多機能ケアは、もともと地域におけるさまざまな福祉ニーズに現場が柔軟に対応する中で自然発生的に生まれ、やがてそれが社会的に認知されて制度化された経緯を持っている。すなわち「協セクター」における実践が先行し、官の制度化が後で追いついた」、「民が官を変えた」といえる。

富山型デイサービス「このゆびとーまれ」をはじめとするＮＰＯ型の先進ケアは、①創業者の篤志というべき土地物件を含む初期投資、②意欲と能力の高いワーカー、③ワーカーのサービス残業を含む低賃金、④利用者やワーカーの募集に効果を発揮している地元紙やミニコミを媒体とするメディア効果、などの条件のもとで成立し、また持続可能な経営を継続していると指摘される。

以上、小規模多機能施設分析の視点を見てきた。次の第三節と第四節では、小規模多機能施設の実践について、札幌市と富山市のＮＰＯ法人の事例を中心に分析する。

## 第三節　札幌市のＮＰＯ法人の事例

### 三-一　施設概要・理念

ＮＰＯ法人「在宅生活支援サービスホーム　花凪」（以下、「花凪」）は、札幌市西区・平和地区に位置する、認知症高齢者を中心とした下宿施設や通所介護などを運営する小規模多機能施設である。札幌市西区は、面積七五・一〇平方キロメートル、二〇一五年に総人口二一万三八二二人、高齢化率二一・四%である（札幌市　二〇一五）。平和地区は、もともと稲作地帯であったが、一九六七年に札幌市と合併してから一挙に宅地化が進み、他地域から転居してきた人が多く、住民の高齢化が進んでいる（木村　二〇〇八）。

「花凪」は、特別養護老人ホームに一七年間勤め、大人数のケアに限界を感じた代表の木村美和子氏[(2)]が、一人ひとりに寄り添ったケアを提供したいという思いで、二〇〇〇年に設立した。当初、木村氏は自宅をバリアフリーに改装して開放し、ホームヘルプや保険外のミニデイ、宿泊、下宿、絵手紙教室などのサービスを提供していたが、利用者の多様なニーズに対応する中で、「花凪」は多機能化していき、五ヶ所の施設を持つまでに発展した。自宅兼NPO事務所（1号館）、認知症高齢者を中心とした下宿施設（2号館と3号館[(3)]）、「デイサービスこ花」（4号館）、地域住民向けの「ばりあふりーしょっぷ　花凪屋」（5号館）の五施設は、バリアフリーに改修した一般的な民家か、新築の小規模施設であり、いずれも家庭的な環境を作り出している（写真6-1）。たとえば、二〇〇三年に新築した高齢者下宿2号館（図6-1）[(4)]は、一階がキッチンとリビングルーム、二階が寝室となっており、現在一三名の高齢者が一緒に暮らしている。2号館を建設した当初、木村氏は二階に個室を作ったが、個室に入った高齢者が、夜に寂しさを感じて、他の高齢者の部屋を行き来するようになったことから、新築からわずか二ヶ月で個室の壁を取り外すことにした。現在二階は一名用個室が一つ、二人部屋が三つ、五人部屋が一つであるが、高齢者本人の希望で一階のリビングルームで寝ている高齢者が二名いる。広々としたリビングルームで高齢者たちはお茶を飲んだり、編み物をしたりして、思い思いの時間を過ごしている。長いカウンターを備えた対面式キッチンから一目でリビングルーム全体を見渡せるため、職員は作業をしながら高齢者の様子を確認できる。家庭に近い物理的空間と少人数の定員設定により、個別ケアが可能になっている。「花凪」で提供されてい

①１号館（NPO 事務所）

②２号館（バリアフリー下宿）

③バリアフリー下宿　こ花

④デイサービス　こ花

⑤ばりあふりーしょっぷ　花凪屋

**写真 6-1　「花凪」の５つの建物**

出典）「花凪」のパンフレット

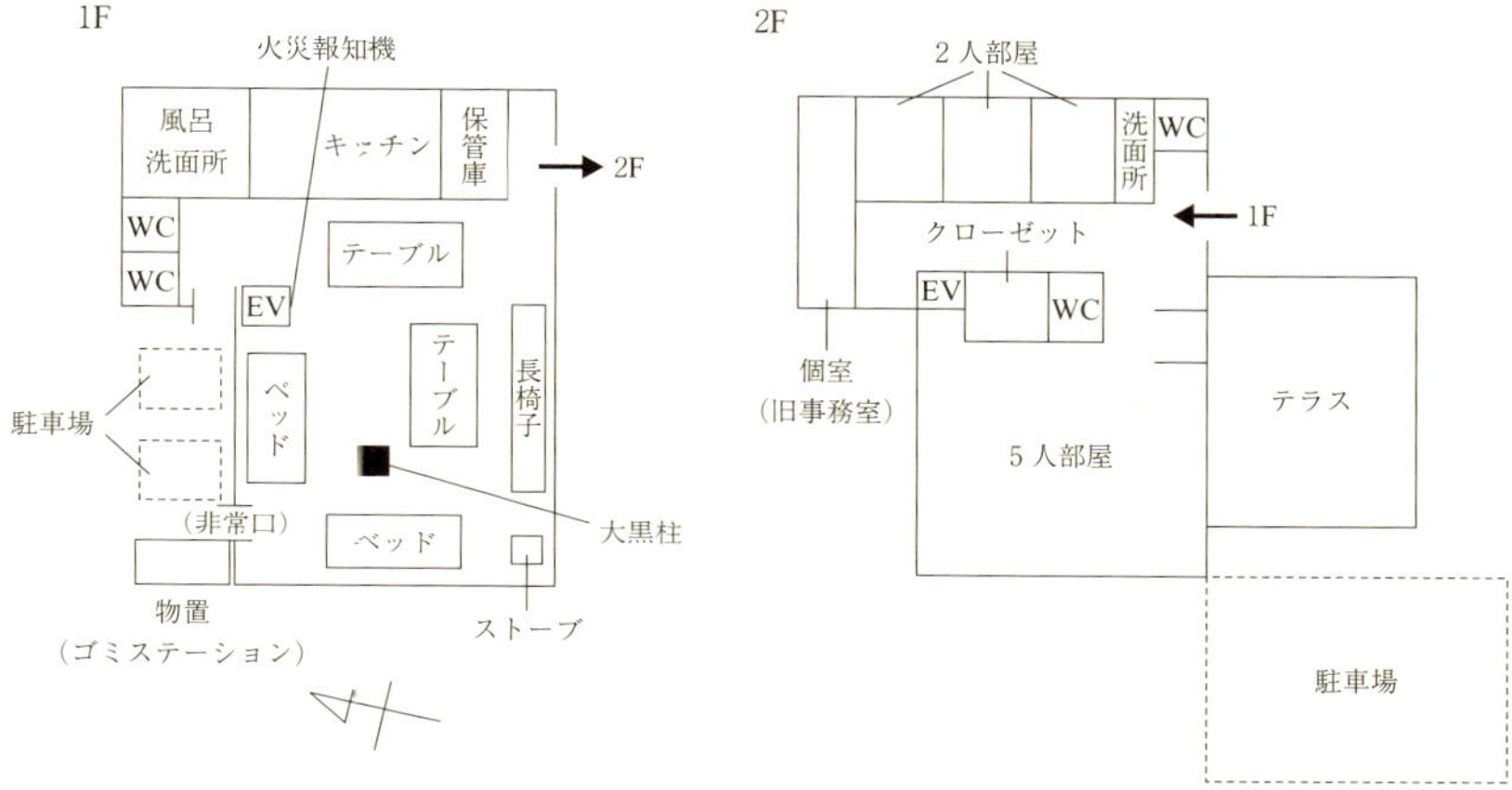


**図６-１　高齢者下宿花凪２号館の間取り図**

るサービスのうち、訪問介護事業と通所介護事業は介護保険で行っているが、介護保険の範囲でできない部分はすべてＮＰＯ事業として行っている(表６-２)。

二〇一四年一〇月から二〇一五年七月まで、「花凪」で代表者と職員三名へのインタビュー、施設の視察・見学、イベントへの参加など、計六回調査を実施した。

## 三-二　高齢者ケアの特徴

このような小規模・少人数の施設において、どのようなケア実践が行われているのか。「花凪」における高齢者ケアの特徴を、以下の四つにまとめることができる。

第一の特徴は、小規模でゆとりある生活リズムである。従来の大規模施設では職員は限られた時間内に効率よく業務をこなすために、職員と高齢者とのコミュニケーションが少なく、「流れ作業のケア」になりがちである。木村氏は事例の一つとして食事介助を挙げた。「昔働いていた大規模施設では食事の時間になると、職員は、高齢者に詳しい説明もなく、ぱくぱく食べさせた。食べる順番も決まっているし、決められた時間にご飯を詰め込むだけ

表6-2 「花凪」における主なサービス

| 保険内サービス |
| --- |
| ・訪問介護事業(ホームヘルプサービス)<br>ホームヘルパーが高齢者の自宅を訪問し，身体介助や生活支援を行う。<br>・通所介護事業(デイサービス)<br>4号館(定員1日7名)で健康チェック・入浴・リハビリ・趣味活動を行う。 |
| 保険外サービス・NPO 事業 |
| ・高齢者下宿<br>2号館(定員11名)。個室，2人部屋，5人部屋が用意されている。日中は1階のリビングルームで過ごしたり，デイサービスなどへ外出したりしている。<br>・宿泊サービス(ショートステイ)<br>宿泊場所は2号館。14：00チェックイン，10：00チェックアウト。<br>・ミニデイサービス<br>利用者同士や職員，5号館のお客との交流を楽しむことができる社交の場。<br>・託児サービス<br>5号館で保育士やミニデイ利用者など幅広い年代の人が託児に関わっている。<br>・あらゆるヘルプサービス<br>子どもから高齢者まで対象として，通院や入院時の支援，調理・掃除・洗濯，庭の手入れ，草刈りなど，家事援助関係・身体介助関係のサービスを提供する。<br>・社会福祉士　お気軽相談所<br>困りごとなどについて，無料で相談できる。<br>・移送サービス<br>高齢者や障害者など公共交通機関を使用して移動することが困難な人を対象に，通院やレジャーなどについて有償で行う車両による移送サービスである。<br>・バリアフリー居酒屋<br>障害者，子育て中の人，高齢者，1人で酒場に行くことをためらっている人などを対象に，月に1回程度，5号館で小宴会風の居酒屋交流を行う。<br>・各種催し<br>コンサート，絵手紙教室，料理教室，小旅行などがある。 |

出典)「花凪」のパンフレットをもとに作成。

で、『食事』とは呼べない」（木村氏）。こうしたケアの仕方に対する反省から、木村氏はゆとりある個別ケアを目指して、「花凪」を開設するに至った。

介護サービスは対人サービスでもあり、「花凪」では、身体介助だけでなく、職員と高齢者の間のコミュニケーションも重要視されている。たとえば、「職員と高齢者の間であまりコミュニケーションがないまま接すると、入浴介助の時間が来たときに、いきなり『二時になったので、お風呂に入りましょう』となってしまう。そうではなく、むしろ、サービスしていないときの職員と高齢者の間のコミュニケーションが大事なので、サービスをしていないときもコミュニケーションをとっていて、入浴介助の時間になったら、自然な流れで『じゃあ、お風呂に入りましょうか』といったほうがいい」（木村氏）。小規模・少人数という体制によって、介護職員に高齢者一人ひとりの心の声を聞く余裕が生まれている。

さらに、認知症高齢者の「問題行動」も減少している。この点について、木村氏はデイサービスの事例を挙げた。一日の定員が二〇〜三〇名のデイサービスの場合、施設規模が大きいため、トイレに行った高齢者が元のフロアに戻ってくることができなかったりする。これが高齢者の「徘徊」と見なされてしまう。それに対して、民家を改修したデイサービスセンター「花凪」４号館の場合、高齢者が普段座っている場所からトイレまでほんの数歩の距離であるため、高齢者の「徘徊」も自然になくなる。問題行動のある困った利用者というレッテルが貼られた認知症高齢者は、家庭環境に近い小規模施設では、問題行動が減少し、落ち着いて、普段の生活ができるようになる。

第二の特徴は、「家族的介護」である。まず、職員と利用者の関係を見ると、大規模な福祉施設では、職員と利用者は事業者と顧客という関係になりがちであるが、「花凪」の職員は施設自体を「家」として考え、利用者を「家族」のような存在として捉えており、「うちのじいちゃん、ばあちゃんのように接している」（職員Ａ）(5)。また、利用者同士も「なじみの関係」以上の親密な関係を形成している。口喧嘩はするが、仲が良く、夜には一緒に晩酌をし、お互いに面倒を見合っている。利用者間の関係について、職員Bさんは次のように語る。「『〜さんが立ったら、教えてね』とお願いするときもあれば、高齢者から『おじいちゃん、鼻水たれているよ。ティッシュ』といってくれるときもある。きっと何かしてあげたいという気持ちがあると思う。毎日一緒に暮らしている同士だから、気にかけあうよね」（職員B）[6]。

さらに、高齢者が最後まで日常で暮らせるように、「花凪」は高齢者の看取りと葬儀も行っている。これまで、約二〇名の高齢者の看取りを行ってきた。そもそも高齢者下宿花凪2号館を作ったきっかけは、高齢者の「ここで死にたい」という一言であった。1号館（木村氏自宅）が下宿だった時代、ある日下宿人第一号の高齢者Tさんが「花凪」で死にたいと宣言した。しかし、看取りと葬儀をするには当時の1号館では狭すぎた。資金もない中で、木村氏はTさんの看取りと、葬儀を行える新しい家を作りたいという思いで、北海道R金庫から融資を受け、2号館を新築するに至った。これまで看取られた高齢者の中には、「花凪」の下宿人もいれば、下宿人ではないが、「花凪」の存在を知っており、病院から移ってきた高齢者もいる。どうしても家で看取ることができないなら、せめて家庭に一番近い環境で最後を迎えさせたいという家族の思いが強いようである。2号館で行われている葬儀は「花凪葬」と名付けられている。下宿人たちも葬儀に出て、亡くなった人の顔を見て、一言を添える。皆語り合ったり、食事をしたりして、親戚同士が集まるのと同じである。職員と利用者、そして利用者同士は血がつながっていないが、皆「花凪家族」の一員として暮らしている。

第三の特徴は、「生活の主体者」としての暮らしである。この特徴については、次の三つの側面から説明する。まず、「花凪」は高齢者自身が持っている能力を生かし、自立できるような工夫をいくつかしている。たとえば、二階の洗面台で高齢者が普段使用しているタオルとしてあえて薄手のものを選んでいる。これは経費を節約するためではなく、高齢者ができるだけ職員に手助けしてもらわず自分で絞れるようにするためである。また、一階のリビングルームの中央には古材再生の大黒柱が設置されており、「自立の大切さ」を伝えるシンボルのような存在となっている。木村氏によれば、子どもが自立するために、一家の大黒柱である「頑固親父」を乗り越えないといけないのと同様に、高齢者が「花凪」で自立するために、リビングルームの大黒柱を乗り越えなければならない。高齢者が「柱のせいでテレビが見えない」といったとき、木村氏と職員は「じゃあ、見えるところに移ってください」と勧める。「邪魔になるもの」をあえて大切にしていることで自立することの大切さを伝える。普段の職員教育においても、高齢者の「能力」を信じることの重要性が強調されている。「認知症の高齢者だから、できないだろうという先入観を持って、高齢者のかわりに全部やってしまうのはだめである。高齢者本人に『できますか、できませんか』と確認してから、何をするか決めたほうがいい」（木村氏）という考えを実践しているのである。

また、職員は利用者本位のケアを行っている。「花凪」では、喫煙や飲酒を含め、高齢者本人のこれまでの生き方を尊重し、「利用者がしてほしくないことはやらない」（職員C）[7]、「常に利用者と同じ目線で考え」（職員A）、サービスを提供している。

さらに「花凪」は、高齢者が役割を持って生活できるような場面を積極的に作り出している。下宿をする高齢者は皆「働き者」であり、毎日、食事の配膳・後片付けや洗濯物たたみ、ダスターの裁断など、日常生活上の役割を果たしている。2号館を建設した当時、キッチンを対面式にしたのも、高齢者が手伝いやすい空間を作りたいという思いが込められているからである。生活の中に役割を持つことによって、高齢者は自己を取り戻し、ケアされるという「受け身」の存在から「生活している主体」へ転換している。

第四の特徴は、高齢者の社会参加・交流支援である。「高齢者が一日中部屋の中にいるとどうしてもボーっとしてしまう。季節と地域性、たとえば、北海道で冬に雪が降ることすら忘れるかもしれない」(木村氏)。高齢者の生活が下宿施設内で完結しないように、「花凪」は4号館「デイサービス　こ花」や「バリアフリー居酒屋」、小旅行など、外出のための多様な選択肢を用意している。毎日施設内で同じことを繰り返して過ごしていくのではなく、外出し、他者と交流するという「非日常的」な体験は、下宿の高齢者にとって刺激になり、心身のケアにもつながる。

ここで、「デイサービス　こ花」の事例を通して、高齢者の社会参加・交流支援の意義について説明する。以前、2号館では、高齢者下宿のほかに、介護保険外の「花凪ミニデイサービス」も行われていた。他のデイサービス施設の利用が難しかった高齢者が、「花凪」のミニデイサービスの利用回数を重ねるごとに認知症状が穏やかになってくることを目にした木村氏は、下宿人たちにもデイサービスを経験させたいと思うようになり、2号館の裏手にある民家を購入し、4号館「デイサービス　こ花」を開設した。利用人数は一日七名までである。「下宿人の中で、ほぼ毎日、週に五日利用する方もいれば、週に一回利用する方もいる」、「出かけるから、本人も張り切る」(職員A)。4号館では温かな雰囲気の中で、高齢者はテーブルを囲んで一緒に詩の朗読や暗算、トランプなどを楽しんでいる。高齢者はデイサービスに出かけ、そこで皆と話し合い交流することが、高齢者の精神面や健康面にもよい効果をもたらしている。また、日中に下宿施設2号館というA地点から4号館「デイサービス　こ花」というB地点に移動し、夕方にまた2号館というA地点に戻ることによって、高齢者本人には「2号館は出口であると同時に、入口でもある」、「自分の家である」(木村氏)という意識が生まれる。

また、「花凪」は、毎年夏祭りや忘年会を兼ねたクリスマスパーティーなどさまざまなイベントを企画している。こうしたイベントは高齢者の外出支援の一環として行われているが、もう一つの目的として「共通の思い出づくり」がある。下宿をする高齢者はそれぞれ異なる人生を歩んできているため、共通の思い出と話題を作らないと、コミュニケーションが取りにくい。皆で一緒にイベントに参加して、共通の思い出を持っているからこそ、「去年もそうだったね」というように、自然と会話が生まれる。

以上、「花凪」における高齢者ケアの四つの特徴を見てきた。こうしたケア実践を通して、下宿をする認知症高齢者にどのような変化が見られるのか。

「五年前に入居して、五年間ほとんど変わらない方もいる。入居者に九〇歳過ぎの方も多いから、現状維持できて、悪化しないこと自体はすごいと思う」（職員C）

「認知症高齢者の家族によく言うのは、『一ヶ月ぐらい時間をください。本人には必ず何か変化が起き、落ち着くから』。高齢者は表情が豊かになったり、体調も少しよくなったりする。介護の喜びはこれだなと思う。下宿人たちを目にした外部のお客さんに『この方たちは本当に認知症なの？』と聞かれるとき、一番嬉しい」（木村氏）

これらの語りがあるように、「花凪」のケア実践は、認知症それ自体を治すわけではないが、その進行を遅らせたり、不安や焦燥といった周辺症状を改善したりしている。

## 三-二　地域における交流と役割

「花凪」は、在宅高齢者の支援だけでなく、地域においても重要な役割を果たしている。地域における「花凪」の役割としては、主に次の三つが挙げられる。

一つ目は、地域交流の促進である。開設当初は、在宅高齢者の支援を中心に、下宿や泊まり、デイサービス、ホームヘルプなどさまざまな活動が行われてきたが、二〇〇六年に、木村氏の「地域住民が必要としている場所も提供したい」という思いから、5号館「ばりあふりーしょっぷ　花凪屋」が誕生した。5号館では、リサイクル品の販売や、介護保険外のミニデイサービス、無料の福祉相談などが行われている。店内のリサイクル品はほとんど地域住民が寄付してくれたものである。5号館では利用者や地域住民を対象に、月に一回程度小宴会風の「バリアフリー居酒屋」が行われている。5号館は地域住民が安心して買い物や食事を楽しみ、気軽に世間話ができる場所であり、下宿人や職員が地域住民とふれあう場所でもある。また、二～三ヶ月に一回程度5号館で行われるコンサートや、毎年高齢者下宿2号館のテラスで開催される夏祭りなど、職員や利用者、地域住民が楽しめるさまざまなイベントが企画されている。

二つ目は、「地域福祉の小さな窓口」である。「花凪」は施設の宣伝活動をあまり行っていないが、その評判はほぼ口コミで広がっている。高齢者あるいはその家族が、5号館の「ばりあふりーしょっぷ」に立ち寄ったことが、福祉相談や施設利用のきっかけとなっている。

「下宿人には地域の方が多い。店に寄って、その後入居したケースも多い。利用者はまず店に来て、少し話し合って、うちに興味を持ってくれれば、『うちはこんなこともやっているよ』と情報を見せる。高齢者はケアマネと一緒にいくつかの施設を回って比べて、『花凪』がいいと思ってくれれば、利用することになる」（職員A）

木村氏の説明によれば、福祉相談所を作ると、敷居が高いイメージがあるため、地域住民が気軽に相談できない。5号館の「ばりあふりーしょっぷ」のような形であれば、店に来て買い物のついでに、気軽に相談できる。「花凪」はこのようなユニークな形で地域住民の福祉相談に応じており、「地域福祉の小さな窓口」のような役割を果たしている。

三つ目は、地域の子どもに対する教育である。現在の子どもたちは、普段認知症高齢者とふれあう機会があまりない。5号館の「ばりあふりーしょっぷ」に買い物に来た地域の子どもたちが、認知症高齢者の姿を日常的に目にすることで、認知症高齢者に対する認識と理解が生まれる。また、都市化の進行とともに、地域の人間関係が希薄化し、よその子を叱る大人の姿も消えつつあるが、「花凪」の場合、5号館に買い物に来た子どもにマナーの悪い子がいたら、木村氏と職員、高齢者はその場で叱って、正しいマナーを教える。

「花凪」は設立されてから一六年が経ち、現在、その地道な活動は地域住民から信頼が寄せられているが、最初はゴミステーション(ゴミ捨て場)や駐車などの問題で、地域住民との関係で苦労した時期もあった。たとえば、当初、「花凪」は2号館と道を一本隔てた向こう側にあるゴミステーションに高齢者のオムツなどのゴミを捨てていたが、地域住民からクレームを受けた。解決策として、木村氏は五〇万円をかけて、2号館のそばに新しいゴミステーション関連施設を設置した。現在、共同ゴミステーションとして、近辺の一〇軒ぐらいが使用している。これも一種の地域貢献といえる。「花凪」は、この一六年間、模索しながら利用者と地域住民がともに暮らしていける「小規模多機能エリア」の構築を試みている。

## 第四節　富山市のＮＰＯ法人の事例

### 四－一　施設概要・理念

富山県富山市のＮＰＯ法人「しおんの家」は、グループホームや「富山型デイサービス」などを運営する小規模多機能施設である。「しおんの家」が位置する富山市は、面積一二四一・七七平方キロメートル、二〇一五年に総人口四一万九一〇九人、総世帯数一七万一八八七世帯である。富山市の高齢化率は二八・二％であり、全国平均の二六・七％よりやや高い(8)。

一九九九年にグループホームとしてスタートした「しおんの家」は、高齢者グループホーム「望」、共生型（高齢者・障害者）グループホーム「愛」、多機能型のフリーハウス「信」、そして認知症デイとホームヘルプサービスの「さふらん」の四つの「家」から構成されている（写真６－２）。「年齢や障害の有無、要介護状態などにとらわれず、すべての人がどんな状況におかれても、互いに助け合いながら、豊かな人生を送ることができるようにお手伝いする」を理念とする「しおんの家」は、四つの「家」で九つのサービスを提供している（表６－３）。

代表の山田和子氏(9)によれば、「しおん」という言葉には二つの意味がある。一つは、聖書に記された平安の居場所（誰でもほっとできる場所）「シオン」である。もう一つは、「紫苑の花」である。秋の野に咲くこの控えめな花に、素朴で自然な生活を提供したいという想いを託している。山田氏が「しおんの家」を開設した理由は二つある。一つは、ホームヘルパーによる在宅介護支援の限界である。山田氏は、「しおんの家」を開設する前に、社会福祉協議会のホームヘルパーとして勤務していた。当時介護保険がまだ導入されておらず、ホームヘルプ

①多機能型フリーハウス「信」

②高齢者グループホーム「望」

③共生型グループホーム「愛」

④認知症対応型デイサービス「さふらん」

**写真6-2　「しおんの家」の4つの家**

出典）筆者撮影

サービスはほぼ行政による措置制度であった。高齢者自宅への訪問が、午前二時間とか、午後二時間とか、土日は休みというように、限られた時間に限られたサービスしか提供されていなかった。このようなサービス体制では、在宅の高齢者とその介護者である家族を十分に支援できない。「認知症高齢者本人とその介護をする人の助けになりたい」、「必要なときに必要なサービスを」とグループホームの開設を考えるようになった。もう一つは、山田氏はクリスチャンであり、キリスト教の影響である。山田氏はクリスチャンとして、「喜ぶ者といっしょに喜び、泣く者といっしょに泣きなさい」(聖書より)を介護理念としている。クリスチャンとして、共同生活の場、助け合いの場を作りたいと思っている。山田氏のこの二つの思いから、介護保険施行の前年に、「しおんの家」が富山県内初のグループホームとして誕生した。グ

表 6-3 「しおんの家」の主なサービス

| |
|---|
| グループホーム「望」と「愛」 |
| ・住む(高齢者グループホーム)<br>認知症高齢者が共同生活を送れる家。職員は利用者の暮らしのパートナー。「ゆっくり，いっしょに，楽しく」がモットー。「望」と「愛」の定員は各 9 名。<br>・住む(障害者グループホーム)<br>「愛」は障害者のグループホームでもある。定員は 4 名(「愛」の 2 階)。 |
| フリーハウス「信」 |
| ・住む(グループリビング)<br>グループホームと異なるのは，年齢や認知症・障害の有無に関係なく誰でも入居して共同生活できるところである。定員は 6 室。<br>・泊まる(ショートステイサービス)<br>年齢や認知症・障害の有無に関係なく誰でも利用できる。定員は 3 名。<br>・通う(富山型デイサービス)<br>年齢や認知症・障害の有無に関係なく誰でも利用できる。定員は 10 名。<br>・集う(多目的スペース「いっしょにせんまいけ」)<br>趣味活動・介護予防活動・生活情報提供など，誰でも自由に利用できる。<br>・憩う(喫茶店「みんな de よってカフェ♪」)<br>地域交流のための喫茶店である。誰でも自由に利用できる。<br>・聴く(何でも相談窓口「どうしたがけ？ よろず相談」)<br>居宅介護支援事務所でもある。介護に関することでも何でも相談できる。<br>・外出支援(福祉有償運送)<br>“行きたいときに行きたいところへ”を支援する。 |
| 「さふらん」 |
| ・通う(認知症デイサービス)<br>グループホームと同じく「ゆっくり，いっしょに，楽しく」である。<br>・来る(ホームヘルプサービス)<br>ホームヘルパーが自宅を訪問して，本人の自立の手助けをする(枠外のサービスもある)。年齢や認知症・障害の有無に関係なく誰でも利用できる。 |

出典)「しおんの家」ホームページをもとに作成。

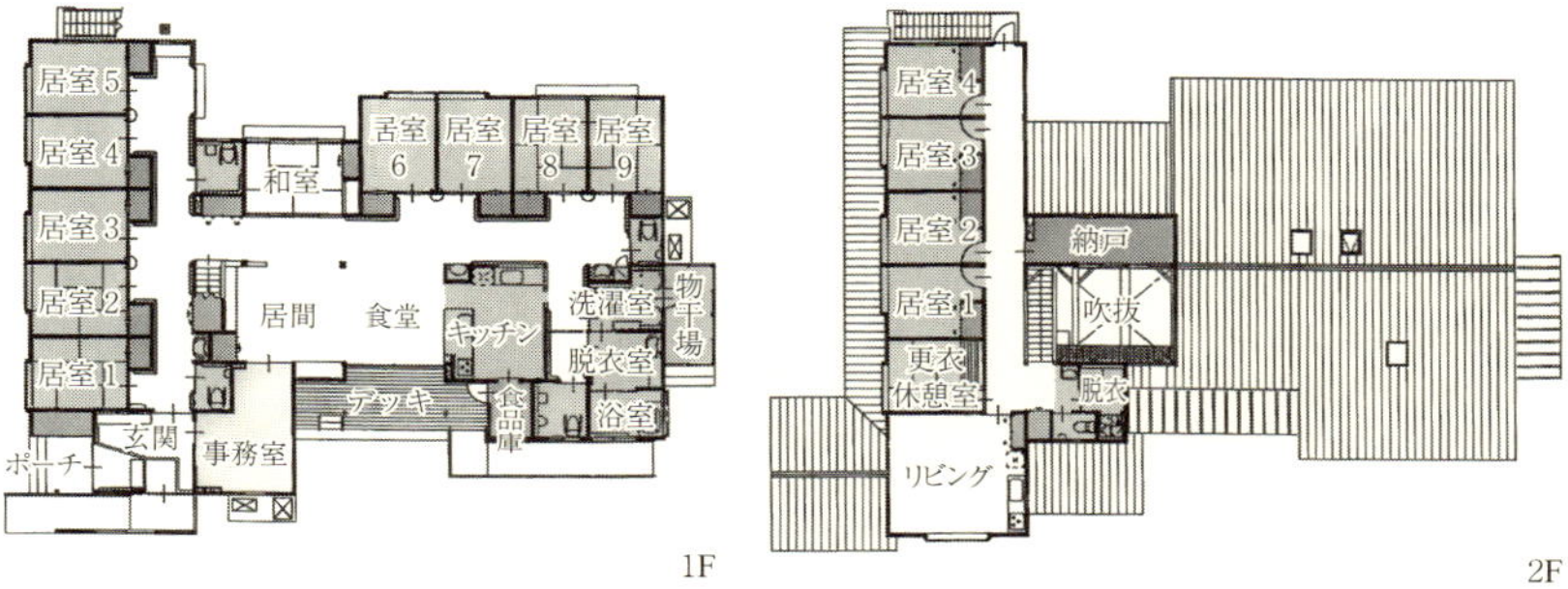


図6-2　共生型グループホーム「愛」の間取り図

出典）代表の山田氏が提供した参考資料より。

ループホームの内部構造について、図6-2共生型グループホーム「愛」の間取り図を参照されたい。

現在、「しおんの家」はさまざまな事業を展開しているが、グループホームが運営の土台である。居住系サービスとして、高齢者グループホーム「望」と、共生型（高齢者・障害者）グループホーム「愛」のほかに、フリーハウス「信」の二階ではグループリビングもある。制度上、グループホームは認知症高齢者のみを、共生型グループホームは認知症高齢者と障害者のみを対象としているため、認知症あるいは障害を持っていない人は、グループホームに入居できない。しかし、現状として、認知症・障害を持っていないが、心臓が弱かったり、一人暮らしで不安を感じたりする高齢者など、グループホームのような共同生活が必要な人もいる。「しおんの家」のグループリビングは、このような制度からこぼれ落ちた人が共同生活を送れる「家」である。

二〇一五年八月に二日間の訪問調査を実施した[10]。施設代表と職員・ボランティア七名、高齢者二名へのインタビューと、職員と利用者の様子を中心とした参与観察を行った。

## 四-二　高齢者ケアの特徴

「しおんの家」における高齢者ケアの特徴を、次の三つにまとめることができる。

第一の特徴は、家庭的な環境の中での「普通の暮らし」である。この特徴は施設の名称にも反映されている。「しおんの家」は現在四つの建物を有しているが、山田氏は、この四つの建物は施設ではなく、「地域の中、町内の中にある普通の家としての四ヶ所」であると説明している。一口にグループホームといっても、さまざまなタイプがある。たとえば、老人保健施設や病院などの施設に併設されているグループホームは、極端な場合、高齢者は一日中自分の部屋の中で過ごしており、あまり外に出ない。山田氏が目指しているのは、そのような「施設っぽいグループホーム」ではなく、「宅老所的なグループホーム」であり、すなわち「普通に地域の中にあって、風通しがよくて、人も来られる」ようなグループホームである。「ゆっくり、いっしょに、楽しく」が「しおんの家」のグループホームのモットーである。

「しおんの家」のグループホームの入居者の入居経緯を見ると、次の二つの場合が多い。一つは、認知症高齢者を抱える家族が、家族介護に悩みを持っているため、高齢者を「しおんの家」に入居させたケースである。もう一つ、最近多いのは、他の介護施設に入居していたが、そこでの生活が難しいため、退去せざるを得ない高齢者のケースである。たとえば、サービス付き高齢者向け住宅に入居していたが、自分の部屋に閉じこもって、認知症の症状がどんどん悪化進行した高齢者もいれば、ケアハウスに入居していたが、蛇口を出しっぱなしにして、水が下の階に漏れるトラブルが起きたため、退去を求められた高齢者もいる。すなわち、以前入居していた施設は、その高齢者にとって「終の棲家にはなり得ない」(山田氏)。「しおんの家」は、他の介護施設で問題行動のある困った利用者とされる認知症高齢者を受け入れている。

「普通の暮らし」を実現するために、「しおんの家」はいくつかの工夫をしている。ここで、三つを取り上げて説明する。

一つ目は、玄関を施錠せず、利用者が自由に出入りできるようにしていることである。認知症高齢者の徘徊を防止するために、玄関を施錠している施設もある。「しかし、鍵をかけたら、認知症の方が出ようと思ったら、出たい思いは一心だから、玄関かかっているなら、ほかのところから出ようとするので、だから、出口はここというほうがよっぽどいい」と、山田氏は指摘する。そのため、「しおんの家」では玄関に鍵をかけていない。高齢者が外に出ようとしたとき、職員はその行動を制限せず、高齢者の徘徊に付き合う。この工夫により、徘徊の範囲がだんだん狭くなり、落ち着きを取り戻した入居者もいる。

二つ目は、利用者への手作りの食事の提供である。利用者の昼食などを外注すれば、職員は手間を省けるが、「しおんの家」は「普通の暮らし」にこだわっているため、毎日、利用者に手作りの食事を提供している。それに、四つの「家」の食事メニューが統一されておらず、おかずはそれぞれ異なる。

三つ目は、ゴミ出しの工夫である。地域のゴミ集積所には、普通、事務所ゴミを出してはいけないが、山田氏は、「(『しおんの家』)は地域生活をしているんだから、施設じゃないので、出させてくださいって、一緒に掃除したり、いろんなこともできるし」と、地域住民に相談してみた。これについて、地域住民が理解を示しているため、「しおんの家」は設立当初から地域のゴミ集積所にゴミを出している。その分、掃除などの地域の共同活動に積極的に参加している。しかし、建物が三軒になった時点で、紙おむつの量が増えてしまった。地域住民から特に苦情などいわれなかったが、「申し訳ない」と思った山田氏は、現在紙おむつだけ有料で収集に来てもらっている。紙おむつ以外の普通のゴミは、これまでどおり家庭ゴミとして出している。

これらの工夫によって、「しおんの家」において利用者はただケアを受けているだけでなく、地域の一員として暮らすことが可能となっている。

第二の特徴は、小規模多機能とそれに伴うサービスの一連性である。「しおんの家」は、もともと民家を改修した一軒家（現在の「さふらん」の所在地）で、グループホームやショートステイ、デイサービス、ホームヘルプなどのサービスを行っていたが、利用者のニーズに対応する中で、自然に多機能化していき、一つの「家」が四つの「家」になった。現在、「望」では高齢者グループホーム、「愛」では高齢者・障害者グループホーム、「信」ではグループリビングや「富山型デイサービス」、「さふらん」では認知症デイとホームヘルプサービスというように、それぞれの「家」で異なるサービスが行われている。山田氏は、事業を拡大するつもりはなく、各種のサービスを一つの建物の中で運営できれば一番理想的であると思っていたが、利用者のニーズに応じた結果、四つの建物に増えた。一つの「家」が四つの「家」になったが、ばらばらではなく、「四つの『家』が全部『しおんの家』として、地域共生という理念に沿っていきましょう」という方針を堅持している。実際に、風通しをよくするために、四つのサービス事務所の間で職員の移動がある。とはいえ、小規模施設では利用者と職員の関係づくりも大事であるため、人員配置をころころ変えるのではなく、半期ごとに職員に面談して希望を聞きながら決める。たとえば、認知症ケアについて勉強したいという希望があれば、グループホームに移動することができる。また、サービスを提供するさいに、四つのサービス事務所の職員間の連携が見られる。

「訪問を受けている方が、デイサービスをまた利用されて、そうすると、訪問の職員とデイの職員の連携があり、そういう流れで、泊る必要が出てきたときに、泊られて、みたいな流れがあるので、一連の、この通う、泊る、住む、この流れの中で、その一人の人を支えていく。そこがまた面白い」（山田氏）

山田氏の語りに示すように、小規模多機能施設の面白さと強みは職員間の連携とサービスの一連性にあるといえるだろう。

第三の特徴は、共生の理念と多様な人間関係の構築である。これは、「しおんの家」だけでなく、「富山型デイサービス」を運営する小規模多機能施設に共通して見られる特徴である。「しおんの家」のフリーハウス「信」では、年齢や認知症・障害の有無に関係なく誰でも利用できる「富山型デイサービス」が行われている。デイサービスを利用する高齢者は、一階のリビングルームでテーブルを囲んで一緒にテレビを見ながらお茶を飲んだり、歌を歌ったりして、ゆっくりとした時間を過ごしている。散歩が趣味でほぼ毎日散歩に出かける高齢者もいる。デイサービスを利用する障害者(児)には、高齢者が集まるリビングルームで過ごす人もいれば、玄関先に座って外の景色を眺めたりする人もいる。「信」の一階には、高齢者や障害者(児)の共有スペースとは別に、子ども専用のスペース「キッズルーム」も設けられている。普段、「キッズルーム」は主に障害児が使用しているが、高齢者が「キッズルーム」に入って、障害を持っている女子高校生のエレクトーンの演奏を聞きながら昼食を食べる場面が見られた。

また、「信」では、預かり保育・一時保育サービスも行われている。ただし、利用者が少ない。その理由として、次の二点が挙げられる。まず、富山県では、待機児童がゼロに近い状態にあるため、そもそも保育サービスのニーズはそれほど高くない。また、「しおんの家」の預かり保育は自主事業であり、費用が利用者の全額負担となるため、子どもを、「富山型デイサービス」ではなく、月額定額料金の公立保育所に預けたほうが安い面もある。預かり保育の一般利用者は少ないが、職員割引を使用して「しおんの家」に子どもを預けながら働いた職員が数名いる。デイサービスを利用する高齢者と職員の子どもとの交流がある。たとえば、職員Dさん(11)の子どもが「しおんの家」で保育サービスを利用したときに、一人の高齢者と仲良くしていた。その高齢者はいつもわざと自分のカーディガンのボタンをはずして、職員Dさんの子どもに「～ちゃん、ボタンをしめてね」と声をかけ、職員Dさんの子どもをかわいがっていた。これらの事例に見られるように、高齢者は、乳幼児や障害者(児)を含めた多様な人間関係の中で過ごしている。

第四の特徴は、「なじみの関係」や「家族」のような関係の形成である。大規模施設に比べ、小規模施設は利用者数が少ないため、利用者と職員、そして利用者同士の間では「なじみの関係」を形成しやすい。こうした「なじみの関係」がさらに「家族」のような関係にまで発展することもある。「家族」のような関係にまで発展するかどうかは施設の事業形態・内容に関係している。山田氏は、「しおんの家」で実施されているさまざまな事業のうち、「グループホームのほうは大家族」であり、「若い職員はおばあちゃんたちにとって孫みたいな存在」と説明する。すなわち、日中を共に過ごしているデイサービスの場合、利用者と職員間、そして利用者同士間で形成されているのは「なじみの関係」であるが、グループホームでは、職員と利用者、利用者同士が共同生活をしているため、「なじみの関係」のみならず、さらに大家族のような関係も構築されているといえる。

以上、「しおんの家」における高齢者ケアの四つの特徴を見てきた。利用者は、「しおんの家」に対してどのように評価しているのか。たとえば、「食べ物おいしいし、みんな親切だわ、本当に最高。喜んどるよ。家の近くにこういうところがあって、幸せだと思うわ」(高齢者A)[12]、「皆親切だわ、目が見えないけど、ちゃんとわかっている。ご飯もおいしい」(高齢者B)[13]などの回答があるように、利用者は職員の対応やサービスの質などを高く評価している。

## 四-三　地域における交流と役割

「しおんの家」は、高齢者や障害者(児)の生活支援だけでなく、地域においても重要な役割を果たしている。まず、「しおんの家」は、地域に受け入れてもらうために、「地域に出ていく」ことを大事にしている。「しおんの家」の「信」、「望」、「愛」、「さふらん」の四つの「家」は、それぞれ町内会費を払って町内会に加入している。各「家」の職員と利用者はゴミ集積所のゴミ当番を担当したり、地域の納涼祭に出店を出したりして、町内の一員として地域の共同活動に積極的に参加している。また、「しおんの家」は、同じ地域にあるグループホームや特別養護老人ホーム、デイサービスセンター、パン工房などと一緒に「水橋福祉ネット」を形成している。事務所の枠を超えて、福祉のまちづくりを目指している「水橋福祉ネット」は、これまで地域へのシルバーリハビリ体操と、支えあいマップづくりの講師派遣などに取り組んできた。

なぜ、「しおんの家」はここまで積極的に地域活動に参加しているのか。その理由について、代表の山田氏は次のように語る。

「小さな事業所って、職員が煮詰まってしまうと、出口は地域だなと思っていて、そういうお祭りの手伝いの中でも、ほかの事業所の方と一緒にするでしょう。それがいいんですよ。勉強会とか一緒にすると、何か違う人と出会えて、仲間づくり、ネットワークづくりができて、そういう地域活動は、一石二鳥、二鳥なのか、三鳥なのか、もっとあるかもしれない」(山田氏)

「しおんの家」は、こうした地域活動への参加を通じて、地域に貢献することができるだけでなく、地域の住民や他の事業者と交流し、仲間をつくることもできる。

また、「しおんの家」は、上述した「地域に出ていく」工夫と同時に、「地域住民に来てもらう」工夫もしている。「しおんの家」の多機能型フリーハウス「信」は、高齢者や障害者(児)に限らず、地域の誰でも利用できる「家」である。「信」の二階には、多目的スペース「いっしょにせんまいけ」が設けられている。そこでは、絵手紙教室やパッチワーク教室、アートラッピング教室、ビードルワーク教室など、子どもから高齢者まで地域住民が自由に参加できるさまざまな趣味教室が開催されている。たとえば、八月に開催されたビードルワーク教室では、地域のボランティアが講師を担当しており、地域の小学生とその母親、高齢者など約一〇名の参加者が集まった。ビードルワークの作業が細かく複雑なため、「しおんの家」のグループホームの高齢者は参加しなかったが、パッチワーク教室などには、「しおんの家」のグループホームの高齢者も参加し、地域住民との交流を深めている。趣味教室のほかに、「信」の一階には、地域交流のためのコミュニティカフェ「みんな de よってカフェ♪」もある。カフェメニューは、飲み物が一〇〇円、手作りお菓子が五〇～一〇〇円と低料金で提供されている。また、カフェのスペースでは、手打ちうどんづくりやインドカリー料理教室などのイベントも開催されており、誰でも気軽に参加できる。

さらに、「しおんの家」は、年中、話し相手や料理、園芸、畑仕事、喫茶、サークル活動関連のボランティアを募集している。ボランティアには地域住民が多い。たとえば、「しおんの家」が位置する水橋地域に生まれ育った女子高校生Eさんは、福祉関係の仕事に興味を持っているため、夏休み中に「しおんの家」のフリーハウス「信」で五日間ボランティアをすることにした。高齢者と子どもの話し相手・遊び相手として接することがEさんの仕事の主な内容である。インタビューには、「さっき、ご飯を食べる前に歌を歌う時間があって、皆さんがすごく嬉しそうに歌っていて、楽しかったです。……略……小学校のとき、聞いた歌だったので、懐かしいなと思っています」と、高齢者とのコミュニケーションが楽しいと回答した。このように、「しおんの家」は、ボランティアの募集という形を通して、地域住民に施設の仕事に関わってもらっているとともに、地域住民のボランティア体験というニーズにも応えている。

## 第五節　小規模多機能施設の成立・持続要因とその意義

### 五―一　小規模多機能施設の運営を成り立たせる要因

このような先進的な小規模多機能ケアを実践している「花凪」と「しおんの家」は、どのような条件のもとで成立し、その活動を継続させているのか。

まず挙げられるのは、代表者の高い志と献身的な努力である。「宅老所などの小規模多機能ケアを実践してきた人たちが、慈善的で自己犠牲的な行動をとることが多く、それが小規模多機能ケアの特質」と思われる（高橋二〇〇九：六）。

「花凪」の場合、そもそも木村氏は、大規模施設のケアに限界を感じ、利用者一人ひとりに寄り添った個別ケアを提供したいという思いを実現するために、「花凪」を立ち上げた。活動を行ううえで一番のネックとなる立ち上げ資金に関しては、行政の助成金を受けず、ほとんど金融機関からの融資で賄っている。借金を作ってでも利用者の「なりたい自分になる」を支援する「花凪」は、立ち上げ時だけでなく、事業が軌道に乗った現在においても、「儲けより高齢者の幸せ」を大事にしている。「花凪」の下宿は、一ヶ月の費用は、食費や光熱費、サービス費などすべて含めて一二万円である。介護保険の適用を受けていないため、一ヶ月一二万円の下宿は、決して収益性の高い事業ではない。２号館で暮らしている下宿人のうち、下宿費を全額負担できない高齢者が一名いる。木村氏は、「放っておくわけにはいかない」と、下宿費を下げている。「花凪」の経営状況を見ると、このように、保険外の非収益事業が多く、利用者から徴収する利用料のみで賄わないといけないことが多い。採算が合わない面もあるため、経営は決して楽ではない。「介護保険内のサービスで稼いで、保険外サービスを支えているのが現状である」(木村氏)。介護保険事業だけを行えば、施設の経営が楽になるが、それはＮＰＯの本来の理念からかけ離れる、また保険外事業は制度にとらわれずに利用者一人ひとりのニーズに合わせて柔軟なサービスを提供できるため、今後の方向性として「保険外サービスをさらに増やしていきたい」(木村氏)としている。

「しおんの家」の場合、代表の山田氏は、「認知症高齢者とその家族の助けになりたい」、「助け合いの場を作りたい」という思いで、富山県内初のグループホーム「しおんの家」を立ち上げた。現在、介護保険の導入によって介護報酬を受けられるようになっており、また「富山型デイサービス」の広がりによって補助金も受けられるようになっているが、「しおんの家」の設立時には、介護報酬と補助金がなかったため、運営が大変であった。[14]

山田氏は、「しおんの家」を設立する前に、行政から「介護保険ができるまで、模様眺めをしなさい」とアドバイスされたが、「待っている人がいるので、そういうわけにはいかないので」と、介護保険が導入される一年前に、自分の持ち出しで「しおんの家」を開設した。また、共生型(高齢者・障害者)グループホームの建設にあたって、山田氏はさまざまな施設を見学した。そのとき、「障害者のグループホームは七室じゃないと、採算が合わない」といわれた。山田氏が見学した施設の多くは、社会福祉法人によって運営される大規模な施設であり、「うちがやろうと思うこととは違う。収益が出なくても、とんとんでやればいい」と四室だけ作った。

この二つの施設の設立経緯と運営状況を見てわかるように、小規模多機能施が成立し発展しているのは、施設代表者の高い志と献身的な努力によるところが大きい。

また、ここまで活動を行えているのは、代表者のリーダーシップのほかに、小規模ケアに対する職員の理解と意欲も欠かせない。

「花凪」の木村氏は、もう少し職員の給料を上げたいと思っているが、経営状況からして無理である。それでも、職員がこの仕事を続けているのは、「機械的にサービスをしていないので、利用者とのやりとりなどけっこう楽しい」(職員C)、「具合の悪い利用者がいたときに、家に帰ってからも『体調は大丈夫かな』と心配する」(職員A)、「認知症の高齢者が多いから、高齢者は自分でできることが一つでも増えれば嬉しい」(職員B)などの回答があるように、モラルが高く、仕事自体にやりがいを感じているからであろう。ケアの質にこだわっているため、木村氏自身も「今いろんな業務に追われて、身体的につらいけど、精神的に楽である」という。「花凪」の職員は、利用者との関係を「家族と一緒」と認識しており、大規模施設では味わえない介護の喜びを感じている。

「しおんの家」の職員も限られた報酬の中で、利用者が「普通の生活」を送れるよう努力している。グループホームの人員配置基準として、日中は常勤換算で利用者：介護職員＝三：一となっている。「しおんの家」のグループホームの定員は九名であるため、三名の職員、すなわち、八時間勤務×三名分＝二四時間の勤務であれば人員配置基準をクリアできる。しかし、「しおんの家」は八時間×四名分＝三二時間の職員配置にしている(15)。これは、職員同士で相談し合った結果である。介護報酬が決まっているため、職員数が増えると一人当たりの報酬が少なくなるが、「そうじゃないと、(利用者が)散歩もできないし。何が普通の生活かといわれるような閉鎖的なものになってしまう。……略……四人置いているけれども、じゃあ、それで自然な暮らし、普通の暮らしができているかってていったら、まだ足りないんですよね。……略……みんなで相談し合っています。じゃあ、お給料を減らして、人数を多く置くのか、じゃあ、ぎりぎりの線はどこなんだっていったら、今の四人。……略……（四人で）やれなかったらもう赤字です」（山田氏）。

小規模多機能施設の多くは、資本力の小さいNPO法人によって運営されており、既存の福祉制度にはない柔軟なサービスを提供している。運営面において苦労しているものの、小規模ケアに対する職員の理解と意欲によって支えられている。

三つ目の要因は、小規模多機能施設に対する地域の理解と協力である。小規模多機能施設の活動を維持していくためには、地域に受け入れられるための工夫も必要である。たとえば、「花凪」は、ゴミ出しの問題で近隣住民からクレームを受けたとき、自費で新しいゴミ捨て場関連施設を設置し、積極的に対応した。「しおんの家」は、「町内の一員」として地域に受け入れてもらうために、地域におけるさまざまな共同活動に参加している。小規模多機能施設は、地域の中の施設であるため、地域の人々の理解と協力がないと成り立たない。

## 五-二　小規模多機能施設の意義

「利用者一人ひとりのニーズに合わせる」という理念のもとで運営されている小規模多機能施設は、自宅か施設かという二者択一を超えて、「自宅でない在宅介護」を実践している。小規模・少人数・家庭的という環境の中で、高齢者はきめ細やかなケアを受けながら、施設でのさまざまな生活行為、障害者（児）や地域住民を含めた多様な他者との交流を通して、「普通の暮らし」を再構築している。職員と利用者の間では、介護する・される人という「縦」の関係が存在するが、ともに暮らす者同士の「横」の関係も構築されている。そして施設は、高齢者にとって「ケアの場」であるだけにとどまらず、「個別の人間として暮らす生活の場」にもなっている。職員と利用者、そして利用者同士は、豊富で多様な人間関係の中で「なじみの関係」や血縁を超えた新たな親密圏を形成している。

また、小規模多機能施設は高齢者に限定せず、利用者の範囲を地域住民に広げることで、単なる介護サービスの提供者という立場を超えて、地域福祉の向上にも寄与している。小規模多機能施設は、高齢者が暮らす場であると同時に、地域住民のふれあいの場でもあり、地域に開かれた「地域福祉の拠点」としての役割が期待できる。

さらに、日本では、介護の社会化を理念として二〇〇〇年に公的介護保険制度がスタートし、ここ十数年の間で施設サービスと居宅サービスは著しく発展したが、介護保険だけでは対応しきれない部分もある。介護系NPOによって運営されている小規模多機能施設が、介護保険制度の枠外において多様で柔軟なサービスを提供し、福祉行政の限界も補完している。

小規模多機能施設は、全国で約二二〇〇ヶ所、年間約二万八〇〇〇人の利用者がいる。在宅高齢者の増加に合わせ、二〇二五年には、小規模多機能施設の利用者を現在よりさらに六十数万人増やす必要があると指摘されている（宅老所・グループホーム全国ネットワーク　二〇一〇）。今後、地域住民やNPOによって運営されている小規模多機能施設が、在宅高齢者や地域住民を支える福祉拠点として、地域に根付き、さらに発展していくことを願う。

（1）　従来から小規模多機能ケアを実施してきた宅老所がほとんどNPO法人によって運営されているが、制度化された「小規模多機能型居宅介護」は、多様な運営主体によって運営されている。たとえば、株式会社が二二％、有限会社が二一％と、両者を合わせた民間営利法人は運営主体の四三％を占めている（高橋　二〇〇九）。小規模ケアは制度化されたことで、さまざまな制約ができたため、実際に、運営上の制約を避け、柔軟なサービスが提供できるよう、「小規模多機能型居宅介護」に移行しない宅老所も少なくないという（宅老所・グループホーム全国ネットワーク　二〇一〇）。

（2）　代表の木村美和子氏：女性、ヘルパー・介護支援専門員・社会福祉士・介護福祉士・調理師。

(3) 昭和四三年築の3号館は、老朽化のため使用停止となっている。3号館の下宿人が2号館に移動して、調査当時2号館で一三名の高齢者が一緒に暮らしていた。
(4) 図6-1は、研究プロジェクト「都市高齢者への共助的実践活動と世代間交流の研究」(公益財団法人日本生命財団「平成二六年度高齢社会若手実践的課題研究」)の共同研究者遠山景広氏が作成したものである。
(5) 職員A：女性、勤続八年、社会福祉士。
(6) 職員B：男性、勤続七年半、介護福祉士。
(7) 職員C：男性、勤続五年、介護福祉士。
(8) 富山市の統計データについて、富山市ホームページ「人口、世帯」を参考にしている。ただし、富山市の高齢化率は、地域医療情報システム(日本医師会)ホームページより。
(9) 代表の山田和子氏：女性、介護福祉士・社会福祉士・精神保健福祉士。
(10) 二名の高齢者へのインタビューのほか、五名の高齢者とそれぞれ五分程度会話を交わした。
(11) 職員D：女性、勤続一四年、「しおんの家」の事務などを担当する。
(12) 高齢者A：女性、グループリビングの入居者。
(13) 高齢者B：女性、グループホームの入居者。
(14) 一九九三年に設立された、富山県内初の富山型デイサービス事務所「このゆびとーまれ」は、「高齢者も子どもも障害者も一緒」という既存の縦割り制度にはない、サービスを提供しているため、創業期には、行政からの支援はほとんどなかった。しかし、富山型デイサービスの実践者たちの行政との粘り強い交渉の結果、富山県は、施設整備に対する助成や職員研修の充実、「特区制度」を活用した特例措置などの国への働きかけなど、富山型デイサービスの実践者を積極的にサポートするようになっている(富山県厚生部厚生企画課　二〇一三)。
(15) 「しおんの家」のグループホームには、いつも四名の職員がいるというわけではなく、その日の日勤帯にパート職員も含めて、合計勤務時間が三二時間を満たすよう勤務表を組んでいる。

# 第七章　高齢者介護と子育てをつなぐ地域密着「幼老共生ケア」

## 第一節　「幼老共生ケア」が生まれる背景

近年、ＮＰＯによる多様な小規模多機能ケアの実践の一形態として、「幼老共生ケア」が広がりを見せており、学問領域や政策領域において、注目を集めてきた。「介護」と「保育」を融合した「幼老共生ケア」を行う福祉施設には、対費用効果、ケアの質の向上、高齢者の生きがいづくり、子どもに対する教育効果など「一石四鳥」の効果があるとされている（多湖　二〇〇六）。「幼老共生ケア」が生まれる社会的背景として、主に次の三つが挙げられる。

一つ目は、大規模な高齢者施設の画一的なケアに対する反省である。「共生ケアの原点に、宅老所の実践がある」という指摘があるように、「共生ケア」を行っている福祉施設の多くは、認知症グループホームや宅老所などの地域密着小規模施設から始まっている（平野　二〇〇五ａ、永和　二〇〇八）。そもそも、グループホームや宅老所の開設者は、特別養護老人ホームなどの大規模施設のケアに疑問を抱いた元職員が多い。

二つ目は、縦割り福祉についての問題提起である。近年、「介護」や「保育」の専門分化に対して、「社会はさまざまな属性を持つ人々で構成されているのに、子どもや高齢者、障害者を分断してケアを行うのは不自然である」という指摘がある。専門分化と縦割りの福祉制度に対する問題提起も、福祉の現場で「幼老共生ケア」が注目される背景の一つとなっている。

三つ目は、少子高齢化に伴う世代間関係の希薄化への懸念である。大家族のもとで祖父母世代・親世代・子ども世代がふれあいながら生活を営むのは、本来自然なことである。しかし、産業化のもとで、核家族化が進行し、幼老統合ケアを行う基盤が崩れ、日常生活の中で高齢者と子どもの関わりが少なくなっている。それに伴って、高齢者の孤独や生きがい喪失、祖父母世代からの子育ての知恵の伝承がない家族の増加などの状況が起きている。このような状況を改善するために、積極的に幼老統合ケアを作り出す必要があるとされている（一番ヶ瀬　二〇〇六）。

以上の三つの文脈から、近年では福祉政策の方向性が見直され、行政レベルと市民レベルの双方において高齢者ケアや次世代育成を融合させる「幼老共生ケア」が全国各地で増えている。本章では、「幼老共生ケア」の実践に着目し、東京都小金井市のＮＰＯ法人の事例調査より、「幼老共生型福祉施設」における高齢者ケアの特徴、世代間交流の効果、地域における施設の役割を分析する。

# 第二節　「幼老共生ケア」の特徴

## 二―一　「幼老共生ケア」の定義

「幼」と「老」の両世代をつなぐ福祉施設には、大規模な「幼老複合施設」と小規模な「地域共生ホーム」の二種類がある（北村　二〇〇六）。幼老複合施設とは、「保育園や児童館、小学校などの子ども関連施設と、デイサービスセンターや特別養護老人ホーム、ケアハウスなど高齢者の介護関連施設が合築（併設）された事例」を指す。ハード面では、空間や設備の配置に世代間交流を促すためのさまざまな工夫を取り入れ、ソフト面では、職員が中心となって交流の機会や内容を設定する、いわゆる「計画交流」を行う施設が多い。幼老複合施設のような大型社会福祉施設が存在する一方、「宅幼老所」、「地域共生ホーム」、「小規模多機能ホーム」などと呼ばれる小規模施設も存在する。共生型の小規模多機能ホームの発祥は、富山市のデイケアハウス「このゆびとーまれ」で始められた「富山型デイサービス」にあるとされる。幼老複合施設と地域共生ホームの二種類の施設は、施設の規模や利用者に提供されるケアの形、開設に至るまでの社会的背景が異なるが、ノーマライゼーションの理念に基づいて幼老両世代の関わりを重視し、制度の壁を超えて幼老統合ケアの効果を追求していこうとする点においては、共通している。本章では、二種類の施設のうち、後者の「幼老共生ケア」を行う小規模施設を考察対象とする。

「幼老共生ケア」は、「共生ケア」、「統合ケア」、「幼老統合ケア」、「地域三世代統合ケア」などさまざまな名称で呼ばれており、論者によって定義・説明が異なる。たとえば、岡村（二〇〇五）は、「子どもからお年寄りまで、

表7-1　「地域三世代統合ケア」の特徴に関する表現

| 表現する側面 | 用語 |
|---|---|
| 1. 利用者 | 「幼老共生」,「老若男女共生」 |
| 2. サービスの内容 | 「小規模」,「多機能」,「ノンプログラム」,「居場所づくり」 |
| 3. 人間関係や生活リズムのあり方 | 「ぬくもりのある」,「暖かな」,「顔と顔が見える」<br>「ゆったりとした」,「なじみの」 |
| 4. ケアの方法 | 「寄り添う・付き合う」,「つなぐ, 切らない, 奪わない」<br>「利用者本人が『折り合いをつける』ことを支援する」 |
| 5. 全体の名称 | 「擬似家族」,「結縁家族」<br>「地域三世代コミュニティ」,「地域共生ホーム」 |

出典）岡村(2005: 351-352)をもとに作成。

心身障害の有無や程度に関わらず集うことができる『地域密着・小規模・多機能』ケア」を「地域三世代統合ケア」と呼び、特に「多機能」という特徴については、利用者の多様性(年齢・障害の有無を問わない)とサービスの多様性(通い、泊まり、居住、訪問など)の二つの側面から捉えている。「地域三世代統合ケア」の特徴を表現する用語は、表7-1のようにまとめられる。

また、「共生ケア」を地域福祉時代の新たな地域ケアのあり方として位置づける平野(二〇〇五c)は、「共生ケア」という概念について、「①地域のなかで当たり前に暮らすための小規模な居場所を提供し、②利用の求めに対しては高齢者、子ども、障害者という対象上の制約を与えることなく、③その場で展開される多様な人間関係を、共に生きるという新たなコミュニティとして形づくる営み」であると定義する。

近年、学問領域だけでなく、政府も高齢者福祉・児童福祉における幼老共生型福祉施設の可能性に注目しており、幼老共生ケアの先進事例を全国に発信している。厚生労働省が作成した『宅幼老所の取組』の中で、「宅幼老所(地域共生型サービス)」の意味について、「小規模で家庭的な雰囲気の中、高齢者、障害者や子どもなどに対して、一人ひとりの生活リズムに合わせて柔軟なサービスを行う取組」と説明する。

本書では、「幼・老・障」を包摂する「共生ケア」と区別するために、

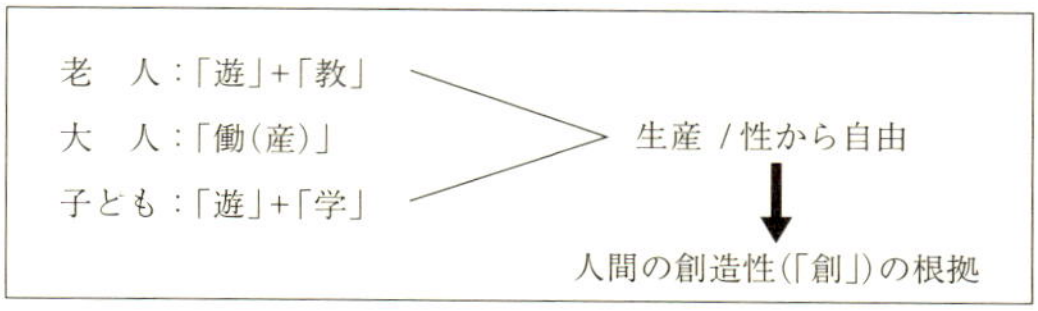


**図 7-1　人間の三世代モデル**

出典）広井(2000: 97)

「幼」と「老」の世代間交流に特色のある「共生ケア」の取組みを「幼老共生ケア」と、「幼老共生ケア」を提供する施設を「幼老共生型福祉施設」と定義する。

## 二-二　「幼老共生ケア」の可能性と効果

高齢者と子どもは、本来共通点があり、お互いを補う存在である。子どもと高齢者の関係について、「人間の三世代(子ども—大人—老人)モデル」(図7-1)で説明できる(広井二〇〇〇)。まず、子どもは、自分を取り巻く外界の何に対しても好奇心を感じ、何でも「遊び」の対象にし、「遊び」の過程で次々と新しいものを学んでいく。すなわち、「遊」と「学」は一体のものとなっている。他方、大人の役目は「働(産)」であり、この場合の「産」は、「生産」という意味と、子どもを「産む」という生殖機能との両面を意味する。子どもの「遊」+「学」にちょうど〝対〟をなす形で対応しているのが、老人という存在である。老人は、「遊」すなわち大人のような生産活動からはリタイアし解放されているという点では、子どもと同じである。また、特に重要なのは、子どもの「学」のちょうど対になる形で「老人」は「教」の役目を担っていた、ということである。産業化以前の社会においては、「大人」は農耕など生産活動に忙殺され、また、経済水準が低いこともあって経験の蓄積に基づく知識の重要性が高かったこともあり、高齢者が「長老」として「教」という役割のかなりの部分を担っていた。しかし、産業化社会になると、生産優位の社会となって、「老人」が背後に退くとともに、教育すなわち「教」は一つの制度となっていった。教育が制度化される中で、子どもにとって本来一体のものであった「遊」と「学」も分離していった。しかし、高齢社会・成熟社会を迎えつつある日本は、これまでの産業化時代と大きく異なり、「老人」と「子ども」が本来持っている意味やポテンシャルを再発見する必要があると指摘されている。

幼老共生型福祉施設は、縦割り福祉の壁を打ち破り、世代間交流の空間と時間を提供し、高齢者と子どもの双方によい効果をもたらすとされている。幼老共生型福祉施設と、児童、障害者、高齢者と縦割りになっているこれまでの福祉施設の違いについて、次の四点が挙げられる（永和　二〇〇八）。一つ目は、小規模な家庭的な場で多世代交流が行われていることである。これまで特別養護老人ホームなどの大規模施設を子どもたちが訪問、交流する、いわゆる「施設型交流」、「行事型交流」とは異なり、小規模施設では、高齢者と子どもは互いの顔と名前を覚え合い、「なじみの関係」を形成している。二つ目は、高齢者と子どもが互いにもたらす相乗効果である。高齢者は、子どもとの関わりを通して、頭と体を動かし、精神面と健康面に良い影響を受けている。子どもは高齢者にかわいがってもらいながら、ときどき叱ってもらい、しつけや生活の知恵を身につける。三つ目は、高齢者が持っている経験や知識、生活技術の子どもへの伝承である。認知症高齢者は記憶障害を持っていても、体で覚えた記憶は最後まで残るため、わらじや裁縫、餅つき、食事づくりなど、子どもたちに教えることができるものが数多く残されている。四つ目は、共生という新しいケアの姿である。高齢者と子どもは、職員から一方的に援助（介護と保育）を受けているだけの存在ではなく、互いに教えたり教えられたり、手伝ったり手伝ってもらったりすることによって、支える存在にもなっている。

以上見てきたように、世代間交流が高齢者と子どもの両者にとって有効な双方向のケアであると評価できるが、その一方で室内空間への配慮も必要であると指摘されている。子どもと高齢者の持続的な関係性を構築させるためには、共有場所とは別に、子どもの場所と高齢者の場所、すなわち交流を回避できる逃げ場もあるほうがよいとしている（立松　二〇〇八）。

## 二-三　「幼老共生型福祉施設」におけるケアの技術

富山型デイサービスの元祖である「このゆびとーまれ」では、利用者の主体的な行動、利用者同士の自然な関係形成を支えるために、職員は共生ケアの現場において、「見守り」、「声かけ」、「関係づくりの支援・促進」などのケア技術・技法を駆使している（佐瀬　二〇〇五）。

ここで、「このゆびとーまれ」のケアにおいて重要な位置を占めている「見守り」というケア技術について見てみたい。「見守り」は「第三者から見て、利用者を放置・放任していると受け止められる場合もある」が、「単に見ているだけでなく、見守りながら次に起こる事態を予測しながら居る（行動している）状態」である。それに加えて、「見守りだけに専念することは稀であり、スタッフは見守りながら同時並行的に他の利用者のケアやケアに必要な活動していることが多い」ため、「見守りケア」は「ながらケア」とも呼べる。このようなケア技術について、「一見したところ、『何もしていないケア』、別の言い方をすれば究極の個別ケアといえるかもしれない」と評価されている（上野　二〇一一：三六二）。職員は、日頃のケアの場面で把握している利用者のさまざまな情報を駆使し、その時その場の状況に応じて、「見守り」の方法とその組み合わせを選ぶ（表7-2）。職員の「見守り」というケア技術によって、利用者の主体性が保障され、他者との関係が主体的に形成されている。

以上の検討を踏まえ、本章では、高齢者介護と子育てをつなぐ「幼老共生型福祉」の実践について、幼老共生型福祉施設を運営するＮＰＯ法人の事例調査をもとに分析する。具体的には、高齢者ケアの特徴、世代間交流の

表7-2 「見守り」の方法

| | |
|---|---|
| 態　度 | 「心配しています」という態度で見守る<br>「あなたなら大丈夫」という態度で見守る<br>「いい状態ですね」とその状態を承認する態度で見守る<br>雰囲気を壊さないようにそっと見守る |
| 距　離 | すぐ横で，すぐにサポートできる距離で見守る<br>離れて見守る |
| 行　動 | 行動を共にしながら見守る<br>時々声かけしながら見守る<br>仕事をしながら見守る |

出典）佐瀬（2005）を参考に作成。

効果、地域における施設の役割の三つの側面から、幼老共生型福祉施設の意義を検討する。

## 第三節　調査概要

調査地は、東京都小金井市のNPO法人「地域の寄り合い所　また明日」（以下、「また明日」）である。「また明日」は、認知症高齢者専門のデイホームと低年齢児向けの保育園、地域に開放された「寄り合い所」の三事業を同一施設内で運営する小規模な幼老共生型福祉施設である。二階建てアパートの一階五戸分の壁を取り払った、長屋のようなユニークな構造になっている（写真7-1、写真7-2）。

「また明日」が位置する小金井市は、東京都心までJRで約三〇分の都市部の典型的なベッドタウンである。同市の土地利用の大部分が宅地となっており、昼間には市民の約四〇％が通勤・通学などで市外に流出している。総面積一一・三三平方キロメートル、総人口一一万七八二一人、高齢化率二〇・三七％（二〇一五年）である。[1] 小金井市はコンパクトな都市であるが、市の各地区にそれぞれ異なる地域性が見られる。今回調査した「また明日」は、一戸建てやアパートが密集した住宅街に位置しており、周辺には先祖代々の土

写真 7-1 「また明日」の外観

出典）筆者撮影

写真 7-2 「また明日」の看板

出典）筆者撮影

地に居住している住民が多く、古くからの地縁が残っている。一方、駅前では、近年、駅の開発で大規模マンションが建設されており、若い世代が多く移り住んできた。それに伴って、保育所不足の問題が発生している。

二〇一五年二月には三日間滞在し、「また明日」の代表者と職員・ボランティア六名へのインタビュー調査と、施設での利用者の様子やケアの実践についての参与観察を行った。また、四～五月には補足調査として利用者とその家族に対して質問紙調査を実施し、デイホーム利用者の家族二世帯、保育所利用者の家族五世帯（園児七名分）、寄り合い所を利用する小学生八名から回答を得た。調査内容は、施設の利用状況、施設への評価・要望、幼老共生ケアに対する意見、施設における多世代との関わりの実態・評価などである。

## 第四節　施設の設立経緯と理念

「また明日」の代表の森田真希氏は、昔病院の保育士として勤めていた。夫の森田和道氏は、この病院を運営する同じ法人の特別養護老人ホームで介護福祉士をしていた。ある日、病院で障害児らを担当していた真希氏が、病院の渡り廊下を渡って夫が勤めていた特別養護老人ホームにダウン症の子どもを連れていった。そこに着くと、その子どもが、寝たきりの高齢者のベッドに「ばあば」といって潜り込んだ。その高齢者もその子どもをぎゅっと抱きしめた。当時の感想について、真希氏は次のように語った。

「それまで、その子を連れて、病院の敷地内を散歩していると、病院の職員とかから『かわいそうだね』とか、『また、この子ね、来ているんだ』とか、障害を持っていることはね、かわいそうっていわれていたんですけれども、そのばあちゃんは、そんなこと一つもいわずに、ぎゅっと抱き締めてくれて、その子自身もね、おばあちゃんのことを『寝たきり老人』なんて思わずに、『ばあば』と呼んで。そう思うと、『障害を持っている』とか『寝たきり老人』とか、見てしまっているのは、一体誰なのかなと思うと、私たち自身ですね」（真希氏）

子どもと高齢者が、互いのことを「寝たきり高齢者」と「障害を持っている子」と思わず、自然に寄り添い、抱き合う姿に感銘を受けた真希氏は、年齢や障害を問わず皆で共有し、支え合う場を作りたいという思いで、二〇〇六年に夫とともに「また明日」を設立した。施設を開設するにあたって、森田夫妻は、市役所の職員やアパートの大家、近隣住民など多くの人々から協力を得た。森田夫妻は、もともと「また明日」の開設物件として民家を探していたが、なかなか理想的な物件にめぐりあわなかった。ある日、和道氏がデイサービスの送迎業務中に一階の部屋のシャッターがすべて下ろされていた古いアパートを見つけ、「内壁を取り払えば一つの部屋になる。大家さんさえＯＫであれば、行けるかな」と思うようになり、仕事などで日頃から関わりを持っていた市役所の経済課の職員に相談してみた。経済課の職員は「行政の職員である自分が（アパートの大家さんに）電話したほうが、相手の方も驚かれずにすむ」と配慮し、森田夫妻と大家を引き合わせた。大家は、森田夫妻の施設開設計画に快く賛同し、森田夫妻を連れて近所へのあいさつ回りにまで行った。普段から近所付き合いを丁寧《ていねい》にしている大家の人望で、森田夫妻は近隣住民からの理解と協力を得ることができた。地域に受け入れられるために、「また明日」を開設する約九ヶ月前に森田夫妻は隣の市から同アパートの二階に引越しした。「まずは住民になって、ここの地区のいろんな催しですとか、自治会に入れてもらって、そのあとに、ここが開設になった」（真希氏）という経緯があった。

表7-3 「また明日」における各事業

| |
|---|
| 認知症対応型通所介護　「また明日デイホーム」 |
| ・定員<br>1日12名<br>・開所時間<br>月曜日から土曜日　9：45〜16：00<br>(祝祭日および年末年始を除く)<br>・5つのキーワード<br>「家」,「また明日ね！」,「待つ介護」,「ご家族への支え」,<br>「子どもや地域の人々に囲まれる幸せ」 |
| 認可外保育施設　小さな保育園「虹のおうち」 |
| ・定員<br>認可外保育8名，保育ママ3名<br>(2014年より0〜2歳児の一部を認可保育に移行)<br>・開所時間<br>月曜日から金曜日　8：00〜18：00<br>(祝祭日および年末年始を除く)<br>・5つのキーワード<br>「寄り添う」,「もう一つの実家」,「平凡で単純な日々の暮らし」,<br>「生活そのものを行う大人の姿」,「心と体に栄養を」 |
| 独自の地域福祉事業　「寄り合い所」 |
| ・開所時間<br>火曜日・水曜日・木曜日　10：00〜16：00<br>(祝祭日および年末年始を除く)<br>・3つのキーワード<br>「「こんにちは！」と気軽に立ち寄って」,「まずは言葉を交わし……」,<br>「ひざを交え，寄り合って」 |

出典)「また明日」のホームページとインタビュー調査をもとに作成。

施設の周辺には公園や小川、小規模な農地などがあり、緑豊かな環境に恵まれている。民家を改修して福祉施設を運営するときの一番のネックは、出入口が一つしかない、トイレが一つしかない、いわゆる「玄関渋滞」、「トイレ渋滞」の問題であると指摘されているが、「また明日」の場合、アパート五世帯分を借りて運営しているため、玄関や窓、トイレ、水回りなどすべて五世帯分あり、「玄関渋滞」と「トイレ渋滞」の問題が自然と解消される。駐車場と公園に面したベランダ側(一〇の窓)が出入口として使われており、開放的な環境が作られている。各事業の概要は表7-3のとおりである。

## 第五節　幼老共生型福祉の実践

### 五-一　高齢者ケアの特徴

「また明日」における高齢者のケアの第一の特徴は、家庭的な雰囲気とゆとりある介護である。この特徴については、物理的環境と人員配置の二つの側面から説明する。

まず、「また明日」の建物は普通のアパートの一階部分を改修した小規模施設であり、周囲の住宅地に溶け込んでいる。施設内には、椅子やテーブル、ソファー、ちゃぶ台などの家具が置かれており、犬や鳥、金魚などの動物も飼われている。五世帯分の部屋をつなげた長屋のような施設内は、襖で仕切って個室にすることもできるが、端にある「寄り合い所」兼職員の休憩室以外は仕切られておらず、高齢者と子どもは分離されずに過ごせる環境が作られている。デイホームの利用者家族を対象とした質問紙調査で、「『また明日』を利用する中で、特に気に入っている点」という質問に対して、「介護と保育が一体化して、地域に開かれ、広い庭付一戸建て長屋で、福祉の介護施設のにおいがあまりしないところ」（高齢者Aの家族）という回答があった。(2)「また明日」の福祉施設と感じさせない家庭に近い環境で、高齢者はゆったりとした生活リズムで過ごせている。

物理的環境のほかに、施設における手厚い人員配置も「ゆとりある介護」を可能にした重要な要素となっている。人員配置の手厚さは、職員数の対利用者比から確認できる。「また明日」のデイホームの定員は一日一二名であるが、一日一二名そろったことがないという。調査当時、毎日三～六名ほどの高齢者が利用していた。保育園は、調査時点で計一四名の園児が利用していた。デイホームと保育園を合わせて、一日の利用者は約二〇名である。一方、職員は、正規職員とパート職員を合わせて一五名である。森田夫妻を除くと二名が正規職員で一一名がパート職員であり、パート職員は大体週に三～四日勤務している。職員の資格は、保育士、介護福祉士、ヘルパーなどで構成されており、資格を所有していないパート職員も数名いる。毎日、八～一〇名の職員は出勤しており、二〇名ほどの利用者のケアに当たっている。また、職員は、毎朝のミーティングでその日の保育担当とデイ担当を決めるが、基本的に高齢者と子どもの両方を見て、柔軟に対応している。このほかに、ボランティアも「また明日」の日常業務に携わっている。保育を手伝う女子高校生、犬の散歩や食事の盛り付け・配膳などを手伝う地域住民など、職員を直接的・間接的にサポートしている。インタビュー調査において、職員から「（ボランティアに）助けられています」という評価が挙げられた。

第二の特徴は、利用者の主体性を尊重した介護である。「また明日」では、高齢者に主体的に考え、行動してもらうために、デイサービスは送迎と食事以外に特にプログラムを組んでいない。和道氏は、「プログラムを作ることで、高齢者が自分で感じ、考える機会を奪ってしまう。結局、スタッフの自己満足になる」という考えから、デイサービスを「ノンプログラム」にしている。プログラムがない「また明日」において、高齢者と園児は一日をどのように過ごしているのか。一日のスケジュールは、図7-2のとおりである。

朝八時頃に、園児が順次登園し、自由遊びをする。九時四五分頃に、和道氏の送迎でデイホームを利用する高齢者が到着すると、園児や「また明日」で飼われている数匹の犬が入口の前で高齢者を出迎える。高齢者は園児や職員とあいさつを交わし、いつもの席に座って、まず血圧や体温などの健康チェックを受ける。健康チェックが終わった後に、高齢者はお茶を飲みながら新聞を眺めたり、子どもと遊んだりして、各々自由に過ごす。たと

| 時　刻 | 保育園 | デイホーム | 寄り合い所 |
|---|---|---|---|
| 7：30 | | | |
| 8：00 | 順次登園・自由遊び | | |
| 9：00 | | 順次来所 | |
| 10：00 | 散歩 | | 開所 |
| 11：00 | | | |
| 12：00 | 昼食 | 昼食 | |
| 13：00 | 昼寝 | | |
| 14：00 | | | |
| 15：00 | 自由遊び | | |
| 16：00 | | 順次帰宅 | 閉所 |
| 17：00 | 順次お迎え | | |
| 18：00 | | | |

**図7-2　「また明日」の一日のスケジュール(一例)**

出典：「また明日」のホームページと観察データをもとに作成。

えば、椅子に座っている高齢者は、園児たちの中に混じって一緒に歌を歌う。犬に懐かれる高齢者は、ソファーに座って犬にマッサージをする。

天気がよければ、ほぼ毎日午前中に園児たちは職員の引率で近くの公園に散歩に出かける。職員は、高齢者の体調などを見ながら声をかけて散歩に誘う。筆者が散歩に参加した調査の二日目に、園児と職員のほかに、二名の高齢者と保育ボランティアに来ている女子高校生も散歩グループに加わった。要介護度の低い高齢者は、園児の手を引きながら一緒に歩く。足腰の弱い高齢者は、職員の付き添いのもとで散歩グループの一番後ろでゆっくり歩く。住宅街の中の道や小川沿いを通って公園まで約五～一〇分かかる。公園に着いたら、要介護度の低い高齢者は、園児のそばで遊びを見守ったり、一緒に遊んだりする。足腰の弱い高齢者は、付き添いの職員と一緒にベンチに座って園児たちの遊ぶ姿を眺めたり、ときどきベンチのほうへ走ってくる園児に声をかけたりする。一方、散歩に出かけない高齢者は、施設内で職員と会話したり、乳児の遊び相手をしたりする。

**写真 7-3　園児たちの散歩道**
出典）筆者撮影

昼食の時間になると、皆が「また明日」に戻ってくる。ソファーに座って園児にご飯を食べさせる高齢者もいれば、園児たちと同じテーブルを囲んで食事をとる高齢者もいる。昼食を食べ終わった一三時頃に、園児たちは畳の上に敷かれた布団で昼寝を始める。園児たちが昼寝をする間、賑やかであった施設内が静かになり、高齢者はちゃぶ台を囲んでお茶を飲んだりして寛いでいる。一五時頃に園児たちが昼寝を終えて起きると、高齢者は午前中と同じように抱っこしたり、そばで見守ったりして、園児たちの相手をする。一六時頃に和道氏の送迎で、高齢者は順次帰宅する。

前述した「また明日」のデイホームの五つのキーワード（表7-3）のうち、一つは「待つ介護」である。「待つ介護」とは、「職員のペースで進める先回りの介護ではなく、利用者一人ひとりのペース一人ひとりの歩調に合わせてゆっくり待ちながらする介護」（「また明日」ホームページ）である。「手を差し伸べれば差し伸べるほど、その人から生きる力を奪ってしまう」（和道氏）と考えられているため、「また明日」における高齢者の一日の過ごし方で見られたように、職員主導によるプログラムはない。そのため、高齢者は主体的に子どもと関わりながら、各々好きなことをして自由に一日を過ごしている。和道氏は、高齢者の主体性の重要性について次のように指摘する。

「あの方は、他の高齢者施設に行けば、今赤ちゃんをだっこしようとしていますが、『危ないから、座ってください』、『もし転倒したらどうするの？』、『もし赤ちゃんを落としたらどうするの？』専門性を持った職員は、そういうことに気を回しがちなんです。結果的に、あの方が『〜さん』として、今あやって抱っこしている、あの光景というのは、高齢者施設では見ることができない。赤ん坊がいないからではなくて、職員がそうさせない。ずっと支えられるだけの立場に追いやってしまう、という現状があるんです。でも、あの方は、目の前に赤ん坊がいて、かわいいねと、主体的な、主観的な感情で、主体的に手を伸ばしたり、こういう言葉をかけたりして、施設には、その主体性というものが、やっぱり必要なんじゃないかな。……略……ここは皆さんの拠り所になる。でも、今度、あなたが誰かの拠り所になる」（和道氏）

高齢者を信頼しその主体性を尊重することにより、支えられる立場と見られがちであった高齢者は、誰かを支える立場になることができる。

第三の特徴は、利用者本位の介護である。この点について、高齢者の「徘徊」への対応と入浴介助の二つの事例を取り上げて説明する。

「また明日」のベランダ側の一〇の窓が出入口として使用されており、いずれも施錠されていない。認知症高齢者のいわゆる「徘徊」という行為に対して、たとえば職員Aさん[3]は次のように対応している。

「外に出ようとされる方もいらっしゃいますけど、そういう方がどっかに行きたいだろうから、一緒に出て行って、『だめです』といわずに、『じゃあ、一緒に外に行きましょう』って、外に行ってもらう。そんなふうにしています」（職員Ａ）

「また明日」では、高齢者が外に出ようとした場合、職員はその行動を制限せず、高齢者の「外出」に付き合う。認知症について、和道氏は「認知症は病気ではなく、あくまで症状である」、「高齢者が大騒ぎしたり、暴力を振るったりするのは、必ず何か原因がある。たとえば、怖がったりするとか」と考えており、高齢者の行為を止めるより高齢者に寄り添うことが重要だと指摘する。

デイサービスは、基本的に送迎と食事しかプログラムを組んでいないが、高齢者とその家族の希望で入浴などのサービスもケアプランに入れている。「また明日」では、利用者本位の介護を心がけているため、ケアプランに入浴介助が計画されている場合も、高齢者はその日の体調や気分によって入浴に気が乗らなければ、職員は高齢者の意思を尊重し、行わない。また、「お風呂っていうのは、夜になって自分の家で一人で入るものです。デイサービスは昼間だし、大勢の人の前だし、高齢者は恥ずかしいかも」（和道氏）という考えから、職員が高齢者を風呂場に誘導するさいに、「お風呂」という言葉を使わずに、「～さん、ご一緒しましょうか」と他の人にそれと気付かれないように声かけを行うなど、高齢者の体面や気持ちに配慮している。

第四の特徴は、高齢者に対する敬意を持った接し方である。介護職員と要介護高齢者の関係はケアする・されるという非対称な関係になりがちであるが、「また明日」の職員は基本的に高齢者を「～さん」と呼び、目上の人を敬うような言葉遣いで接している。この点について、職員Ａさんは次のように語る。

「森田夫妻は、お年寄りに対して、言葉遣いもすごく、ちゃんと敬語を使って、お名前を呼ぶにも、ちゃんと上の苗字で呼びましょうって。ほかのこういうところ（介護施設）に行くと、『〜ちゃん』とか、そういう感じで。それも何とか親しみがあっていいかなと思うけど、ここはそうではなくて、やはり目上の人だから、ちゃんと敬って、言葉遣いにも気をつけてというか。働いている人も、（ここを利用する高齢者が）認知症の方ですけど、子どものことを大切にしてくださるし、そういう気持ちは私たちが敬うというか、そういう気持ちはすごく大事だなと思って。そういうのが働いていてわかってきた」（職員Ａ）

この語りに見られるように、職員は、子どものことを大切にしている高齢者に感謝の念を抱いており、高齢者に対して人生の先輩として敬意を払いながら介護を行っている。

## 五-二　世代間交流の効果

先行研究では、幼老共生型福祉施設において、高齢者と子どもが互いに相乗効果をもたらすと指摘されているが、「また明日」では、高齢者と子どもの相乗効果などのようなものだろうか。

まず、世代間交流の高齢者に対する意義と効果については、次の二点にまとめられる。第一に、子どもの存在は、高齢者の主体的な行動を引き出す。施設内において、高齢者同士が互いに会話・交流することはあまりないが、高齢者が子どもの顔を見ると笑顔になったり、そばを通る子どもに触れたりする。たとえば、デイホームの利用者家族を対象とした質問紙調査で、高齢者の家族から「物事に反応することが減っているが、乳幼児を見ると触れようとしたり、笑いかけることがよくありました」（高齢者Aの家族）という回答を得た。また、職員へのインタビューで、「（子どもが泣いたとき、高齢者は）私たちよりも、『泣いているわよ』とかすごく、『行ってきて、行ってきて』って、子どもの泣き声に、皆さんはすごく敏感です」[4]（職員B）という回答があった。自分と異なる年齢・属性の人がいることで、高齢者は刺激を受け、自然とふれあいが生まれるといえるだろう。

第二に、子どもとの関わりの中で、高齢者は自分なりの「役割」を見出せる。たとえば、

「子どもが鼻水が出たら、（高齢者は）『出ているよ、出ているよ』って、ティッシュを持って、追いかけるとか、食事の時も」（職員B）

「ある日おむかえに行った時、バタバタしていて、一人の一歳くらいの赤ちゃんがポツンと一人泣いていました。ちょうどそこへ近くに座っていらしたおばあちゃまが、ゆっくりゆっくり歩いて赤ちゃんをダッコして、ヨシヨシとあやし始めました」（園児Aの親）

「高齢者は子どもの手を引いて、一緒に散歩して、景色を見て、子どもを車から守る、自分の足取りを確認する」（和道氏）

これらの回答があったように、高齢者は、食事の世話や子どもとの散歩など、世話役や遊び相手としての役割も果たしている。「また明日」のデイサービスは特別なプログラムがなくても、子どもとの関わりを通じて、日常生活の中で高齢者のリハビリが自然に行われている。

次に、世代間交流の園児に対する意義と効果を見てみる。園児は高齢者と触れ合う中で、高齢者から直接的に身体的・情緒的ケアを受けるだけでなく、高齢者を尊重し思いやる心も育まれる。たとえば、職員Aさんが次の

ようなエピソードを挙げて説明している。

「普通の家だと、やっぱりおじいさん、お父さん、お母さんがいてっていうところが今少ないじゃないですか。……略……いつもはお父さん、お母さんと子どもだけの生活の中で、ここにいると、そのおじいちゃん、おばあちゃんがいるっていう生活。子どもたちは自然とそういうのがわかっているのかなと思って、朝、おじいちゃん、おばあちゃんが来ると、手を洗って、うがいをしてもらうんですけど、そうすると、先に手を洗うところに行って、おじいちゃん、おばあちゃんがこうするのを見たり、手を拭いたあとに、（ハンドペーパーを）ゴミ箱に入れようとすると、（子どもが）ゴミ箱をここに持って、こうやってくれたりとか、で、次、席に移動して、『どうぞ』っていうんですけど、それもそのおじいちゃんが（いつも）どこに座るか、もう大体わかっているんで、先に行って、こうやってくれるんですね。全然私たちが教えたわけではないけど、こういうのが自然にできるようになっている」（職員A）

この語りが示すように、核家族化が進む現在、子どもは高齢者とふれあう機会が少なくなってきているが、「また明日」では、子どもは、高齢者をはじめとする多様な世代の人々の中で育ち、社会性や道徳性を身につけることができるといえよう。

「また明日」における日常的なふれあいを通して、高齢者と園児は互いを名前で呼び合うような「なじみの関係」を形成している。たとえば、職員から「子どもは（高齢者の名前）わかっていると思います。名前で呼んで、おはようとかって。よく絵本を読んでくれる人とか、歌を歌ってくれる人とか」（職員A）という回答を得た。さらに、「（子どもが）お正月に年賀状をもらったり、私の祖母が知っている歌をうたっている」（園児Bの親）という回答があるように、正月に高齢者と年賀状を交換する園児もおり、施設内で形成された「なじみの関係」が施設外でも維持されているケースも見られた。

子どもと高齢者が一緒にサービスを利用する「また明日」のような「幼老共生型福祉施設」について、利用者家族はどのような意見を持っているのだろうか。質問紙調査で保育園とデイホームの利用者家族から次のような回答を得た。

「お互いにプラスの作用があると思う」（園児Aの親）

「子どもも高齢者も両方にメリットがあり、とっても良いと思う」（園児Bの親）

「子ども、高齢者にとって、とてもいい影響がある。多世代と過ごすのは本来自然なことのように思う」（園児Cの親）

「とてもよいと思う。子どもにも高齢者にとっても。核家族化が進み日常の中で高齢者、子どもの関わりが少なくなっているので」（園児Dの親）

「子どもの発達過程で種々な年代の人と交流できる機会や場があれば、成長に巾（幅）ができるように思う。高齢者も若い命と交感すれば、良い刺激になると思います。年齢で区切らず、お互いに支え、支えられる場を設けることも大切です」（高齢者Aの家族）

以上見てきたように、「また明日」のような幼老共生ケアは高齢者と園児双方にメリットがあり、また利用者家族からも高く評価されている。ただし、必ずしもすべての高齢者と園児が積極的に関わるわけではない。デイホームの利用者には、認知症や要介護の程度、性格の違いによって、ほぼ終日園児の相手をしている高齢者もいれば、たまにしか園児とふれあわない高齢者もいる。また、「子どもも現金で、優しい人、相手にしてくれる人のところにしか行かない」（和道氏）という。利用者の主体性を尊重するため、職員は世代間交流を誘導・強制することはなく、基本的に見守りながら側面からサポートしている。利用者を信頼し、余計な手出しをしない「見守りケア」によって、高齢者と園児双方の自発的な関わりが引き出されている。

## 五-三　地域における交流と役割

地域における「また明日」の交流と役割について、以下の三点にまとめられる。

第一に、「また明日」は、「寄り合い所」という地域住民に開放された交流スペースを提供している。開設当時、「また明日」の「寄り合い所」の利用者は、主に子育て中の親子であったが、現在は小学生の利用が中心となっている。放課後や長期休暇に「寄り合い所」を訪れた小学生は、そこで宿題をしたり、園児の相手をしたり、犬と遊んだりして、各々自由に過ごしている。最初に「寄り合い所」を利用した小学生はすでに高校一年生になったという。調査当時、夕方に三〜五名の小学生が「寄り合い所」に遊びに来ていた。質問紙調査で得た以下の回答のように、「寄り合い所」は小学生から高く評価されている。

「『また明日』では、たくさんの人や生き物とふれあえてすごいと思いました」（小学生A）
「（ちびっ子に）すごくいやされた」（小学生B）
「かわいい子がたーくさんいて、この保育園はいい保育園だな」（小学生C）

「寄り合い所」の利用料金は「ワンコイン（一〇〇円）、お茶代程度」となっており、利用者が自分で利用料金を入れる貯金箱が置いてあるが、現在の利用者は小学生がメインであるため、「たとえば、月延べ四〇～五〇名のご利用実績があるのに、貯金箱を開けたら、一月四三円しか入っていない。……略……寄り合い所は完全に赤字です」（和道氏）というのが現状である。また、本来「寄り合い所」の開所時間は火曜日・水曜日・木曜日一〇～一六時となっているが、現在はこの曜日・時間帯に関係なく利用者を受け入れている。夏休みになると、小学生は朝から「また明日」に来る。たとえば、夏休みに小学生Bさんは約週一回八時三〇分～一七時、小学生Cさんは約週三回八時三〇分～一八時に「また明日」を利用している。

第二に、「また明日」は散歩を通じた地域交流を促進している。上述したように、「また明日」の園児や高齢者、職員はほぼ毎日散歩に出かけている。真希氏は、「散歩するとき、知っても知らなくても、返されなくても、（会った人に）声をかけるようにしている。何事もあいさつから。子どものほうが（近所では）有名人。イベントや宣伝よりもお散歩や声がけ」という考えを示しており、散歩という日常的な行為を通じての地域住民との交流を重視している。「利用はしなくても、近所の方、散歩するとき、いつもあいさつとかしてくださるので、何か気にかけてくださっているんだなと」（職員C）⑤という職員の話からは、「また明日」は散歩を通じて地域住民に「また明日」の存在を知ってもらい、地域住民とのつながりをつくっていると考えられる。また、園児たちの散歩に加わる地域の高齢者もいる。

「今はちょっと病気で来られていないけど、去年の末ぐらい、毎日歩いてきて、一日ここに子どもたちと、お散歩に行って、お世話をしてくださった方がいた。家にいても、誰とも話さないから。……略……ご家族、息子さんがいらっしゃるんですけど、やっぱりお仕事に出られると日中一人だから、毎日ね」（職員B）

この話があるように、「また明日」はデイホームを利用する高齢者だけでなく、地域の高齢者にも他世代とのふれあい、憩いの場を提供している。

第三に、「また明日」は地域のイベントに参加し、その運営にも協力している。「また明日」があるこの地域は、都心まで近いが、代々土地を持っている地主が多く、「顔役」も存在するぐらい比較的土地柄の古い地域である。年が明けてからの餅つきや神社の祭り、盆踊りなど、毎年地域ではイベントが多数行われている。森田夫妻は、これらのイベントに積極的に参加しており、地域住民との交流を深めている。また、たとえば、運動会のとき、「また明日」のトイレを地域住民に貸したりして、イベントの運営にも協力している。

和道氏は、地域社会におけるNPOの役割について次のように語る。

「私たちが目指しているところっていうのは、(地域社会の)再編というところまでいかないけど、少子高齢化になって、人間関係の希薄化が進んできた地域社会っていうのは、それを元に戻すのは絶対無理です。それに代わるものとしてのNPO、非営利団体の存在っていうのを私たちが考えている。自発的にあっちこっちから出てきたもの(たとえばお隣さん同士が仲良くしましょうとか、そこらへんのおじさん、おばさんが知らない子どもでも『おかえり』とか、『いってらっしゃい』、『危ないよ』とか、『だめでしょう』とか、声をかけていたという社会性)が望めなくなったので、問題意識として、非営利団体、市民組織が中心的になって、その代わりの仕掛けづくりですね」(和道氏)

少子高齢化が進み、近隣関係が希薄化する中で、森田夫妻は、地域社会から失われつつある人と人のつながりを紡ぎ直し、「また明日」が地域住民にとってもう一つの「居場所」となることを目指している。

## 第六節　おわりに

幼老共生型福祉施設は、これまでの大規模施設や縦割り福祉とは真逆の形をとっており、家庭的な環境の中で介護と保育の両方を融合して行っている。従来の福祉施設と比べ、高齢者や子どもをあえて分離、画一的に管理しないという「混沌さ」（和道氏）がその特徴といえる。このような「混沌さ」の中での介護と保育はリスクが増すと思われるが、手厚い人員配置と介護・保育を兼務する職員の柔軟な対応により、「また明日」ではこれまで高齢者の骨折などの事故はなかった。機械的・画一的な管理を行わないがゆえに、高齢者と子どもが自分で主体的に考え、行動する機会が増えている。子どもと高齢者双方は、職員から一方的にケアを受ける「支えられる存在」であるだけでなく、世代間交流を通じて両者は「支える存在」にもなれる。子どもは高齢者にとって癒される存在となり、高齢者の主体的な行動を引き出す。高齢者は子どもを慈しみ、遊び相手や世話をしている。その結果として、高齢者は自分なりの役割を持つことができ、それは高齢者の心身のケアにつながる。また、子どもも教育面や情緒面でいい影響を受けている。全体的に見ると、「幼」と「老」をあえて分けない「混沌さ」の長所がリスクをカバーしているように思われる。

日本では、少子化と高齢化がともに急速に進行しているが、政府の福祉政策を見ると、「少子化対策や子育て支援にかかわる議論と、高齢者の福祉や社会参加をめぐる議論の多くは、これまでそれぞれ異なる制度や行政セッションに分断されてきた。……略……しかし、人口減少という人口構造の大きな転換期を迎え、社会保障制度をはじめとするさまざまな社会経済システムが抜本的な見直しを迫られるなか、世代間の理解と共生は社会政策における重要なテーマの一つとして浮上しつつある」（北村　二〇〇六：二四―二五）。要介護高齢者と子どもの世代間交流をケアに生かす幼老共生型福祉は、このような時代の要請を受けて生まれたものであり、そこで年齢や心身の状態を超えて「共に生きる」という新たな協同関係が形成されている。

日本社会では、少子高齢化の急速な進行に伴って、社会保障給付費の増加や若い世代の負担の増大などは避けられないため、年金・医療・介護の制度破綻が懸念されている。しかしその一方で、よく考えてみると、高齢社会は人類の悲願であった長寿を実現した社会でもある。国民の四人に一人が高齢者となった成熟した日本社会をよりよく運営するために、暗い話ばかりではなく、高齢者が持っている意味や可能性を発掘し、積極的に位置づけていかなければならない。

（1）統計データは以下の資料を参照した。小金井市ホームページ「市勢データ」、『小金井市施設白書』（二〇一二）、『第五回小金井市まち・ひと・しごと創生総合戦略等検討委員会次第』（二〇一六）。
（2）高齢者A：女性、九八歳、要介護5。
（3）職員A：女性、勤続九年。
（4）職員B：女性、新入職員。
（5）職員C：女性、勤続一年。

# 第Ⅳ部　中国の高齢者福祉

# 第八章　中国の高齢者を支える福祉資源

中国は、二〇〇〇年に高齢化率が七％となり、高齢化社会に突入した。一九七八年に「改革開放政策」が実行されて以来、「経済建設」が国家の中心となっている。このような「経済中心」の社会づくりに専念した結果、あまりにも速いペースで高齢化社会が到来したため、中国は大きな社会的衝撃を受けた（陳　二〇一〇：一四六）。中国の高齢化は、次の四つの特徴を有している。

第一に、高齢者人口の規模が大きい。中国の高齢化率（表8-1）を見ると、二〇一五年時点で一〇・五％であり、日本の二六・七％ほど深刻ではないが、そもそも人口規模が大きいため、高齢者の実数は日本の総人口に匹敵するくらいである。なお、中国では、女性の定年退職年齢が五〇歳（女性幹部の場合、五五歳）であり、男性が六〇歳である。一般的に高齢者を「六〇歳以上の公民」と定義しているため、六〇歳を境に見ると、二〇一五年に高齢者人口は二億二二〇〇万人となり、高齢化率は一六・一％に達している。

第二に、高齢化のスピードが速い。これはアジア地域の高齢化の特徴でもある。高齢化率が七％から一四％に至る年数（「倍加年数」）を見ると、欧米先進国はほぼ四〇年以上であるのに対して、中国はわずか二五年である。

表 8-1　中国の年齢別人口構成

| 年 | 0～14 歳 | 15～64 歳 | 65 歳以上 |
|---|---|---|---|
| 1982 | 33.6% | 61.5% | 4.9% |
| 1990 | 27.7% | 66.7% | 5.6% |
| 2000 | 22.9% | 70.1% | 7.0% |
| 2010 | 16.6% | 74.5% | 8.9% |
| 2015 | 16.5% | 73.0% | 10.5% |

出典）中華人民共和国国家統計局(2016)をもとに作成。

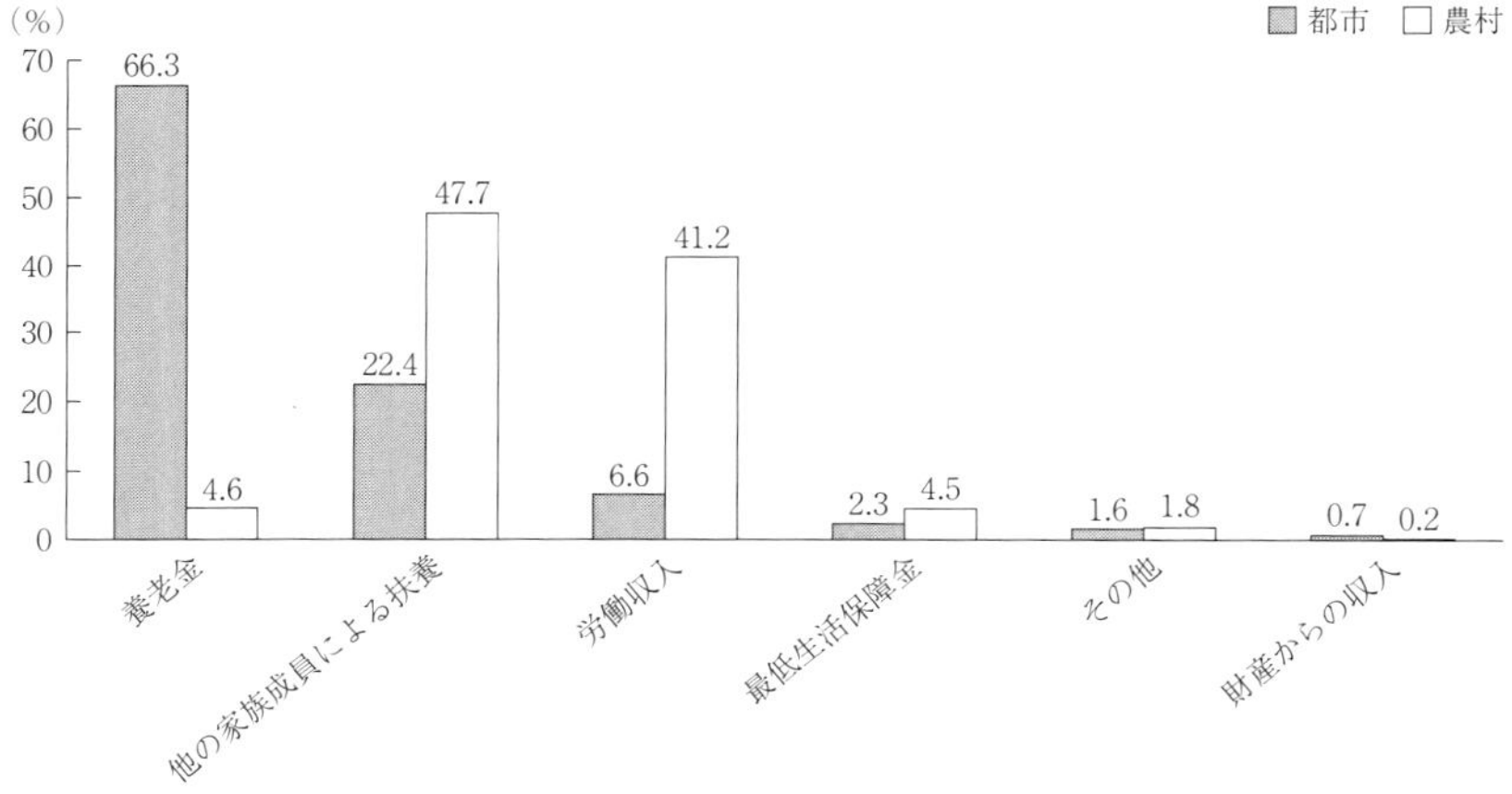


図 8-1　中国都市と農村 60 歳以上高齢者の主な収入源(2010 年)

出典）杜(2013: 15)をもとに作成。

第三に、地域格差が大きく、農村部の高齢化がより深刻である。二〇〇二年に、六〇歳以上の老年人口一・三八億人のうち、約七割が農村部で暮らしている（張 二〇〇九：一二）。改革開放政策が実施されて以降、よりよい収入を得るために、農村から都市への出稼ぎ労働者が大量に出現した。都市部の高齢化は青壮年人口の流入によってある程度緩和されているが、農村部の高齢化は人口の流出によって加速されている。それに加え、農村高齢者に対する社会保障・福祉サービスはいまだに十分に整備されていない。社会保障制度の不備は、農村高齢者の扶養と介護をさらに深刻なものにしている。高齢者の収入源を地域別で見ると、都市高齢者の七割近くが年金を主な収入源としているのに対して、農村高齢者は依然として家族扶養と自助努力に頼っている（図８－１）。

第四に、高齢化社会への準備が不十分である。先進諸国は、経済がある程度発展した後に高齢化という現象が現れたが、中国の高齢化の特徴の一つは「未富先老」、すなわち社会全体がまだ豊かになっていない段階で高齢化社会に突入した。また、年金制度をはじめとする社会的セーフティネットはいまだ整備途上の段階にあり、高齢化社会を迎える準備ができていない。

以上の四つの特徴から、中国の高齢者扶養・介護の問題が先進国より深刻であるという現状がわかる。

## 第一節　家族の変容と老親扶養の変化

### 一－一　「親への恩返し型」扶養

中国における高齢者の扶養は、長い間、家族・親族により行われてきた。「親孝行」や「養児防老、積谷防飢（子どもを育て、老後に備える。穀物を蓄え、飢えに備える）」などは伝統的な家族観念である。扶養に見る親子関係について、中国の著名な社会学者・費孝通（一九八三）は、比較の観点から、西洋の扶養方式を「リレー型」、中国のそれを「フィードバック型」と名付けた。公式で表すと、西洋は$F_1 \downarrow F_2 \downarrow F_3 \downarrow F_n$であり、中国は$F_1 \downarrow\uparrow F_2 \downarrow\uparrow F_3 \downarrow\uparrow F_n$となる（Fは世代、↓は親の子どもに対する養育、↑は子どもの親に対する扶養）。西洋社会の親が子どもを養育するだけの一方向的な扶養スタイルに対して、中国では、親が子どもを養育し、やがて親が高齢になったときには、子どもが親を扶養するという双方向的な世代間扶養スタイルが特徴である。費が提示したフィードバック型扶養スタイルは、法律上の根拠を持っている。中国の憲法や婚姻法、高齢者権益保障法などの法律では、親に対する子どもの扶養義務が明確に規定されている。たとえば、「中華人民共和国老年人権益保障法」では、「扶養者（高齢者の子女およびその他の法定扶養義務者）は、高齢者に対して経済的扶養、生活上の世話、精神上の慰安といった義務を履行し、高齢者の特別なニーズにも配慮しなければならない。」と明記されている。また、この扶養スタイルは、中国儒教の「孝」の倫理観念と一致しており、伝統的な美徳として継承されてきた。「家族扶養は中国社会では制度化、道徳化、法定化されている」（張　一九八七：七四）。

## 一‐二　「421家庭」の増加と老親扶養の困難さ

しかし、産業化・都市化の過程において、伝統的な家族による老親扶養機能がかなり低下した。三〇年以上にわたる「一人っ子政策」の実施により、家族規模が急速に縮小し、特に「一人っ子政策」が比較的厳格に遵守されている都市部とその近郊で「421家庭」が年々増加している。二〇一〇年以降中国の平均世帯人員数は三人程度で推移してきており、小家族化の傾向が明確である（表8‐2）。家族規模の縮小化と並行して、「空の巣家庭（子どもが独立したあとの高齢者のみの世帯）」は年々増加傾向にあり、二〇一〇年時点で三割を超えている（表8‐3）。こうした家族の形態の変化は、必然的に「親への恩返し型」家族扶養機能を弱体化させている。少子高齢化が急速に進む中で、高齢者の扶養・介護を家族の内外でどのように支えていくのかが中国にとって重要な課題となっている。

表 8-2　平均世帯人員数の推移

（単位：人）

| 年度 | 1953 | 1964 | 1982 | 1990 | 2000 | 2010 | 2011 | 2012 | 2013 | 2014 | 2015 |
|---|---|---|---|---|---|---|---|---|---|---|---|
| 平均世帯人員数 | 4.33 | 4.43 | 4.41 | 3.96 | 3.44 | 3.10 | 3.02 | 3.02 | 2.98 | 2.97 | 3.10 |

出典）中華人民共和国国家統計局（2012～2016）をもとに作成。

表 8-3　65歳以上の高齢者のいる世帯のうち，「一人暮らし」・「夫婦のみ」世帯の推移（日本との比較）

（単位：%）

| 年度 | 日本 | | | 中国 | | |
|---|---|---|---|---|---|---|
| | 一人暮らし | 夫婦のみ | 合計 | 一人暮らし | 夫婦のみ | 合計 |
| 1980（日本）/1982（中国） | 8.6 | 18.8 | 27.4 | 14.5 | 9.6 | 24.1 |
| 1990 | 11.4 | 25.2 | 36.6 | 11.9 | 12.5 | 24.4 |
| 2000 | 14.5 | 32.5 | 47.0 | 11.5 | 11.3 | 22.8 |
| 2010 | 23.8 | 28.4 | 52.2 | 16.4 | 15.4 | 31.8 |

出典）日本と中国の各回の国勢調査をもとに作成。

## 第二節　「福祉の社会化」

中国では、高齢者問題が意識され始めたのは一九八〇年代からである。一九八二年に、ウィーンで開かれた高齢者問題世界会議に中国は初めて代表団を送った。それをきっかけに、中国の高齢者事業が本格的に始まったといえる。現在、中国の高齢者福祉政策の基本方針は、「老有所養、老有所医、老有所学、老有所為、老有所楽」という「五有原則」である。すなわち、「老いても養うところあり、老いても医療を受けるところあり、老いても学ぶところあり、老いても為すところあり、老いても楽しむところあり」とされ、これらが高齢者の経済、医療、生涯学習、社会参加、趣味娯楽の五つの権利を保障する方針である。

高齢者扶養を構成する要素には、大きく分けて経済的扶養、身体的（介護）扶養、精神的（情緒的）扶養がある。第一の経済的扶養は、年金制度の発展とともに、子どもの役割から国家の役割へと移行していき、第二の身体的扶養については、地域社会の福祉サービスの発展とともに、徐々に子どもから地域社会へと社会化されていく。しかし、第三の精神的扶養は、最後まで子どもに委ねられている領域である（染谷 二〇〇〇：六―七）。これを中国に当てはめてみると、高齢者に対する経済的扶養は、一九五〇年代に確立された都市部の年金制度の充実――一九八〇年代に市場における自由競争原理の導入によって一度正当性を失って、再編を余儀なくされたが――に伴って、徐々に私的扶養から社会扶養へと転換してきている。ただし、農村部は年金制度の不備により、いまだ私的扶養が中心である。一方、高齢者扶養のもう一つの重要な側面である身体的介護、すなわち高齢者福祉サービスに関しては、あまり議論されてこなかった。ところが、一九八〇年代半ばに、急速な高齢化や家族の変容、高齢者介護の問題に対して、政府は「社会福祉の社会化」という概念を提唱し始めた。それまで、ごく一部の公的施設入居者を除き、大多数の高齢者の介護は家族によって担われていたが、この政策により、企業や民間団体、社区など、家族と政府以外の社会主体に対し、高齢者福祉への参加が呼びかけられている。

特に、二〇〇〇年に入ってから、政府は福祉分野でいくつか重要な法規を発表し、「福祉の社会化」を本格的に推進しようとしている。民政部をはじめとする一一の政府部門が二〇〇〇年に「関於加快実現社会福利社会化的意見（社会福祉社会化の実現を加速させることに関する意見）」を公布した。同「意見」では、扶養方法については、「在宅を基礎とし、社区を頼りとし、社会福祉施設を補充とするような発展の方向を堅持する」と明記されている。福祉の社会化を推進する全体的要求として、「投資主体の多元化」、「サービス対象の一般化」、「サービス形態の多様化」、「サービス従事者の専門化」の四つが挙げられている。「福祉の社会化」の政策の重点は、いうまでもなく、高齢者福祉に置かれている。高齢者福祉の社会化を実現する主な手段として、次の二つが考えられる。一つは民間の老人ホームの推進であり、もう一つは「社区福祉（地域福祉）」の整備である。すなわち、施設サービスと在宅サービスの両方を推進する方針である。

## 二―一　民間の養老施設

### 養老施設の発展と現状

中国語の「養老方式」という言葉には、高齢者を扶養する方法と高齢者が老後を送る方法という二つの意味が含まれている。「社会福祉の社会化」の政策のもとで、中国における主な「養老方式」として、伝統的な「家庭養老」に加え、近年推進されている「機構養老（施設養老）」と「社区居家養老」（自宅を生活拠点として、所属する社区からサービスを受けながら老後を過ごす）の三つが挙げられる。

中国では、一九九〇年代から取り組まれてきた民間の養老施設の建設は、ほぼ白紙に近い状態からスタートした。一九九〇年代初頭まで、養老施設の設置・運営への民間の参与が認められていなかったが、一九九〇年代半ばに高齢者福祉サービスへの民間の参与が認められるようになり、それに伴って高齢者福祉施設が急速に発展した（沈　二〇〇七b：七九）。「高齢者サービス施設の税収政策の問題に関する通知」（二〇〇〇四）や「社会の力による社会福祉施設の設立経営を支援することに関する意見」（二〇〇五）など、政府は民間の養老施設を発展させるための政策を次々と打ち出した。民間の養老施設に対して、「民弁非企業単位（非営利組織）」の登録、企業所得税・不動産税・土地使用税の免除、光熱費の業務用ではなく家庭用価格の適用などの優遇策がとられている（李二〇〇五：三三二）。政府の一連の政策によって、高齢者施設の数が着実に増えている。これは高齢者施設のベッド数と高齢者千人当たりベッド数の推移から確認できる（表8‐4）。

急速な高齢化の進行と介護サービスへのニーズの高まりを背景に、高齢者福祉施設の細分化が進んでいる。民政部が二〇〇一年に公布した「老年人社会福利機構基本規範（高齢者社会福祉施設基本基準）」では、高齢者福祉

表 8-4　中国高齢者施設の発展状況

| 年 | 高齢者および障害者福祉施設のベッド数(万床) | 高齢者 1000 人当たり養老施設のベッド数(床) |
|---|---|---|
| 1991 | 78.3 | — |
| 1995 | 91.9 | — |
| 2000 | 104.5 | — |
| 2005 | 158.1 | 10.97 |
| 2006 | 179.6 | 12.05 |
| 2007 | 242.9 | 15.83 |
| 2008 | 267.4 | 16.72 |
| 2009 | 293.5 | 17.56 |
| 2010 | 316.1 | 17.79 |
| 2011 | 369.2 | 19.96 |
| 2012 | 416.5 | 21.48 |
| 2013 | 493.7 | 24.39 |
| 2014 | 390.3 | 27.20 |
| 2015 | 358.1 | 30.31 |

注）高齢者は「60 歳以上の公民」を指す。2015 年の福祉施設のベッド数は高齢者のみであり，障害者を含んでいない。

出典）中華人民共和国国家統計局(2015, 2016)をもとに作成。

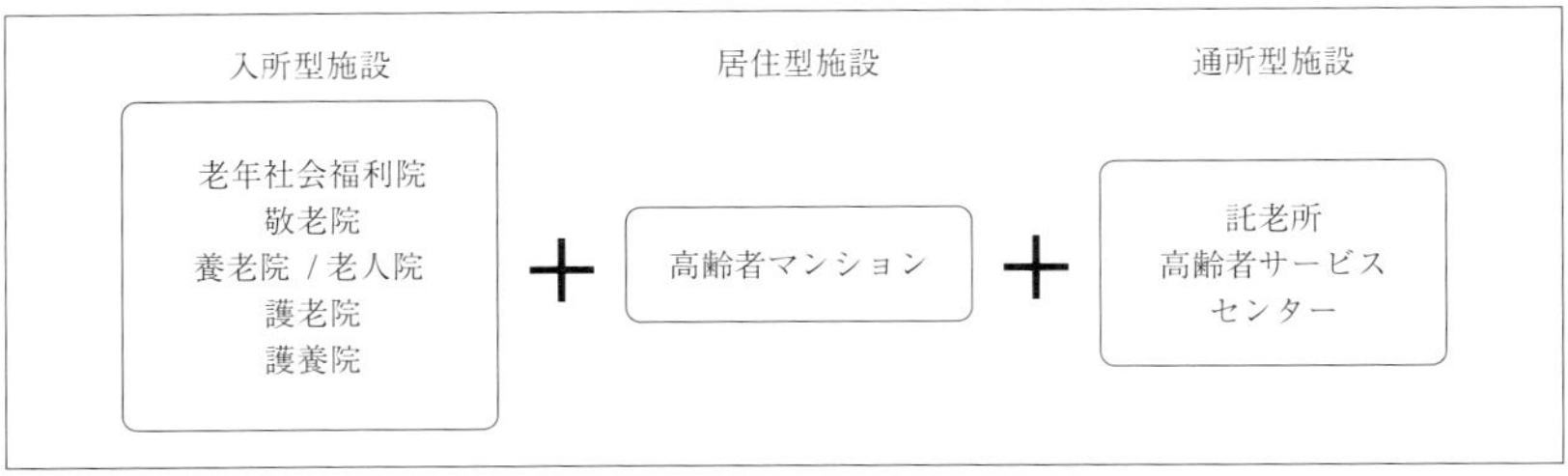


図 8-2　中国の高齢者福祉施設の分類
出典）郭芳(2012: 27)を微修正。

施設は、運営主体や入居対象者の違いによって八種類に分類されている。この八種類の施設を三つのグループに分けることができる（図８-２）。

各施設の定義は下記のとおりである。

①「老年社会福利院」：国が出資して開設、管理し、「三無老人」や自立高齢者・要介助高齢者・要介護高齢者を総合的に受け入れる公的養老施設。生活、文化娯楽、リハビリ、医療保健などのサービスが備わっている。

②「敬老院」：農村部の「三無老人」と「五保老人」、および一般高齢者を受け入れる社会的養老施設。生活、文化娯楽、リハビリ、医療保健などのサービスが備わっている。

③「養老院／老人院」：自立高齢者のみ、あるいは自立高齢者・要介助高齢者・要介護高齢者を受け入れる社会的養老施設。生活、文化娯楽、リハビリ、医療保健などのサービスが備わっている。

④「護老院」：要介助高齢者を受け入れる社会的養老施設。生活、文化娯楽、リハビリ、医療保健などのサービスが備わっている。

⑤「護養院」：要介護高齢者を受け入れる社会的養老施設。生活、文化娯楽、リハビリ、医療保健などのサービスが備わっている。

⑥高齢者マンション：高齢者が集団で居住し、高齢者の身体的・精神的状態の特徴に合致するマンション式の高齢者住宅。生活、文化娯楽、リハビリ、医療保健などのサービスが備わっている。

⑦託老所：社区に設置されている、高齢者を短期間受け入れる通所介護施設。生活、文化娯楽、リハビリ、医療保健などのサービスが備わっている。「日託（昼間だけ預かる）」、「全託（一日預かる）」、「臨時託（臨時的に預かる）」などの預かり方がある。

⑧高齢者サービスセンター：社区に設置されている、高齢者に各種の総合的サービスを提供する福祉施設。文

化娯楽、リハビリ、医療保健などのサービスが備わっており、訪問サービスも提供されている。

**養老施設の問題点**

以上見てきたように、近年、中国の養老施設は大きく成長している。一方でいくつかの問題点も抱えている（李　二〇〇五）。一つ目は、優遇政策の不履行である。政府の一連の優遇政策によって、一九九〇年代の終わりに民間養老施設の設立ブームが現れた。しかし、近年、補助金が出なかったり、光熱費の家庭用価格が適用されなかったりして、優遇政策の不履行に伴う経営難が起き、市場から撤退する施設も出ている。一部の養老施設は、名目上「民弁非企業単位（非営利組織）」となっているが、一般企業との区分が非常に曖昧なため、営利を目的としているところも少なくない。政府の参与は、設立の許可や政策の通達などに限られており、養老施設への補助金などの公的責任が十分に果たされていない。結局、一部の公的施設を除いて、中国民間の養老施設は基本的に市場メカニズムによって運営されている。二つ目は、養老施設の入居費用の問題である。施設の利用料金の設定は高齢者の経済力をはるかに超えているところが多く、入所できるのは高所得層のみであり、一般の高齢者にとって費用の負担という問題が存在する。

## 二-二　「社区福祉」

民間の養老施設とともに、「社区福祉」も「福祉の社会化」政策の重要な柱として位置づけられている。

### 「単位」の崩壊と「社区」の登場

社会主義計画経済の行き詰まりとそれに伴う「単位」制度の破綻が、「社区」の登場を促すこととなったとされる。一九八〇年代以前の計画経済期に、都市住民のほとんどが国有企業を中心とする「単位」に配属されていた。「単位」は、生産を行う職場であると同時に、従業員とその家族に、住宅や各種の福祉施設、補助金などを提供する生活保障機能も果たしていた。しかし、改革開放後、市場の自由競争原理が導入された結果、非効率な国有企業の改革・倒産が相次ぎ、国有企業丸抱えの「単位」制度が次第に崩壊し、社会保険の再編や住宅分配制度の改革など、「単位」から福祉機能が徐々に切り離されていった。また、社会主義社会には無縁と思われていた失業が大量発生し、社会管理上の真空地帯が生じた。末端レベルの社会管理システムの再構築を迫られる中で、従来「単位」が行っていた、人の管理や福祉の供給を担う新たな組織として、地域社会をベースとする「社区」が登場した（王　二〇〇一・二〇一〇、夏　二〇〇八）。

「社区」という表現は中国独特の言葉であり、適切な日本語訳がないが、とりあえず「コミュニティ」としておく。「社区」はもともと外来語であり、一九三三年に費孝通をはじめとする燕京大学の学生たちが、アメリカの社会学者パークの論文を翻訳した際に、英語の「community」を「社区」と翻訳して、中国に導入した（傅　二〇〇二）。学術用語として提起された「社区」という概念は、一九九〇年代に入るまで研究者の論文や著書にしか見られなかったが、一九九〇年代末頃から、「社区服務」や「社区文化」、「社区建設」など、「社区」をめぐる報道はマスメディアに頻繁に登場し、現在一般住民の間で日常語としても使用されるようになった（賈　二〇〇二）。

社区は、中国の独特な社会背景のもとで誕生したものであるため、先進国の「コミュニティ」と異なる意味も込められている。社区は、「一定地域の範囲内に住む人々によって構成される社会生活の共同体」であり、最下層の行政区域の名称でもある。中国の行政システムにおいて、社区の位置づけはどのようになっているのか。中国における都市部の行政区分は、市（市役所）―区（区役所）―街道（「街道弁事処」）という三層構造から構成されている。各「街道」に設置されている「街道弁事処」は区役所の出張所に相当する。「街道」の下部にさらに「社区」があって、各「社区」に「居民委員会」が設置されている。農村における「社区」は行政村と呼ばれている。中国の行政構造から見て、「社区」は中国社会を管理する最小単位として位置づけられるだろう。

## 社区福祉の内容

一九八七年に市場経済体制に適した「社区服務」という概念が提起され、二〇〇〇年に社区建設が正式に始まった。

「社区服務」とは、地域住民を対象に提供される福祉サービスのことである。しいて翻訳すれば日本語の「地域福祉」という言葉に相当する。全国老齢工作委員会弁公室が編集した『老齢工作幹部読本』では、「社区服務」が次のように定義されている。「政府の指導に基づき、街道を主体とし、居民委員会に委託して社区成員を動員した互助活動の展開、社会問題の解決、人間関係の調整、社会的矛盾の緩和、社区における福祉の向上を目指し、社会的進歩を促すための活動」である。ただし、中国の社区服務は表現上、先進国で展開されているコミュニティ・サービスや地域福祉といった概念に相当するが、社区が誕生した社会的背景から見れば、先進国のそれとは異なる独自性を持っている。日本は施設ケアの問題点や縦割り福祉行政への反省から、在宅ケア、地域福祉を推進してきたが、中国の社区服務は「施設福祉の段階をほとんど経ていない地域福祉」である（賈　二〇〇二：八二）。中国では現在施設サービスと地域福祉サービスは車の両輪のように同時に推進されている。

「社区服務」の内容は、主に次の六点にまとめられる。①高齢者、幼児青少年、障害者、貧困家庭、国から特別優遇を受ける軍人およびその家族といった特定の地域住民を対象にする福祉サービスの提供、②地域の一般住民への生活サービスの提供（家事労働者紹介所、家電修理屋、駐輪場・駐車場、クリーニング屋など）、③労働者、定年退職者および失業者への社会保険管理サービスの提供、④失業者および一時帰休者の再就職の斡旋と職業訓練、⑤地域の企業・事業体、政府機関、民間団体との間で連携をとり、各種のサービスのコーディネートをすること、⑥図書閲覧室、運動場所、各種の講座などの文化・娯楽サービスの提供、である（賈　二〇〇二、王　二〇一〇）。従来の「社区服務」は、失業者や生活保護者、障害者といった社会的弱者を対象にした狭義の「社区服務」であったが、現在は一般住民や流動人口までカバーする広義の「社区服務」へと拡充されてきている。

### 高齢者向けの社区福祉

「社区服務」の中でも、最も重要な分野は高齢者福祉サービスである。社区は高齢者の生活にどのように関わっているのか、主に以下の四点にまとめることができる。

①生活困窮の高齢者に対する「最低生活保障制度」

「社区」は、地域の人口管理、福祉、ケア、防災、文化活動など、さまざまな役割を担っているが、ケア活動のうち、生活困窮者に対する「最低生活保障制度」（日本の生活保護制度に相当する）が重点の一つである。「最低生活保障」の申請には社区が深く関与している。申請者はまず居住する社区に申請書類を提出し、書類審査を受ける。社区の一次審査を通過すれば、書類が街道弁事処に送られ、二次審査の段階に入る。二次審査を通過すれば、書類が区役所に送られ、最終の三次審査が行われる。この審査プロセスのとおり、生活保護の決定には社区の審査と判断が大きな役割を果たすことがわかる（趙　二〇一〇）。

②施設サービス

中国では、高齢者福祉施設は、大きく国が管理する施設、社区が運営する施設、民営施設の三類型に分けられる。社区の敬老院は、もともと身寄りのない高齢者など、限定された対象が利用する施設であったが、現在、一般高齢者も自己負担で入所することができる。

③在宅サービス

社区高齢者福祉を推進するために、民政部は二〇〇一年に「社区高齢者福祉サービス星光計画」を発表した。この計画の中身は、二〇〇一年六月から二〇〇四年六月までの三年間にわたり、都市部と農村部に「星光高齢者の家」という社区サービスセンターを作るプロジェクトである。このプロジェクトには福祉宝くじの収益や地方政府・民間の投資など、合わせて百億元以上の資金が投入された。「星光計画」の基本方針は、コミュニティに福祉サービス提供の拠点を備え、高齢者の在宅生活を支えることである。「星光高齢者の家」の運営においては、生活保護を受けている高齢者や障害高齢者に対して、無償サービスを、それ以外の高齢者に低料金で有償サービスを提供している。「星光計画」は民政部において、養老の社会化を促進する最も重要なプロジェクトであり、三年間の実績として、全国各地で三万二四九〇ヶ所の「星光高齢者の家」が設立された（沈　二〇〇七ａ）。

経済発展が進んだ一部の地域において、公的ホームヘルプ・訪問看護制度が整備されており、「社区養老」が進められている。また、ボランティアによる在宅支援も一定の役割を果たしている。多くの社区では、季節の節目や祝日に大学生や地域の共産党員が高齢者家庭を訪問し、掃除や話し相手などのボランティア活動を行っている。

④高齢者の生きがいづくりへの支援

社区が都市高齢者の余暇・娯楽生活において重要な役割を果たしている。社区には高齢者が集まってコミュニケーションをとったり、卓球や将棋などの娯楽を楽しめたりする高齢者活動室や運動場所・遊具が備わっているところが多い。居民委員会主催の文化・教育活動（太極拳や合唱団など）もある。高齢者が社区の活動に参加することにより、交友の輪を広げ、他者とのつながりが得られる。

### 社区福祉の問題点

政府が打ち出した一連の政策により、社区福祉は一定の成長を見せたが、質と量の両面で依然として低水準にあり、その独特な性格や問題点が指摘されている。主なものとして、以下の三点が挙げられる(沈　一九九八)。

一つ目は、市場性と福祉性の矛盾である。市場経済を地域福祉に導入するような福祉政策は、諸外国にも見られるが、いずれも公私の役割の境をはっきりとさせている。それに対して、中国の地域福祉では、公的責任がきちんと果たされていない。公的福祉制度や基本的な基盤が十分に整備されていない状態で、市場経済に頼りすぎると、福祉性の維持が難しくなる。

二つ目は、免税・減税政策と地域福祉財政の限界である。現状では、国と地方政府の地域福祉に対する資金投入は依然として少ない。居民委員会は自助努力で財源を確保せざるを得ない。

三つ目は、住民主体の意識の欠落である。諸外国における地域福祉は、「地域での普通の暮らし」を目指すコミュニティ・ケアとノーマライゼーションの思想の影響を受けて形成されたが、中国はそうではない。中国の地域福祉は、「単位」福祉の崩壊と社会管理システムの再構築という特別な社会背景のもとに登場したため、諸外国と比べ、地域福祉の基本理念に対する理解が多少食い違うところがあり、住民主体で進められてきたものではない。

以上、家族扶養と「福祉の社会化」の現状を概観した。中国の農村部と都市部の間に大きな格差が存在している。現代中国の高齢者の扶養・介護問題を分析するに際しては、都市-農村「二元構造」下の福祉格差を考慮しなければならない。次の第九章と第一〇章では、都市社区在住の高齢者と郊外農村在住の高齢者の生活実態と福祉課題について、それぞれ分析したい。

# 第九章　「社区」在住都市高齢者の生活実態と福祉課題

## 第一節　社区養老サービスの整備

中国の高齢者福祉政策は、これまで医療保険や養老保険などの経済的保障に重点を置いてきたが、近年、要介護高齢者の増加や家族規模の縮小などを背景に、高齢者介護の問題も着目されるようになり、介護・福祉サービス体系をいかに構築するかも政府の関心事項の一つとなっている。

高齢者介護の問題に対応するために、政府は一九八〇年代半ばから「社会福祉の社会化」政策を提唱し、高齢者福祉サービスの新たな供給者として、民間企業や社区、社会団体などに期待を寄せている。特に、中国が高齢化社会を迎えた二〇〇〇年以降、政府が「社会福祉社会化の実現を加速させることに関する意見」などの法規・政策を公布し、社会福祉の社会化が加速した。中央政府によって明示された高齢者福祉政策には、以下の五つの転換点が見られる（沈　二〇〇七ａ）。①これまでの行政主導の福祉サービス供給体制からコミュニティ福祉サービスシステムに切り替える。②福祉サービスの供給を行政と行政に従属する事業単位が独占する体制から、民間企業やNPOなどの多様な主体も参与する体制に切り替える。③高齢者福祉事業の範囲を拡大する。④専門性の高い人材を育成し、専門化された運営管理を重視する。⑤在宅養老環境の充実のために、都市部に「社区高齢者福祉サービスセンター」を建設し、普及させる。これらの転換点から見て、「社区」と「在宅」が重視されていることが自明である。

先進国では、高齢者介護は社会福祉制度や介護保険制度によって支えられているが、中国では基本的に家族介護が中心である。しかし、二〇〇五年以降、一部の地域では、公的財源による高齢者在宅介護への支援が本格的に始まっている（王　二〇一〇：二二六―二二七）。それは中国語で「居家養老服務（在宅介護サービス）」と呼ばれる。「居家養老服務」とは、「政府と社会が『社区』に頼って、在宅の高齢者に生活の世話や家政サービス、リハビリテーション、精神的慰安などのサービスを提供する養老方式である。これは伝統的な家庭養老方式に対する補充と更新であり、我が国が『社区服務』を発展させ、養老サービス体系を構築する重要な内容の一つである」とされる（全国老齢工作委員会弁公室ほか　二〇〇八）。

家族の扶養力・介護力が低下し、福祉の社会化が進められる中で、矛盾しているように見えるが、政府が制定した法律と高齢者福祉政策においては、家族扶養・介護という伝統的価値観を再認識、再強化する姿勢も見られる。二〇一二年一二月二八日に、第一一回全国人民代表大会常務委員会で「高齢者権益保障法」が改正された。一九九六年に高齢者分野における唯一の法律として施行されて以来、一六年ぶりの改正となった。今回の改正では、従来の医療・年金制度の充実のほかに、介護施設や社区養老サービスをはじめとする福祉サービスの整備、いわゆる「社会福祉の社会化」に関する内容が新たに盛り込まれた。同法では、「国は、在宅を基礎とし、社区を頼りとし、施設を支えとする社会養老サービス体系を構築、整備する」と新たに定められている。また、今回の改正法は、旧法から一貫して、老親扶養は家族の責任であると強調する。それに加え、「家族成員は高齢者の精神的ニーズに関心を寄せるべきであり、高齢者を無視し、粗末に扱ってはいけない。高齢者と別居中の家族成員は、頻繁に高齢者をたずね、その様子を見るべきである」と新たに規定し、中華民族の伝統的な親孝行の規範を法律によって強化しようとしている。政府が高齢者扶養・介護における家族の責任を強調する根本的な原因は、「社会福祉の社会化」が進んでいる現在においても、介護・福祉サービスが質と量の両面でいまだ低水準にとどまっていることだといえよう。

本章の関心点は、都市高齢者の扶養・介護をめぐる支援構造にある。社区在住の都市高齢者は、家族の内外でどのようにサポートを得て老後生活に対応しているのか。都市高齢者をめぐる支援構造について、家族、政府、市場などのセクターに触れながら、特に高齢者の在宅生活に深く関わる「社区」に焦点を当てて分析する。

## 第二節　中国の高齢者のケアをめぐる支援構造の特徴

落合の研究グループは、東アジア・東南アジア五地域で実施した国際比較調査の結果に基づいて、高齢者ケアにおける子ども、子どもの配偶者、親族、コミュニティ、ケア労働者、施設の支援効果を、A、B、C、Dの四段階で示している（表９-１）。この表によると、中国では、高齢者ケアにおいて子どもとコミュニティが一番大きな役割を果たしており、施設の利用が少ないことがわかる。アジアのほかの地域に比べ、コミュニティの役割が最も顕著であることは、中国の特徴の一つといえる。家族とコミュニティの役割を強調する中国の高齢者福祉政策は、オイルショックに見舞われた日本政府が一九八〇年代に提唱した、「自助努力と家庭及び地域社会の連帯」

表9-1　高齢者ケアをめぐる社会的ネットワーク

| | 子ども | 子どもの配偶者 | 親族 | コミュニティ | ケア労働者 | 施設 |
|---|---|---|---|---|---|---|
| 中国 | A(全員) | B | B | A | B | C |
| タイ | A(全員，特に女子) | B | B | ? | C | D |
| シンガポール | A(全員，特に男子) | B | B | ? | A | C |
| 台湾 | A(全員，特に男子) | B | B | ? | A | C |
| 韓国 | A(主に長男) | A | B | B | B | C |
| 日本 | A(主に長男) | A | C | C | D | B |

A 非常に効果的　B ある程度効果的　C あまり効果的でない　D ほとんど効果的でない
出典）落合(2013b: 186)

を掲げる「日本型福祉社会」と非常に似ていると指摘される(落合・山根・宮坂二〇〇七、落合 二〇一三b)。

## 第三節　北京市「社区居家養老」政策

二〇一四年末時点で北京市戸籍上の総人口は一三三三・四万人、そのうち六〇歳以上人口は二九六・七万人で総人口の二二・三%を占めている。六五歳以上人口は二〇〇万人で総人口の一五・〇%を占めている(北京市老齢工作委員会弁公室二〇一五)。

急速な高齢化を背景に、近年、上海や北京など一部の進んだ都市において、政府の財政支援による在宅介護サービスが始まっている。在宅介護サービスを推進するために、北京市民政局と障害者聯合会は、二〇〇九年一一月に「北京市市民居家養老助残服務〝九養〟弁法(北京市市民在宅介護・障害者支援サービス〝九養〟政策)」を制定した。その主な内容は下記のとおりである。

①「孝星(親孝行の模範となる人物)」選出制度を確立する。二〇一〇年から、毎年「重陽節」(陰暦の九月九日)期間に、北京市の各社区(村)で「孝星」選出活動を行い、一万名の「孝星」を選出し、表彰する。

②「居家養老助残券(在宅介護・障害者支援サービス券)」(「養老券」と略す

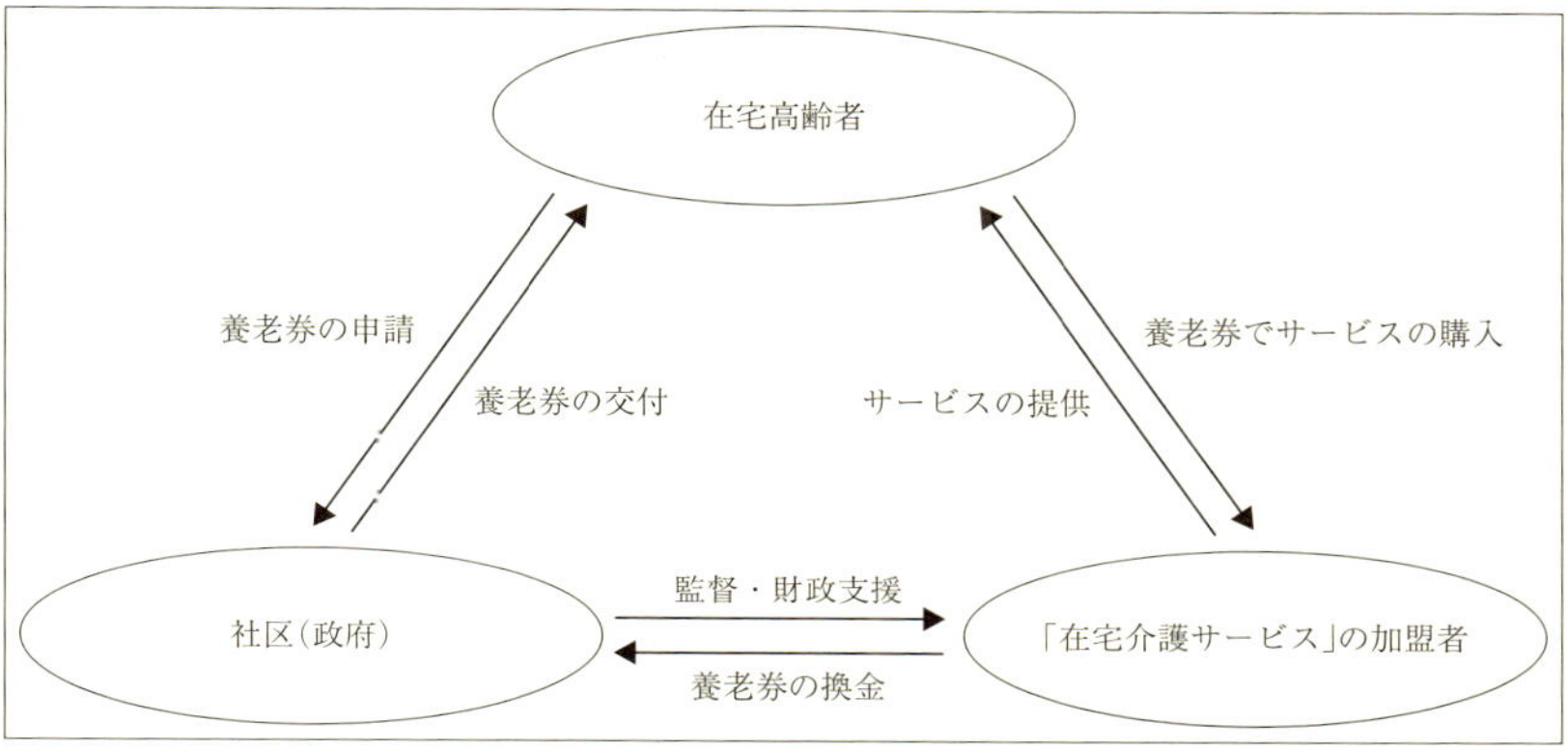


**図9-1　北京市「在宅介護サービス」の仕組み**

出典）王（2010: 233）を参考に，筆者作成。

る）制度を確立する。政府の出資により、利用条件を満たす高齢者（障害者）にサービス券を給付する形で在宅介護・障害者支援サービスを実施する。在宅介護サービスの仕組みをまとめると、図9-1のようになる。政府は社区を通して八〇歳以上の高齢者と六〇～七九歳の重度障害者に毎月一〇〇元（約一六〇〇円に相当）の「養老券」を給付する。高齢者はこの「養老券」で社区と連携する事業者から、家政サービスやリハビリテーション、食事など各種サービスを受けられる。サービスを提供した事業者は毎月高齢者から支払われた「養老券」を政府に提出して換金する。

③社区の公益物件や住民の空き家などの社会資源を利用し、社区（村）「養老食卓（高齢者食堂）」を開設する。約三年間で全市の設置条件を備えている社区（村）に「養老食卓」を設置し、高齢者（障害者）に食事サービスを提供する。

④社区サービスセンターや住民の空き家などを利用し、社区（村）託老（障害者）所を設置する。約三年間で託老所を全市の社区（村）に普及させる。

⑤「居家服務養老（助残）員」を募集する。「四〇五〇人員（四十代・五十代の者）」など就職困難者を優先的に採用し、公益的ポストに就かせる。「居家服務養老（助残）員」は、独居高齢者や重度障

害者への訪問・在宅サービスのニーズ調査、「養老券」の配付・回収・決算などを担当する。
⑥各街道（郷鎮）に福祉車両を一台配置し、高齢者・障害者が社会活動に参加する際に使用する。
⑦養老（障害者支援）メンタルケアサービスを実施する。心理カウンセラーが、社区ホットライン「96156」を通して、電話・訪問カウンセリングなどのサービスを提供する。また、社区（村）のボランティアなどを動員し、さまざまな方式を通して高齢者（障害者）にメンタルケアサービスを行う。
⑧本人の希望により、高齢者・障害者の住宅のバリアフリー改修を行うことができる。
⑨六五歳以上の高齢者と一六～六四歳の重度障害者は、本人の希望により、電話・メール・緊急通報（ボタン一つで警察や救急センター、家族に直通する）などの機能を備える電子端末機器を購入することができる。政府は一定程度端末機器の購入補助金を給付する。

## 第四節　「社区」調査

社区高齢者福祉サービスの現状と都市高齢者の生活の実態を明らかにするために、筆者は、二〇一四年三月と九月に、北京市の二ヶ所の社区にて、社区を管理する居民委員会の職員計四名と、社区在住の高齢者計八名に対して半構造化インタビュー調査を実施した。北京市の交通網は、都心を周回する二環（第二環状道路）、三環、四環、五環、六環、六環外より構成されている（図9-2）。調査地の選定は、社区の地理的場所、社区在住の高齢者の階層、社区福祉サービスの整備状況などに配慮し、二環と三環の間に位置するA社区（都市中心部）、五環と六環の間に位置するB社区（都市近郊）にした。調査地の概要は表9-2のとおりである。A社区の住民には、公務

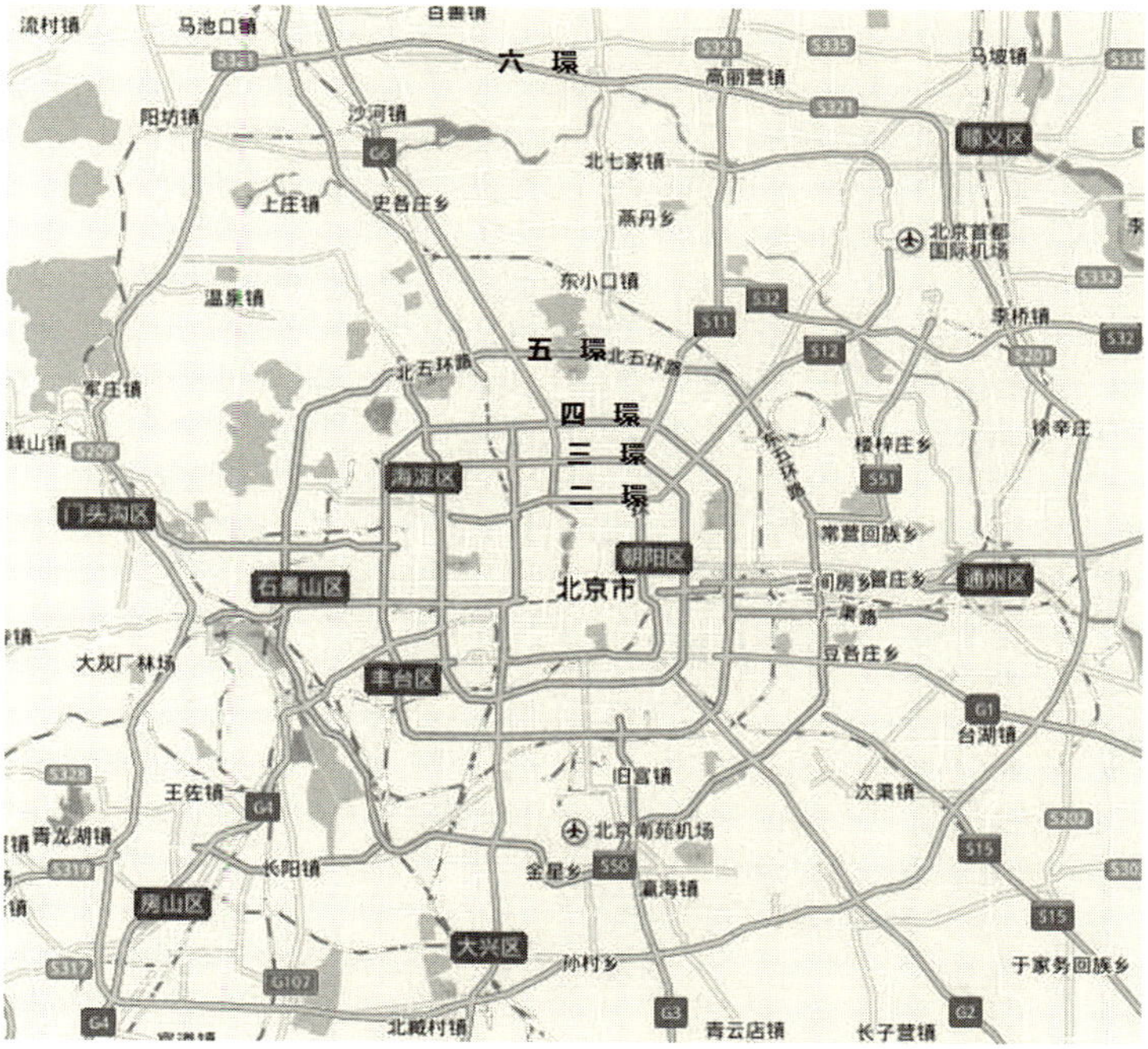


図 9-2　北京市の環状道路

出典）百度地図

表 9-2　調査地の概要

| 調査地 | A 社区 | B 社区 |
| --- | --- | --- |
| 位　置 | 二環と三環の間 | 五環と六環の間 |
| 面　積 | 0.11 km$^2$ | 0.55 km$^2$ |
| 人　口 | 常住人口：4,637 人<br>外来流動人口：400 人余り | 常住人口：10,000 人<br>外来流動人口：不明 |
| 地域と住民の特徴 | 公務員・国営企業勤務者が多い | 新興社区，他の区・地域からの移住者が多い |

員や国営企業勤務者が多く、社区内の部屋を部外者に賃貸しないのが原則であるため、流動人口は比較的少ない。B社区は二〇〇八年に設立された新興社区のため、他の区・地域から移り住んできた住民が多い。

A社区では居民委員会の副主任と委員一名、B社区では委員二名から話を聞き取った。主要な質問項目として、①社区の概況、②社区内施設の設置状況、③高齢者向け福祉サービスの実施状況、④社区福祉サービスを運営するうえでの問題点と課題、などの項目を設定した。また、A社区とB社区において社区在住の高齢者計八名に聞き取りを行った。高齢者に対する質問項目として、①経済状況、健康状況、②家族との交流、世代間援助、③友人・近隣との交流状況、④社区施設とサービスの利用状況・要望、⑤理想の「養老方式」(選択肢：「家庭養老」、「機構養老」、「社区居家養老」)と老後生活の計画、などの項目を設定した。高齢者の事例を記述するとき、A社区の事例をA1さん、A2さん……、B社区の事例をB1さん、B2さん……と表記する。

## 第五節　都市高齢者の生活実態

### 五-一　都市中心部A社区の事例

居民委員会の職員によると、A社区の高齢者は以下の三つの特徴がある。①退職した公務員や国営企業勤務者が多く、政府からの注目度が高い。②子どもがこの社区の住民で、他地域から呼び寄せられた高齢者も数多くいるようである。高齢者本人は農村出身で裕福ではないが、子どもは階層が高い。③子どもの海外勤務・移住により、「空の巣家庭」が多い。A社区でインタビューした高齢者四事例のうち、二事例は退職した公務員・国営企業の工員、二事例は呼び寄せられた外省農村出身の高齢者である。

北京市民政局は二〇〇九年一一月に「北京市市民在宅介護・障害者支援サービス〝九養〟政策」を通達し、利用条件を満たす高齢者にサービス券を給付する形で在宅介護サービスを実施することを決定した。この政策により、A社区は二〇〇九年から「在宅介護サービス」を始めた。社区は八〇歳以上の高齢者と六〇～七九歳の重度障害者に毎月一〇〇元の「養老券」を給付している。高齢者はこの券で「在宅介護サービス」の加盟事業者から各種のサービスを受けられる。調査時点でA社区は二三の事業者と連携し、高齢者に家政サービスや、配食、牛乳配達、理髪などのサービスを提供している(表9-3)。在宅介護サービスのほかに、A社区では、「老年乗車優遇カード」の発行や、高齢者向けパソコン教室の開催、共産党員ボランティアサービス隊の高齢者訪問活動なども行われている。ハード面の整備状況に関しては、社区内に社区食堂、室外の運動広場、「日間照料託老室(日間ケア託老室)」、社区活動室、社区衛生サービス・ステーションなどの施設が設置されている(写真9-1)。

**【事例1】A1さん、男性、六四歳、元工員**

A1さんは、三人家族で、妻と一人息子と一緒にA社区で暮らしている。妻は二歳年下で六二歳である。A1さんは北京市の都市戸籍で、若いときから定年までずっと同じ国営企業で工員として働いていた。結婚した当時、ちょうど中国が「一人っ子政策」を始めたため、子どもを一人しか作れなかった。息子は洋食のコックで、三五歳独身である。

一九七八年改革開放後、住宅分配制度の廃止や社会保障制度の改革など、中国独特の職場福祉「単位」制度が崩壊した。ただし、実力のある国営企業は今なおこの「単位」制を維持している。A1さんは、この「単位」福祉維持層の一人で、住宅分配制度が廃止される前に職場から住宅を分配された。その翌年に分配制度がなくなっ

表9-3 「在宅介護サービス」に加盟している事業者

| | 会社名 | サービス内容 |
|---|---|---|
| 1 | 北京亜運村清掃サービス有限会社 | 生活上のケア |
| 2 | 楽城老年事業投資有限会社 | 生活上のケア，医療保健 |
| 3 | 北京龍城麗華ファーストフード有限会社 | 配食サービス |
| 4 | 北京容大宏陽家政有限会社 | 生活上のケア，医療保健 |
| 5 | 北京百楽福家電修理センター | 修理 |
| 6 | 北京国興創業清掃サービス有限会社 | 修理 |
| 7 | 北京快手鍵修理部 | 修理 |
| 8 | 北京市T区S老年大学 | 文化教育 |
| 9 | S街道社区サービスセンター自管隊 | 家政サービス |
| 10 | 北京健将粥品飲食有限会社S支店 | 配食サービス |
| 11 | 北京典酷美容美髪加盟店 | 理髪 |
| 12 | 普蘭徳クリーニング | クリーニング |
| 13 | 北京望橋匯朋美容美髪センター | 理髪 |
| 14 | 北京小刁図文設計スタジオ | コピー，写真の現像 |
| 15 | 北京市T区H労務サービス部 | 修理 |
| 16 | 北京天使飛揚美容美髪センター | 理髪 |
| 17 | 北京三元食品株式有限会社 | 牛乳配達 |
| 18 | 北京易迅家政サービス有限会社 | 家政サービス |
| 19 | 北京香堤小厨飲食管理有限会社 | 飲食 |
| 20 | 北京暁咏原動力商貿有限会社 | 美容美髪 |
| 21 | 北京格林鑫盈百子湾クリーニング店 | クリーニング |
| 22 | 北京憶景図・写真社 | 撮影，入力，コピー |
| 23 | 北京張勇二足ケアサービスセンター | フットケア，足病治療 |

注）地名が特定されないよう，一部の事業者名に関しては仮名を使用。
出典）A社区居民委員会の職員が提供した資料をもとに作成。

た。同じ社区に「単位」の元同僚も住んでいるため、長年の付き合いのある友人との交流も頻繁である。夫婦二人で月に七〇〇〇元程度の年金を受給している。

A1さんは住宅を所有し、年金も充実しているため、特に経済的に困っていないが、典型的な一人っ子家庭である。子どもが一人しかいないというのは、自分を扶養してくれる人が少ないことを意味するため、子どもが一人しか作れなかったという事実に対して、A1さんは最初納得できなかった。しかし、「同年代の仲間たちも皆子どもが一人しかいないし、子どもが一人しかいなければ、相続争いの心配も、子どもの間でたらい回しにされる心配もない」ため、年をとるにつれ、この事実を

①居民委員会の入口

②社区内のマンション

③社区食堂（夜９時まで営業）

④運動広場

**写真 9-1　A 社区の様子**

出典）筆者撮影

受け止められるようになった。

息子は三五歳で、まだ結婚していない。A1さん夫婦は息子に早く結婚して孫を作ってほしいと思っている。なぜなら、A1さんと妻は、今はまだ六十代で健康状態が良いが、七〇歳を過ぎると、孫の面倒を見るのは体力的に難しくなるからである。その一方で、息子がまだ独身であるという事実に対して、A1さんは「今の若い人たちは、生活上のプレッシャーが大きく、大変だよ。だから晩婚化・晩産化が進んでいる」と理解も示している。今後の生活について、A1さんは、できるだけ息子に迷惑をかけず、老後の問題を自力で解決したいと思っている。

社区サービスの利用状況について、A1さんは、社区の運動広場でよく体を鍛えたりしているが、それ以外の施設と福祉サービスをほとんど利用していない。たとえば、北京市政府が政策の目玉として推進している「社区在宅介護サービス」について、A1さんはこの制度の利用対象者の範囲の狭さを指摘した。北京市政府の規定によると、「養老券」を受給できるのは八〇歳以上の高齢者と六〇～七九歳の重度障害者だけである。A1さんは六四歳であるため、このサービスは利用できない。

子どもの世話にならずに暮らしたいA1さんは、将来介護が必要になったら、「単位」の仲間たちと一緒に同じ養老院に入居したいと思っている。同じ職場で働いていた仲間と一緒にいれば、賑やかで寂しくない。A1さんと妻の年金額は月七〇〇〇元程度で、北京市の平均水準(1)を上回っているが、それでも養老院の入居費用が高いと感じている。A社区周辺の養老施設は、大体一人毎月七〇〇〇～八〇〇〇元かかる。A1さんは次のようなケースを聞いたことがある。ある社区の中に、一人の中年女性が普通の3LDKの住宅を養老院に改造して経営している。一つの部屋にベッドが二、三台置かれている。家賃や食費などすべての費用は、月に三〇〇〇～四〇〇〇元があれば足りるという。費用の安さと地域密着を理由に、A1さんはこのような「社区ミニ家庭養老院」

への入居を希望している。

【事例2】　A2さん、男性、六三歳、元公務員

A2さんは、妻と二人暮らしをしている。妻は元経理で、六一歳である。「一人っ子政策」の影響を受けて、子どもを一人しか作れなかった。一人娘は三三歳、高校の教員であり、夫と子ども（三歳）と北京市の他の区で暮らしている。

A2さん夫婦は、毎月約八〇〇〇元の年金を受給しており、都市部の医療保険にも加入しているため、経済的な心配はない。娘から支援を受ける必要がなく、逆に普段の生活の中で、家事や育児などで積極的に娘夫婦を手伝っている。孫が生まれたとき、A2さんの妻は、平日に娘の家に泊まり込んで孫の面倒を手伝って、週末にA2さんのところに戻るという生活パターンが一年間続いていた。現在、孫は幼稚園に通っているため、娘夫婦でその面倒を見ている。

社区における生活について、同じ社区に何名かの元同僚が住んでいるため、A2さんは、よく元同僚と一緒に散歩したり、将棋をさしたりしている。居民委員会が入っている建物の地下一階に社区食堂が設置されている。A2さん夫婦は料理をしたくないとき、ときどき社区食堂で食事を済ませている。毎日特価メニュー（八～一二元の単品料理）が出されており、出前サービスも行われているため、A社区の住民だけでなく、住民以外の利用者も多いようである。A2さん夫婦はときどき社区の食堂と運動広場を利用しているが、それ以外の社区施設を利用したことがない。「養老券」の制度は知っているが、年齢制限で利用の対象外となっている。

元公務員という仕事の関係もあって、A2さんは「民生問題」（国民の生活に関わる衣食住や社会保障、教育などの問題）に関心を持っている。A2さんの話によると、A社区で土木建築、清掃、園芸などを担当している人

はほとんど外省の「農民工（農村からの出稼ぎ労働者）」である。毎年、春節の時期になると、「農民工」の大半が帰省するため、北京市の人口は急激に減少してしまう。「農民工」がいないと都市部は成り立たないのに、彼らは給料が低く、老後の保障もない。Ａ2さんは、「自分のような都市高齢者は、農村高齢者に比べ優遇されているので、農民工などの老後問題を先に改善することが急務だ」と述べる。

老後の計画について、Ａ2さんは、今経済的にも健康的にも問題がないため、孫の顔を見に行ったり、元同僚と会ったりして、夫婦二人で老後を楽しく過ごしていきたいと思っている。将来、介護が必要になったら、「娘に迷惑をかけたくない」、「都市部で養老施設に入居する高齢者も増えているので、恥ずかしいことではない」と、夫婦二人で養老院への入居を考えている。

**【事例3】**　Ａ3さん、女性、六十代、元農民

Ａ3さんは、安徽省農村戸籍である。息子二人と娘二人がいる。長男と長女は二人とも四十代で、ずっと安徽省の農村部で農業を営んでいる。次男と次女は北京市の大学を卒業した後、そのまま北京市で就職した。次男は三九歳で、公務員である。次女は三六歳で、民間企業の会社員である。

Ａ3さんは、夫（六十代）と長男夫婦と一緒に安徽省の農村部で暮らしていたが、二年前に、次男の子どもの面倒を見るために、次男家族が居住しているA社区に移り住んできた。次男夫婦は共働きで、普段仕事が忙しいようである。孫は九歳で、小学校に通っている。Ａ3さんは、毎日孫の学校への送り迎えや次男家族の夕食の準備などをしている。次男夫婦が仕事から帰ったら、Ａ3さんは家事などから解放される。ほとんど毎日夕食後、外に出て散歩したり、運動広場で体を鍛えたりしている。

Ａ3さんは農村戸籍で、もともと年金に加入していなかったが、全国統一の「新型農村社会養老保険」の実施

により、現在は毎月六〇元を受給するようになった。若い農民は、任意で毎年一定の保険料を納付し、老後は自分の納付した保険料の金額に応じて年金が支給されるが、「新型農村社会養老保険」制度の実施時に、すでに満六〇歳以上になった農村高齢者は、保険料を納付する必要がなく、「基礎養老年金」を受給すると規定されている。Ａ３さん夫婦は、保険制度の実施時に、すでに六〇歳以上であったため、二人で毎月一二〇元の「基礎養老年金」を受給している。Ａ３さんが住んでいた村では、この制度がスタートしたとき、六〇歳以上の高齢者が受ける「基礎養老年金」は五五元であったが、近年六〇元に引き上げられた。無年金よりはいいが、一二〇元だけで老後の生活は成り立つわけがない。農産物の収益と子どもたちからの経済的支援が主な収入源となっている。Ａ３さんが北京にいた二年間の生活費や帰省時の電車代は、ほとんど次男夫婦が出している。

老後生活の計画として、Ａ３さんは、次男の子どもが中学校に上がったら安徽省の農村に戻りたいと思っている。長男と長女は二人とも農村部にいるため、将来は長男と長女に面倒を見てもらえる。また、今住んでいる社区より、村のほうが近所付き合いが多く、古い友人も多いため、寂しい思いをせずに暮らせるという。

**【事例４】Ａ４さん、女性、七十代、元農民**

Ａ４さんは、山西省農村戸籍である。夫(七十代)とずっと農業に従事していた。息子二人と娘三人がいる。長男はＡ４さん夫婦と同じ村で農業を営んでいる。同居していないが、近くに住んでいるため、Ａ４さん夫婦は長男家族との交流が頻繁である。次男は北京市の大学を卒業後、公務員として働いており、現在はＡ社区に居住している。長女、次女、三女は三人とも山西省の都市部に嫁いで定住している。

五人の子どもの中で、一番経済状況がいいのは次男である。Ａ４さんは、三年前に次男の子ども(一一歳)の面倒を見るために、山西省の農村部から上京してきた。現在は次男家族と同居している。毎日、孫の放課後の見守りや家の掃除、食事の準備など、家事全般を担っている。Ａ４さんは、次男家族の手助けになれたことに喜びを感じている。半ば冗談で自分のことを「無料の家政婦」とたとえている。夫は農村部で一人暮らしをしている。足腰が弱くなってすでに農業ができなくなったが、日常生活に支障がなく、食事や掃除などは自分でやっている。長男が一～二日に一回程度夫の様子を見に行っているため、Ａ４さんは北京市で安心して暮らせる。

Ａ４さん夫婦は、農村部の年金制度である「新型農村社会養老保険」の実施により、年金を受給するようになったが、老夫婦二人の年金額は一二〇元しかなく、子どもたちからの経済的援助を必要としている。次男は、北京市の大学への進学をきっかけに地元を離れ、普段Ａ４さん夫婦の世話ができないが、定期的に仕送りをしている。長男は収入が低く、Ａ４さん夫婦に生活費を与える余裕がないが、日常的にご飯を届けに行ったり、見守ったりすることを通して、「親孝行」をしている。三人の娘は年に数回不定期的に食べ物やお金（お小遣い）を持ってＡ４さんに会いに行く。

理想の「養老方式」として、Ａ４さんは、「家庭養老」を望んでいる。まず、「施設養老」について、都市部では、たしかに養老院に入る高齢者が少しずつ増えてきているが、農村部では、やはり家族扶養が伝統的な習慣であり、子どもがいるのに養老院に入ると笑われるという。また、今住んでいる社区の「在宅介護サービス」について、Ａ４さんは聞いたことがあるが、利用したことがない。「『社区在宅介護サービス』とは何か、その概念と内容がよくわからない」。Ａ４さんは「家政婦を紹介してもらうサービス」と解釈し、漠然としたイメージしか持っていない。そのため、「社区居家養老」はＡ４さんにとってそもそも「養老方式」の選択肢になっていない。

老後生活の計画として、Ａ４さんは農村部に戻りたいと思っている。その理由として、次の三つが挙げられた。①夫が村で一人暮らしをしているため、将来的には戻らないといけない。②次男夫婦は共働きで忙しいため、自分の介護のことで次男に負担をかけたくない。③北京市での生活が便利であるが、やはり長年住み続けた村のほうが古い友人が多く、落ち着く。

## 五‐二　都市郊外Ｂ社区の事例

Ｂ社区は、北京市の第五環状道路と第六環状道路の間に位置し、三つの住宅団地を管轄する広い社区である。このエリアは昔近くにある村の農地であった。都市開発のため、農地が政府に収用され、農地であったところに新しいマンションが建てられた。二〇〇八年に新築マンション群がＢ社区として設立され、他の区・地域から多くの人が移り住んできた。郊外の新興社区のため、北京市中心部にあるＡ社区のような社区食堂や衛生サービス・ステーションはないが、運動遊具・広場、多目的室（図書室兼電子閲覧室）、住民活動室などの施設が設置されている（写真９‐２）。Ｂ社区も北京市政府の政策により、八〇歳以上の高齢者と六〇～七九歳の重度障害者に毎月一〇〇元の「養老券」を交付している。また、九〇歳以上の高齢者手当て（月額一〇〇元）の給付や、「空の巣家庭」の緊急通報ボタンの設置、高齢者向けの各種教室の開催などのサービスも提供されている。

【事例５】Ｂ１さん、女性、八一歳、元工員

Ｂ１さんは夫とＢ社区で二人暮しをしている。夫は八三歳で、夫婦二人とも同じ製薬会社で工員として働いていた。息子一人、娘二人を持っている。Ｂ社区は新興社区のため、その周辺にはデパートや娯楽施設が少ない。子どもたちは郊外の社区が不便だと思って、北京市中心部に住んでいる。Ｂ１さん夫婦は静かなところが好きで、Ｂ社区に引越ししてきた。子どもたちは仕事が忙しいが、時間があれば、週末によく会いに来る。老夫婦二人は毎月五〇〇〇元余りの年金を受給している。都市企業従業員医療保険も適用されているため、経済的な心配はな

①居民委員会の入口

②社区内のマンション

③休憩広場

④住民活動室

写真 9-2　社区Ｂの様子

出典）筆者撮影

い。夫は健康状態が悪く外出を控えているが、B1さんは健康維持のために、ほとんど毎日マンションの一階の外で簡単な体操をしている。B1さんは足腰が弱くなってきているが、特に大きな病気はなく、夫の世話や家事などは全部一人でやっている。

社区では合唱やダンスなどの文化・教育活動が行われているが、参加メンバーがある程度固定しており、B1さんは参加したことがない。また、社区の「養老券」について、B1さんは「ないよりましであるが、大きな金額ではない」と述べた。毎月一〇〇元の養老券で、どのぐらいのサービスを購入できるか。北京市民政局が発表した在宅介護サービスの値段によると、たとえば、高齢者食事サービスは朝食五元、昼食一五元、夕食一二元、家政サービスは一五~二〇元／一時間、入浴の介助は四〇元／一回となっている。毎月一〇〇元の養老券は、これらのサービスに対する購買力が高くないことは自明である。

今後の生活の計画に関しては、介護が必要になったら、家政婦を雇えば子どもたちに負担をかけずにすむが、家政婦の質は信頼できないため、利用したくない。たとえば、子どもが会いに来るとき、家政婦は「若い人に見られている」と意識して、まじめに働くが、子どもが帰って老夫婦だけ残ると、家政婦は家事などに手を抜くかもしれない。将来は子どもに面倒を見てもらうか、それとも養老施設に入るか、まだ決めていないが、できれば子どもたちに迷惑をかけたくないと思っている。

**【事例6】** B2さん、男性、八〇歳、元バス運転手

B2さんは、妻と三年半前にB社区に引越ししてきた。一人息子に先立たれ、妻と二人暮らしをしている。北京市の都市戸籍で、元バス運転手である。妻は同じバス会社の元券売員である。B2さんは片目が不自由で、妻も心臓病を患っている。夫婦二人で月に六〇〇〇元程度の年金を受給している。B2さんが結婚したとき、中国

では「一人っ子政策」はまだ実施されておらず、子どもを複数産んでもかまわない時代であったが、仕事が忙しく、子どもを一人しか作れなかった。Ｂ２さんが担当していた路線の一番早いバスが朝五時であったため、いつも三時に起きて家の前で通勤バスを待っていた。最終バスも遅いため、帰宅も遅かった。当時は早番と遅番の交代勤務で、生活が大変であった。一人息子に先立たれたＢ２さんは「今考えてみれば、三人の子どもがいれば一番よかったのに、私は当時一人しか作らなかった。一人息子をなくして、妻と二人ぼっちになってしまった」と後悔している。

Ｂ２さん夫婦は子どもがいないため、現在養老金の約半分に相当する月額三〇〇〇元で家政婦を雇って家事などを手伝ってもらっている。家政婦は基本的に通いで働いているが、状況に応じて住み込みの場合もある。家政婦の給料を払っても、老夫婦二人の手元にまだ三〇〇〇元ぐらいが残っている。また、都市企業従業員基本医療保険も適用されており、指定された病院に行けば、自己負担は一割ですむため、Ｂ２さんと妻は特に経済的に困っていない。しかし、夫婦二人とも健康状態が悪く、日常生活で困っていることが多い。たとえば、Ｂ２さんは片目が不自由で、マンションのエレベーターに入っても、ボタンがよく見えない、家の鍵を開けたくても、鍵穴がよく見えないなど、生活上いろいろ不便である。このようなことで困っているとき、よく手伝ってくれているのは同じ階に住んでいる友人（七四歳、女）である。Ｂ２さんは、「いつもお隣さんに感謝している」と話した。また、実質的サポートだけでなく、同じ社区の同年代の友人とのコミュニケーションはＢ２さんにとって日常生活の一部となり、情緒的サポートの役割を果たしている。Ｂ２さんと同じ社区の同年代の友人たちは、約束しなくとも自然にほぼ毎日広場に集まる。犬の散歩がてら来る人もいれば、Ｂ２さんのように他の人と話したくて、来る人もいる。妻は心臓病を患って外出を控えているが、Ｂ２さんはいつもこの広場に来て、皆と話し合う。家に帰ると、その日に見聞きした面白いことを妻に教える。

今後の生活設計については、これまで築いてきた友人関係を失いたくないため、B2さんはできれば今の社区に住み続けることを希望している。社区福祉サービス利用状況を見ると、B2さんは毎月社区から一〇〇元の「養老券」をもらって、ありがたいと思っているが、それ以外の社区サービスをほとんど利用していない。B2さんは、社区福祉のよさを肯定する一方、「今の『社区養老』は、ほとんどがモデル事業で、全北京市には数ヶ所しかない」と、社区福祉の普及率の低さも指摘した。数年後、在宅生活が難しくなる可能性が高いため、老夫婦二人は養老施設への入居も視野に入れて考えている。

**【事例7】** B3さん、女性、六九歳、元工員

B3さんは、夫と死別した。息子一人と娘二人がいる。昔は農業に従事していたが、計画経済時代に国家建設のため、農地が政府に収用された。当時は「農転工」という政策により、職業身分が農民から工員に転換し、戸籍も農村戸籍から都市戸籍に変更した。工員になってから、大型バスを手入れする仕事をしていた。今は退職して、毎月二〇〇〇元程度の年金を受給している。

B3さんはずっと末っ子の長男と同居している。昔は北京市の第四環状道路と第五環状道路の間にあるG地区に住んでいたが、地区内の古家が取り壊され、マンションに建て替えられることとなったため、B3さんは長男家族(長男、嫁、孫)と一緒にB社区に引越ししてきた。仮住まいとして、B社区でマンションを借りて暮らしている。G地区の新築マンションが完成したら、そこに戻って入居する予定である。

長男は工場の技術工員で、嫁はスーパーの販売員である。夕食の準備はいつもB3さんがしている。B3さんは年金を受給しているが、長男と同居しているため、生活費がほとんどかからない。毎月三〇〇〇元の家賃も、普段の食費などもすべて長男が負担している。孫は大学一年生で、平日は大学の寮に住んでおり、週末しか家に

帰ってこない。長男夫婦も共働きのため、平日の昼間には、いつもＢ３さん一人だけが家にいる。寂しくならないように、ほとんど毎日日課のように社区の広場に出て同年代の友達とおしゃべりしたり、運動遊具で体を鍛えたりしている。

今後の生活の計画として、Ｂ３さんはずっと長男と一緒に暮らしたいと思っている。養老施設が好きではない。建物は立派でも介護職員の態度もサービスの質もいいとは限らない。養老院は子どもに養ってもらえないときの最後の手段だという。長女と次女も北京市のほかの区に住んでいるため、介護が必要になったら、子どもたちに面倒を見てもらうつもりである。

**【事例８】Ｂ４さん、女性、七四歳、元経理**

Ｂ４さんは夫とＢ社区で二人暮しをしている。夫は七七歳、夫婦二人とも元経理である。Ｂ４さんは昔北京市地下鉄５号線付近に住んでいたが、５号線の建設のため、Ｂ社区に引越ししてきた。地下鉄建設のために移転した住民に対して、政府は柔軟な政策を取っている。５号線付近に住み続けたい住民は、地下鉄建設工事終了後に元の家に戻れる。５号線付近に住みたくない住民は、元の家を手放すことになるが、そのかわりに政府から一定額の補償金が支給され、市場価格より安い値段でマンションの購入もできる。Ｂ４さんは元の家に戻りたくなかったため、政府から移転補償金を受け、七五〇〇元／平方メートルの価格でＢ社区のマンションを購入した。

Ｂ４さんは、息子二人、娘一人を持っている。週末に子どもたちはよく会いに来る。Ｂ４さんは「息子、娘だけでなく、孫たちも孝行な子だよ」と何度もほめた。一番下の孫はインターンシップ中で給料が少ないにもかかわらず、祖母孝行したいといって、給料の一部をＢ４さんにくれた。老夫婦二人は毎月五〇〇〇元余りの年金を受給しており、都市企業従業員医療保険も適用されているため、経済的には困っていない。政府からもらった移転補償金の使い方について、Ｂ４さん夫婦はこのお金の一部を老後の資金に充てているが、残りはすべて子どもたちに与えた。

Ｂ社区には他の区・地域から移住してきた住民が多く、Ｂ４さんもその移住者の一人である。Ｂ４さんにとって、社区にはもともと何の友人関係もなかったが、移住してから、社区の高齢者と新たな近隣・友人関係を築いている。Ｂ４さんはほとんど毎日社区の広場に出て同年代の友人たちと会話をしている。社区福祉の実施状況について、Ｂ４さんは社区施設の遊休化問題を指摘した。住民活動室は開設当時、ダンスや合唱など、さまざまな活動が行われており、利用者が多かったが、今では利用者の姿はほとんど見られない。施設遊休化の原因の一つとして、バリアフリーへの配慮不足が挙げられている。活動室は半地下室で、足腰の弱い高齢者にとって利用しにくいという。

老夫婦は自立志向が高く、今後の生活の計画として、元気なうちはできるだけ子どもたちに迷惑をかけずに、夫と今の社区で暮らし続けたいと思っている。養老施設のサービスの質がまだ高くないため、Ｂ４さんは養老施設への入居に抵抗感を持っている。「養老院のヘルパーさんは、誠心誠意介護してくれるとは思わない。子どもが三人もいるし、やはり子どもに面倒を見てもらったほうが安心だ」と家族介護を希望している。長女は今年五四歳で、すでに退職している。長女は時間的に余裕があるため、Ｂ４さん夫婦の面倒を見ると約束したそうである。

# 第六節　都市高齢者をめぐる支援構造と福祉課題

## 六―一　都市高齢者と各福祉資源

高齢者の経済状況を見ると、本章で取り上げた六名の都市戸籍の高齢者と、二名の農村戸籍の呼び寄せ高齢者が対照的な事例となっている。農村戸籍の高齢者は、毎月六〇元の農村部年金しか受給していないため、子どもから経済的援助を受けている。それに対して、六名の都市高齢者は手厚い都市部年金（一名につき約二〇〇〇～四〇〇〇元）を享受しており、子どもから経済的支援を受ける必要がなく、意識面でも行動面でも自立志向が高い。

都市部の年金制度の充実によって、都市高齢者は、老後の経済的扶養については、子どもへの期待が弱まっているが、介護についてはそうではない。経済的に子どもに頼っていなくても、介護が必要になったときには、やはり「子どもに面倒を見てもらいたい」と思っている。ただし、本章で紹介した事例に限っていえば、子どもに介護を頼るかどうかは子ども数に大きく影響されているといえる。たとえば、三人の子どもを持つＢ４さんは、子どもによる介護を希望している。Ｂ４さんにとって子どもが多いことと、長女が退職し時間的に余裕が出たことは、家族介護を可能にしている。それに対して、一人っ子しかいないＡ１さんとＡ２さんは、養老施設への入居を希望している。「施設養老」を選んでいるのは、「子どもに迷惑をかけたくない」という主観的な理由のほかに、「子どもが一人しかいなく、頼れない」という客観的な制約もあるからである。一人っ子家庭の高齢者は、複数の子どもを持つ高齢者より社会的サービスに対するニーズが高いといえる。

家族以外の介護の担い手として、政府は民間の養老施設と社区に期待を寄せているが、実際に、養老施設と社区サービスは期待どおりの役割を果たしているのだろうか。

まず、養老施設は、一部の公的施設を除き、ほとんど市場メカニズムによって運営されており、施設の入居料金は高齢者の年金額をはるかに上回る水準に設定されているため、高齢者は入居料金の問題に直面している。たとえば、施設への入居を希望する一人っ子家庭の高齢者Ａ１さんは、年金額が北京市の平均水準を上回っているが、年金で毎月の施設費を賄うことができない。養老施設の料金の高さのほかに、介護職員の質の問題も指摘されている。現在、中国では介護はいまだ専門職として確立しておらず、一般的に農村からの出稼ぎ労働者や失業した中年女性によって担われている。介護職員の質の問題も、高齢者が養老施設への入居を敬遠する理由の一つとなっている。

次に、社区の役割を見てみる。都市高齢者は六名とも家族以外の介護の担い手として、社区を選択しなかった。社区施設の遊休化や「養老券」の購買力の低さ[2]、社区サービスの普及率の低さなど、社区福祉の問題点が指摘されている。すなわち、社区は介護・福祉サービスの供給主体には十分になりえておらず、「社区在宅養老」は今なお養老方式の一パターンとして定着していない。

社区福祉が登場する以前から、国営企業を中心とする「単位」では定年退職者のための文化・娯楽施設の整備が重視されてきたため、現在多くの社区は、「単位」のこの伝統を引き継いで高齢者の生きがいづくりへの支援に力を入れている（賈 二〇〇二：九一）。Ａ社区とＢ社区に運動広場や住民活動室が設置されていることがこの点を証明している。しかし、生きがいづくりへの支援に比べ、介護やホームヘルプサービスの整備があまり進んでおらず、制度があっても実施・利用に至っていない場合が多い。国営企業勤務者や公務員が多く居住する都市中心部のＡ社区には、日間ケア託老室が設置されているが、住民活動室と同じ部屋を共有しており、医療・介護系の人員が配置されていない。郊外にあるB社区には、そもそも日間ケア託老室や社区衛生サービス・ステーションが設置されていない。ハードとソフトの両面において、社区介護・福祉サービスは今なお低い水準にとどまっている。

一方、人間関係に着目すると、社区には他のセクターにはない強みが備わっている。急激な都市化の只中にある中国では、近年、都市部での大規模な団地開発に伴い、近隣関係や人間関係が希薄化してきているが、今回の調査から、社区高齢者の間である程度の近隣・友人関係や伝統的な相互扶助が依然として存在していることが確認できた。A1さんとA2さんの場合、計画経済期の「単位」制度から受けた影響が大きい。社区に同じ「単位」の元同僚が多く居住しているため、近隣には古い友人が多い。それに対して、新興のB社区に移住した高齢者は、引っ越ししてから新たな近隣・友人関係を築いている。同年代の仲間との日常的交流は、高齢者にとって精神的サポートの役割を果たしている。

## 六-二　都市高齢者の福祉課題

少子高齢化が進行する中で、家族が果たしていた老親扶養機能が弱体化を見せており、都市高齢者の扶養・介護を家族の内外でどのように担っていくのかが中国にとって大きな課題である。「社会福祉の社会化」の方針のもとで、政府は福祉の「供給者(provider)」から「管理者(regulator)」への転身(李　二〇〇五：三四一)を図っており、家族だけでは対応しきれない部分を、社区や市場、社会団体などの力で補完しようとしている。しかし、現状では、「社会化」といわれるわりには、社区福祉をはじめとする社会的サービスが十分に整備されていない。高齢者は家族内で介護資源の調達が困難な場合、市場というセクターに支援を求めざるを得ない。

中国では、現在の七十代、八十代といった高齢者世代は、「一人っ子政策」の影響を受けておらず、子ども数の多い世代である。本章で取り上げた複数の子どもを持つ高齢者の事例で見られたように、社会的サービスが十分に整備されていなくても、子どもに頼れるため、フィードバック型扶養スタイルは成り立ち、高齢者の介護の問題がある程度緩和されている。しかし、「『未富先老』のため社会保障が未整備なまま高齢化社会に突入した中国社会は、『家庭扶養』という伝統によって急場を凌いでいるが、『一人っ子政策』の帰結として、伝統を支える条件は早晩失われようとしている」（周・落合　二〇〇七：一四〇）。一人っ子世代が家族形成の中心になり始めている都市部では、現在の六十代前半以下の高齢者にとって、一定数の子どもを前提として成立するフィードバック型扶養スタイルが困難となり、家族以外の担い手による支援に対するニーズが高まると思われる。本章で紹介した一人っ子家庭の高齢者の事例がこのような実態を物語っている。一人っ子第一世代が親の扶養義務を引き受け始めている現在、高齢者の自立扶養・介護を支援するという意味からも、家族扶養・介護を補助するという意味からも、公的福祉と国の価格統制による準市場的な福祉サービス供給体系の整備が求められる。

（１）　筆者が社区調査を実施したのは二〇一四年である。ここで北京市高齢者養老金の平均水準を見るために、二〇一三年の養老金データを参考にした。北京市人力資源・社会保障局が発表したデータによると、北京市二〇一三年企業退職者養老金の平均水準は一人当たり月額二七七三元である（「二〇一三年北京市企業退職者養老金一人当たり月額二六〇元増、企業基本養老金調整額史上最高」、北京市政府ホームページより）。

（２）　北京市の四つの社区を対象に「養老券」の利用状況を調査した関（二〇一一）は、養老券は「符号政策（Symbolic Policy）」としての性格を有していると指摘する。すなわち、養老券は政策の有効性よりも、政府が高齢者事業に高い関心を払っている証拠としての意味合いが強い。

# 第一〇章　農村失地高齢者の生活実態と福祉課題

## 第一節　「二元構造」と「失地農民」

中国では、都市・農村の「二元構造」のために、公的年金・医療をはじめとする社会保障制度が分断されている。都市部では、建国後の早い時期から、都市住民を優先した社会保障制度が実施されている。比較的充実した社会保障のほかに、「社区服務（地域福祉）」の整備も進められている。他方、農村部では、土地の付与が最大の保障という基本方針があったため、社会保障がほとんど整備されてこなかった。「新型農村合作医療」と「新型農村社会養老保険」が施行されているが、給付水準が低い。農民にとって依然として生活保障の主体は農地であり、農村高齢者は家族扶養・介護を中心としている。

そもそも社会保障・福祉サービスが手薄い農村部であるが、近年、生活の最後のよりどころである農地を失った「失地農民」が出現し始めている。二〇一一年の『中国城市発展報告』によると、失地農民は、すでに四〇〇

①高層ビルが立ち並ぶ北京市のCBD商圏

②渋滞する北京駅前

**写真 10-1　都市化が急進する北京市**

出典）筆者撮影

〇万～五〇〇〇万人に達しており、さらに毎年三〇〇万人のペースで増加している。そうした失地農民の六割が生活困難に直面しているという。失地農民を出現させた第一の原因は、工業化と都市化の進展である。都市化の発展は、一般的に次の三つの段階に分けられる（孟　二〇一二）。①都市人口比率が一〇％以下の初期段階、②三〇％から七〇％までの加速段階、③七〇％を超えた成熟段階、である。二〇一一年に中国の都市化率は五一・二七％に達しており、都市人口が初めて農村人口を超えている。二〇一五年には都市化率は五六・一〇％にまで上昇し、まさに都市化の加速段階にある。

ところで、都市化率が一％上昇すると、四一万ヘクタールの農地が減少するという試算がある。急速な工業化と都市化の中、失地農民は増加の一途をたどり、二〇二〇年にその総数は一億人を超えると予測されている（柳　二〇一二：一二七）。失地農民は土地を失って、農業ができないため、職業身分としてすでに「農民」とは呼べない。しかし、失地農民の多くはいまだ都市部の社会保障システムに包摂されていないため、「都市住民」でもない。彼らは、農村戸籍のまま都市住民と同等の権利を受けられない「第三の身分」である。政府は、失地農民に対して、土地収用補償金や年金、医療などの補償政策を制定しているが、補償水準が低く、失地農民の多くは依然として「無地、無職、無保障」（劉・陳　二〇一〇：二二）の三無状態のままである。近年、土地収用に起因するトラブルや、農民による「信訪」（上級政府への陳情、直訴）が急増しており、社会の不安を増大させる不安要素の一つとなっている。都市発展のために土地を返上した失地農民の生活を、どのように守っていくかが重大な課題となっている。

そこで本章では、土地収用に伴う農民の生活問題の中で、養老問題に着目する。なぜ失地農民の養老問題に焦点を当てるのか、以下の三点を挙げたい。第一に、若年・中年層の失地農民は、農地を失ってもまだ農業以外の仕事に就く可能性があるが、高齢の失地農民は、再就職の見込みがなく、生活上の困難に晒されやすい状況に置かれている。第二に、長期的な観点で見ると、現在の若年・中年失地農民は、いずれ高齢になって養老問題と向き合わないといけないため、将来を見据えてこの問題に対処していく必要がある。第三に、都市化の進行に伴って、農地を手放す農民がさらに増加すると予測されている。現在すでに大都市郊外農村部で生じている失地高齢者の養老問題を分析することは、今後の農村部の養老問題と失地農民問題への対応策を考えるうえで極めて重要な意味を持つと考えられる。

## 第二節　「失地農民」出現の経緯と各種補償策

### 二-一　土地政策の変遷と「失地農民」の出現

「失地農民」とは、何らかの原因で農地を失った農民のことを意味する。農民が農地を手放す要因には自発的なものと非自発的なものがある（孫継栄　二〇一〇）。自ら農業以外の職業に転職したり、都市部に移住したりすることによって土地を放棄したのは前者であり、都市開発の進展につれ、地方政府や開発業者によって半ば強制的に土地を収用されたのは後者である。本書の分析対象となるのは後者の非自発的な失地農民である。

失地農民出現の経緯を説明するために、中国の土地政策に言及しなければならない。一九五〇年代末から一九七〇年代末まで、人民公社が農村を管理する末端権力組織であり、共同生産・共同分配体制が確立した。しかし、一九七八年一二月に改革開放政策の実施が決定され、計画経済時代に終止符が打たれた。人民公社が崩壊し、「家族聯産承包責任制」と呼ばれる農家ごとの生産請負制が導入された。

上記のように、新中国成立後の土地政策は、「人民公社時代の集団所有・集団経営」から「改革解放後の集団所有・各農家経営」へと転換した。農地の所有権は、あくまでも集団にあるが、一九八〇年代初頭の農村改革により、農民は、土地を居住地・農地として使用する権利が与えられるようになった。しかし、一九九〇年代から中国各地で開発区ブームが始まり、大都市およびその周辺農村部は、急激な工業化・都市化の波に見舞われた。地方政府は、農民から土地を安く買い取り、高値で土地使用側に売却することで、大きな利益を得ている。多くの農民の土地は、集団所有という形で収用され、マンション建設用地や商工業用地に転用されることが多くなった。土地使用権の賃貸と売買は、地方政府や村集団にとって、経済発展をもたらす手段の一つとなっている。鄧・上野（二〇〇七）の言葉を借りていえば、農民は一度土地使用権を獲得したが、工業開発・都市開発の進行の中で、土地使用権の返上を余儀なくされている。

## 二–二　「失地農民」に対する補償策の類型

中国人の身分はもともと「都市住民」と「農民」の二種類しか存在しなかったが、近年、従来の「二元構造」では語りきれない農地を失った農民が急増し、いわゆる「失地農民」問題が大きな社会問題となっている。これに対して、政府は就職の斡旋や補償金の支給、年金・医療を中心とする社会保障の整備などの補償政策を講じてきた。

「中華人民共和国土地管理法」の第四七条では、「農地収用時の補償費には、土地補償費、生活安定補償費、地上の付着物・未収穫作物補償費が含まれる」と規定している。補償基準は、「土地補償費は、当該農地の被収用前三年間の平均年産額の六～一〇倍、生活安定補償費は、一人につき当該農地の被収用前三年間の平均年産額の四～六倍である。地上の付着物・未収穫作物の補償は、省・自治区・直轄市の規定に基づく」となっている。補償費の中で、トラブルが多発しているのは、補償費に占める割合が最も高い土地補償費である。土地補償費は、農地の所有主体である集団に帰属するものとされてきた。しかし、一部の地域で、集団を代表する末端行政組織やその幹部らは、土地補償費を集団管理・運用という名目で私的に流用するケースも見られる。本来集団の一員である農民は、土地補償費と土地がもたらした利益は自分たちにも帰属すべきと、末端組織や幹部らとの対立が深まっている（秦　二〇〇五）。

失地農民補償策の中で、最も伝統的なやり方は「就業補償」である。「就業補償」は、計画経済時代の産物であり、都市化水準が高くない時代に実施された補償策である。政府は、失地農民を集団・国有企業に就業させることを通して、農民の生活問題を解決する。しかし、失地農民の教育水準が低く、専門的技能も欠けているため、

表10-1　失地農民社会保障モデルの比較

| 名称 | 意味 | 代表 | 補償内容 |
|---|---|---|---|
| 「城保」 | 農民を都市社会保障システムに組み入れる | 成都モデル | 城鎮企業従業員基本養老保険，基本医療保険，失業保険，労災保険，出産保険；就業補助金 |
| 「農保」 | 農民を農村社会保障システムに組み入れる | 青島モデル | 農村基本養老保険 |
| 「鎮保」 | 「城保」と「農保」の中間に位置づける | 上海モデル | 鎮の基本養老保険，基本医療保険，失業保険，労災保険，出産保険；補充社会保険 |
| 「商保」 | 養老保険の運営と管理を保険会社に委託する | 重慶モデル | 商業養老保険 |

注）中国語の「城」は都市部を意味する。「鎮」は，農村部の中で比較的商工業が発達している町である。

出典）王・裴(2012)および成都市，青島市，上海市，重慶市の失地農民補償策に関する法規定[1]を参考に，筆者作成。

工業化・都市化の進展に伴い、現代企業が労働者に要求する質に応じられなくなり、「就業補償」が次第にうまく機能しなくなった。このため、政府の補償策の方向は「就業補償」から「金銭補償」に転じた。政府は失地農民に一回限り、あるいは分割で一定の補償金を支給し、農民の就業や生活には関与しないという方針をとっている。「金銭補償」は政府と土地使用側にとって一番コストが低く、手間もかからないやり方である。「金銭補償」は、短期的に見れば、失地農民の生活水準の向上に貢献できるが、実際に土地が有する社会保障の機能や農民の長期的な利益を無視している。補償金はいつか使い切られるため、失地農民が再び生活難に陥る可能性が高い。この補償方式では、失地後の就職や社会保障などの問題を根本から解決できない。このような背景のもと、近年、新しい補償策が模索されている。「以地換保（土地を以って社会保障と交換する）」、いわゆる「社会保険補償」という方式が次第に多くなってきている。中国は地域差が大きいため、失地農民に対して、地域によって、それぞれ異なる社会保障制度が実施されているが、大きく分けて、「城保」、「農保」、「鎮保」、「商保」の四つの形式がある（王・裴　二〇一二）。各形式の代表モデルと補償内容について、表10-1にまとめた。

「城保」：城鎮社会保険方式

失地農民を都市社会保障システムに組み入れる方式である。四川省成都市のモデルが代表的である。失地農民の年齢によって、異なる補償策が適用される。退職年齢に達した者に、都市社会保障の最低水準の待遇を与え、労働年齢層の失地農民に、都市での再就職と、都市社会保障システムへの加入を促進する。具体的には、六〇歳以上の男性と五〇歳以上の女性に対して、土地徴収部門は一括で一定年数の基本養老保険費と入院医療保険費を納付する。該当する者は、成都市城鎮企業退職者の最低基本養老金(戸籍が市内五区とハイテクパークの者に適用)、あるいは城鎮企業退職者の最低基本養老金の七〇％(戸籍が上記区域以外の者に適用)の受給と、城鎮企業従業員入院医療保険の待遇を享受できる。四〇～六〇歳未満の男性と三〇～五〇歳未満の女性に対して、土地徴収部門は、一括で一定年数の基本養老保険費と基本医療保険費を納付し、同時に、年齢によってそれぞれ六〇〇〇元、八〇〇〇元の就業補助金を支給する。該当する者は、自ら就職し、雇用先と一緒に城鎮企業従業員基本養老保険、基本医療保険、失業保険、労災保険、出産保険などに加入する。保険料を一五年以上納付すれば、退職後(男性六〇歳、女性五〇歳)は城鎮企業従業員同様の待遇を享受できる。一八歳～四〇歳未満の男性と一八歳～三〇歳未満の女性に対して、土地徴収部門は、一人当たり二万元の就業補助費を給付する。該当する者は、自ら就職し、雇用先と一緒に保険料を納付すれば、都市の社会保障システムに加入できる。一八歳未満の者に対して、その保護者に一括で生活補助費一万元を支給する。

「農保」：農村社会保険方式

失地農民を農村社会保障システムに組み入れる方式である。山東省青島市のモデルが代表的である。「農保」は養老保険を中心としており、保険加入者は一八歳以上の失地農民で、ただし学生と城鎮企業従業員基本養老保険加入者を除く。保険料納付の基数(計算の基準となる数値)は、青島市前年度の農民平均純収入に基づく。保険料の負担率に関しては、個人と集団の合計が一二%以上、市と鎮の補助の合計が四%以上でなければならない。財源に関しては、失地農民の生活安定補償費は個人納付に、土地補償費など集団所有の土地から生じた収益は集団納付に、優先的に使用しなければならない。鎮の財政補助は土地の収益と財政収入から、市の財政補助は社会保険備蓄金から支出される。納付期間は加入者の年齢によって決められる。保険加入時に、受給年齢(男性が六〇歳、女性が五五歳)に達していない失地農民は、最低でも一五年間の保険料を一括で納付する。保険加入時に受給年齢に達した失地農民は、市の規定で定められた年数の保険料を一括で納付する。退職後の基本養老金の待遇は、農村最低生活保障水準より低くなってはいけない。

### 「鎮保」:鎮社会保険方式

二〇〇三年一〇月に、上海市人力資源・社会保障局は「上海市小城鎮社会保険暫行弁法」を公布し、「『城保』を整ったものにし、『鎮保』を推進し、『農保』を少しずつ離れる」という発展戦略を発表した。「鎮保」は、都市社会保障システムと農村社会保障システムの中間に位置づけられる社会保障制度である。「鎮保」は、養老、医療、失業、労災、出産など全面的な保障を提供している。さらに、個人と雇用主は、負担能力と関連規定に応じて、補充社会保険に加入することもできる。保険料の納付に関しては、雇用主は、上海市企業従業員前年度の平均月収の六〇%を基数とし、基数の二四%を納める。そのうち、養老保険が一七%、医療保険が五%、失業保険が二%を占める。失地農民は一五年以上保険料を納付すれば、退職年齢(男性六〇歳、女性五五歳)になると、基本養老金を受給できる。基本養老金の受給額は、保険料の納付期間によって異なり、前年度の上海市企業従業員の平均月収の二〇~三〇%であると規定されている。

「商保」：商業保険方式

重慶モデルが代表的である。土地収用時に、五〇歳以上の男性と四〇歳以上の女性は、「中国人寿保険会社」の養老保険に任意加入できる。政府は、加入希望者の土地補償金と生活安定補償金の全額あるいは半額を元金として保険会社に預け、養老保険の運営・管理を依頼する。保険会社は、「中国人民銀行」が定めた五年定期預金の年率で発生した利息を、生活補助費として毎月失地農民に給付する。利息年率が一〇％以下の場合、保険会社は五年定期預金の利息部分だけを負担し、不足部分は政府の補助金で補完する。失地農民は、重病や大きな災害などに見舞われた場合、審査を経て元金を取り戻せる。

以上、失地農民向け補償策の内容を時系列・地域別で概観した。では、土地収用補償策の実施状況はどうなっているのか、土地収用補償策のもとで農村失地高齢者はどのように暮らしているのか、失地高齢者が直面している福祉課題は何なのか、失地高齢者の具体的な事例を用いて示したい。

## 第三節　農村調査

二〇一四年三月と九月に、北京市郊外にあるC村、D村、E村の三村[2]にて、村在住の高齢者一四名と、村民委員会の大学生村官[3]一名を対象に半構造化インタビュー調査を実施した。C村は五環と六環の間、D村とE村は六環外に位置する。村の概況は表10-2のとおりである。近年、北京市と周辺農村部では都市化の進展が著しい。二〇一六年版『中国統計年鑑』によると、二〇一五年に北京市の都市化率はすでに八六・五〇％に達しており、上海市（八七・六〇％）に次いで全国二位となっている。調査した三つの村は、いずれも都市化の波に見舞われて

表 10-2　調査地の概況

| | C　村 | D　村 | E　村 |
|---|---|---|---|
| 位　置 | 五環と六環の間 | 六環外 | 六環外 |
| 面　積 | 1.27 km$^2$ | 1.3 km$^2$ | 0.39 km$^2$ |
| 居住状況 | マンション 1 棟，平屋 318 棟 | 平屋 428 棟 | マンション 34 棟，平屋 300 棟 |
| 常住人口 | 709 世帯，5272 人 | 550 世帯，1500 人 | 3000 世帯，8000 人 |
| 農　地 | 収用された | 収用された | 収用された |
| 平屋の古家 | 一部が解体・撤去された | まだ解体・撤去されていない | 一部が解体・撤去された |

表 10-3　調査対象者の分類

| 調査対象者 | | 意　味 | 事例数 |
|---|---|---|---|
| 旧住民 | グループ 1：元農民 | 古い住民で農業を営んでいた高齢者 | 8 名(7 事例) |
| | グループ 2：元工員 | 古い住民で工場で働いていた高齢者 | 3 名 |
| 新住民 | グループ 3：移住者 | 他地域から村内の新築マンションへ移住した高齢者 | 3 名 |

おり、都市開発のため、農民たちの農地が収用された。

村に住んでいる高齢者の属性に基づいて、高齢者を次の三つのグループに分けることができる。三村の高齢者の中で、農業従事者、いわゆる農民が一番多い。農民といっても、農地がすでに収用されたため、生活が困難な「失地農民」となっている。一方、村の古い住民であるが、若いときから農業に従事せず、工員として働いていたため、都市住民並みの社会保障を受けている高齢者も、ごく少数ながらいる。彼らは失地から受けたダメージが少ない。さらに、他の地域から村内の新築マンションに移り住んできた高齢者もいる(北京市都市部の中高収入層の高齢者と、子どもに呼び寄せられた外省の高齢者の二パターンがある)。このように、同じ村に住んでいながらも、高齢者の属性は非常にバラエティに富んでいる。これは、急速な都市化の進行が中国の農村地域にもたらした変化といえるだろう。調査した一四名の高齢者の事例の分類は、表10-3のとおりである。グループ3(移住者)は農地の所有・使用に関係がないため、本章では、旧住民であるグループ1(元農民)と、グループ2(元工員)の事例を扱うことにする。高齢者の事例を記述するとき、C村の事例をC1さん、C2さん……、D村の事例をD1さん、D2さん……、E村の事例を

E1さん、E2さん……というふうに表記する。

## 第四節　農村失地高齢者の生活実態

### 四‐一　近郊区C村の事例

C村は、北京市の第五環状道路と第六環状道路の間に位置する。面積は一・二七平方キロメートル、常住人口は七〇九世帯、五二七二人である。管轄区域内にマンション一棟、平屋三一八棟がある（写真10‐2）。C村と大通りを隔てた南側は昔農地であった。都市開発のため、農地が収用され、新築マンションが建てられた。二〇〇八年に南側のマンション群が新しい「社区」として区画された。北側のC村と南側の新築マンション群が対照的になっている。

【事例1】C1さん（夫）とC2さん（妻）、六十代、元農民

C1さん夫婦はC村の古い住民である。元農民で、麦やきゅうり、トマトなどを栽培していた。「一人っ子政策」によって、子どもを一人しか作れなかった。現在は息子家族（息子、嫁、孫）と同居している。平屋の古家がちょっと狭いが、一家五人は仲良く暮らしている。

C1さん夫婦は農村戸籍で、「新型農村社会養老保険」に加入する資格があるが、C村ではこの制度が実施されていないため、年金を受給していない。C1さん夫婦にとって、農地が唯一の生活保障であるが、都市開発の

①村内の平屋

②村内の建設中のマンション

**写真 10-2　C 村の様子**

出典）筆者撮影

ため、収用された。農地収用補償金として、現在一人当たり毎月八〇〇元が支給されている。夫婦二人は毎月一六〇〇元の収入しかなく、節約するしかないという。二〇一二年に、C1さんは大きな病気にかかって入院し、医療費は二万元以上かかった。C村では「新型農村合作医療」が実施されているが、高額医療費や入院費に対する公費負担はわずか三割だけで、医療費の七割は自己負担となっている。当時、C1さんは貯金を崩して、自費で約一万五〇〇〇元の医療費を支払った。

息子は三五歳で、C1さん夫婦と一緒に農業をしていたが、農地が収用され、失業した。村の生産大隊の斡旋で、今は電気工事関連の仕事に就いているが、月給は一五〇〇元だけである。孫は八歳で、小学校に通っている。嫁は孫の勉強の指導や学校の送り迎えなどで忙しいため、臨時の仕事をしている。息子家族は裕福ではないが、自分たちなりに頑張っている。C1さん夫婦は、毎日忙しそうな息子家族を見て、「私たち老夫婦は、今仕事をしていないから、できるだけ支えてあげたい」と家事などを全般的に担っている。

息子家族は自分たちの生活で精一杯で、経済的余裕がないため、C1さん夫婦は、「なるべく子どもの負担にならないように」と老後の問題を自力で解決したいと思っている。介護が必要になったら、養老院への入居を希望しているが、厳しい現実に直面している。C村周辺の養老施設は、少なくても一ヶ月三〇〇〇元近くかかる。月額八〇〇元の農地収用補償金だけでは、なかなか利用できない状況にある。C1さんは、農地が収用された後、仕事を探してみたが、農業以外のスキルがなく、年齢も若くないため、雇ってくれるところがない。

C1さん一家が住んでいる平屋は、一～二年後に解体・撤去される予定らしい。古家が撤去される場合、家屋面積や家族数に応じて、補償金が支給され、低価格でマンションの購入もできるといううわさがある。今の生活状況を改善したく、新築マンションへの入居と政府からの補償金の支給がC1さん夫婦の唯一の願いである。

**【事例2】** C3さん、男性、六五歳、元農民

C3さんは、C村で生まれ育った古い村民である。妻と同い年で、二人とも六五歳である。息子二人と娘一人がいる。長女は四一歳、長男と次男は三十代後半である。C3さん夫婦は、平屋の古家で三人の子どもとその家族と一緒に暮らしている。

C3さん夫婦は元農民であるが、C村では「新型農村社会養老保険」が実施されていないため、公的年金を受給していない。「新型農村合作医療」に加入しているが、小さな病気の場合、医療費はほとんど全額自己負担で、大きな病気の場合でも、医療費の公費負担はわずか三割だけである。村指定の診療所を利用すれば、医療費が少し安くなるが、医療技術と薬品の質が心配で、村民たちは利用したがらないという。農村高齢者の社会保障水準は、都市高齢者とは比べ物にならないが、仕方がないと思っている。なぜなら、そもそも農村高齢者は、年を

とったら皆子どもに頼っているからである。「若いときは土地があれば保障があり、老後は子どもがいれば保障がある」というのが農村の伝統的な考え方である。子どもが養ってくれるなら、養老院に行く必要がないし、たとえ養老院に入りたくても、北京市の場合、安くても一ヶ月二〇〇〇元かかるため、農村高齢者はなかなか負担できない。

C3さんにとって大切な生活手段である農地は、約一〇年前に住宅建築用地として収用された。農地収用補償金として、C3さん夫婦には毎月一六〇〇元が支給されている。農地が収用された当時、C3さんは、「失地＝生活の保障なし」という危機感から、老後のために少しでも貯金したいと思って、再就職を試みたが、年齢制限ですべてうまくいかなかった。

村の向こう側のマンションは、完成した当時、市場価格は約三〇〇〇元／平方メートルであったが、近年、不動産分野ではバブルが発生し、二万五〇〇〇元／平方メートルに上がっているという。どんどん建設が進んでいく高層マンションを毎日目の当たりにして、C3さんは「私たちの農地だったのに。向こうに住める人は、私たちより経済的に恵まれているよ。子どもが金持ちで、子どもにマンションを買ってもらった高齢者もいるかもしれない」と複雑な心境を示した。

C3さん一家が住んでいる平屋は、早ければ八～九ヶ月後に解体・撤去される予定らしい。家族数が多いため、マンションを三つか四つ分配されるかもしれない。マンションに移住したら、子どもたちと別居することになるが、たぶん同じ団地内のマンションのため、子どもたちに会いたいときはすぐ会いにいける。C3さんは、今の住宅環境を改善したく、一日も早い新築マンションへの入居を望んでいる。

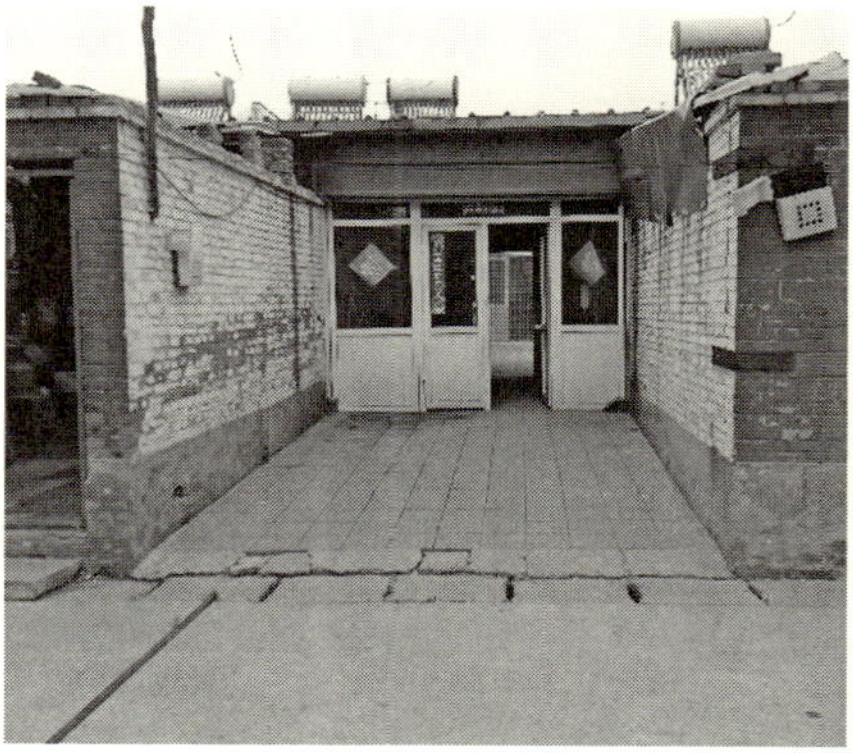

①村内の平屋

②村内で遊ぶ出稼ぎ労働者の子どもたち

**写真10-3　D村の様子**

出典）筆者撮影

## 四-二　遠郊区D村の事例

D村は、北京市の第六環状道路外に位置する。面積は一・三平方キロメートル、常住人口は五五〇世帯、一五〇〇人である。管轄区域内に平屋が四二八棟ある。約一〇年前に、村民たちの農地が開発区に収用された。数年前から、村の平屋が解体・撤去され、新築マンションに建て替えられるといううわさがあるが、まだ平屋のままである。村には、地方からの出稼ぎ労働者に部屋を貸す農家が多いようである。家賃は三〇〇元／月程度で、北京市内に住居を持つことが困難な出稼ぎ労働者にとって好条件である（写真10-3）。

【事例3】D1さん、女性、七四歳、元農民

D1さんは、五〇年前からD村に住んでいる。夫と死別し、息子が二人いる。長男は二十代のときから北京市内で働いており、都市戸籍を取得した。D1さんは北京市内に定住している長男との連絡が少ない。次男は農村戸籍で、ワゴン車の運転手をしている。長男より、次男と仲がいいため、D1さんはずっと次男家族

（次男、嫁、孫）と同居している。次男の子どもの面倒もＤ１さんが見ていた。

Ｄ１さんは元農民で、とうもろこしやにんにくなどを栽培していた。Ｄ村では全国統一の「新型農村社会養老保険」が実施されていない。農地が収用された後、Ｄ１さんは生活手段を失った。Ｄ村では、農地収用補償政策として、労働年齢層の農民には一括払い金五万元、退職年齢に達した者（男性六〇歳以上、女性五〇歳以上）には毎月三一七元の「口糧費」を死亡するまで支給している。Ｄ１さんは、農地が収用された時点で、すでに五〇歳を超えていたため、現在は毎月三一七元を受給している。この三一七元のほかに、生産大隊から毎月三五〇元の年金が支給されているため、一ヶ月の収入は六六七元である。村では「新型農村合作医療」が実施されている。大きな病気にかかった場合、保険から医療費の三割が支給されるが、小さな病気の場合、医療費はほとんど全額自己負担となる。Ｄ１さんは足の病気を抱えており、日常的に足の痛みを緩和する薬を飲んでいる。自分の収入だけでは生活できず、息子から経済的援助を受けている。

村に長年住んでいるＤ１さんは、よく近所の友達とおしゃべりしている。昔健康状態がよかったとき、近所の友達と一緒に出かけたりしていたが、ここ数年足が弱くなってきて、歩くスピードが遅くなったため、ときどき友達からの外出の誘いを断る。農地が収用された後、Ｄ１さんは再就職せず、金稼ぎは次男夫婦に任せて、家で料理や掃除などをしている。

村の近くに養老院がある。ただし、普通は子どもがいない、あるいは子どもに面倒を見てもらえない高齢者が入るイメージが強い。同村に養老院に入る高齢者がいるが、要介護度が高く、子どもたちが面倒を見切れず、仕方がなく毎月五〇〇〇元も払って入居させているらしい。Ｄ１さんは、世間体の悪さと利用料金の高さから、養老施設をあまり高く評価していない。介護が必要な状態になっても、最後まで次男との同居を希望している。

【事例4】D2さん、女性、九四歳、元農民

D2さんは、D村で居住歴五〇年以上の古い住民である。農村戸籍で、ずっととうもろこしやコーリャン栽培に従事していた。約二〇年前に夫と死別した。息子三人と娘三人、内孫四人、外孫三人がいる。六人の子どもの中で、年齢が一番上であるのは七〇歳の長男で、年齢が一番下であるのは五二歳の三男である。息子三人ともD村に居住しているが、娘三人は村外に嫁いだ。D2さんは今三男家族と同居している。

D村で「新型農村社会養老保険」が実施されていないため、D2さんは公的年金を受給していない。また、D2さんが若いとき、まだ年金制度は存在しなかったようで、現在村の生産大隊の年金も受けていない。約一〇年前に、農地が開発区に収用されたため、そのかわりに毎月三一七元の「口糧費」をもらっている。D2さんは白内障を患っており、胆嚢も手術で摘出されたが、元気で風邪もめったに引かない。食事や洗濯など、身の回りの世話は主に三男夫婦にしてもらっているが、気が向いたら長男と次男の家に行って、ご飯を一緒に食べることもよくある。D2さんの生活費は息子三人が負担している。北京市のほかの区に住んでいる娘たちは、年に何回かD2さんに会いに来る。来るときはいつも日常生活用品や果物、タバコなどを持参する。「子どもたちに食べ物がある限り、自分もお腹をすかすことはない。子どもたちが養ってくれないことは絶対にない」とD2さんは語った。

D2さんは高齢で足腰が弱くなってきたため、普段の行動範囲は村内だけである。毎日家の塀のそばに座って、日向ぼっこをしている。村で長年暮らしており、顔なじみが多い。D2さんの家の前を通った人は、いつも声をかけてくれる。今後の生活の計画として、D2さんは、最後まで村で暮らしたいと思っている。経済的に裕福でなくても、孝行な子どもたちがそばにいればいい。高齢者にとって、「天倫之楽（一家団欒の楽しみ）」が一番大事だという。

**【事例5】Ｄ３さん、男性、八八歳、元農民**

Ｄ３さんはＤ村の古い住民である。八八歳で、十数年前に妻と死別した。息子三人と娘二人がいる。子ども五人ともＤ村に居住している。Ｄ３さんは若いとき、村の生産大隊の隊長を担当していた。Ｄ村で「新型農村社会養老保険」が実施されていないため、Ｄ３さんは公的年金を受給していない。農地が収用されており、補償金として、毎月三一七元の「口糧費」を受けている。村の年金も受給している（金額は不明）。

Ｄ３さんは古家の平屋で一人暮らしをしている。ときどき自炊するが、食事や洗濯などはほとんど子どもたちにしてもらっている。子どもが家までご飯を届けに来るときもあれば、自分で子どもの家にご飯を食べに行くときもある。長女と次女は定期的にＤ３さんの家で洗濯や掃除などをしている。Ｄ３さんは退屈しのぎにほとんど毎日村の中を散歩している。足腰が弱くなってきており、杖をついて歩くため、いつも小さな折りたたみ椅子を持っている。疲れるときに、村の売店の前で椅子を広げて休む。村に住む高齢者もときどき売店の前に集っており、よく一緒に雑談する。子どもたちはＤ３さんのことが心配で、目の届くところで散歩してほしいと念を押している。そのため、普段Ｄ３さんの行動範囲は村内だけである。村外に行く場合、子どもたちは必ず付き添う。日が暮れたときにもしＤ３さんの家の電気がついていなかったら、子どもたちは村中を探し回ることになる。

将来、介護が必要になったら、Ｄ３さんは今までのように子どもたちに面倒を見てもらうつもりである。養老院の職員などは赤の他人であるため、誠心誠意介護してくれるかが心配である。やはり血のつながっている子どものほうが安心である。それに、養老院は、子どもに介護してもらえない高齢者が入るイメージが強い。農村高齢者は少なくても二、三人の子どもがいるため、普通養老院に行かないという。

【事例6】Ｄ４さん、男性、七四歳、元工員

Ｄ４さんは、一九七四年からＤ村に居住している古い村民である。息子一人と娘一人がいる。六八歳のとき、同い年の妻と死別し、今は平屋の古家で一人暮らしをしている。Ｄ４さんは農村戸籍であるが、若いときは工場の工員とトラクターの運転手として働いていたため、都市企業従業員の養老保険・医療保険が適用されている（年金額は不明）。経済的に自立しており、毎日料理や掃除なども自分でやっている。

息子と娘は二人とも北京市内に住んでいるが、一人暮らしのＤ４さんのことが心配で、よく会いに来る。息子は週に一回程度仕事帰りにＤ４さんの家に泊まりに来る。娘も毎週末に手作りの料理を持参してＤ４さんの様子を見に来る。息子と娘にそれぞれ子どもが一人いる。孫たちは夏休みと冬休みになると、よく遊びに来る。孫たちが来るたびに、Ｄ４さんは小遣いを与える。

同村（二軒隣）と隣村に仲のいい友達が一人ずついる。ほとんど毎日午後二時頃になると、二人の友達がＤ４さんの家にやって来る。村の近くに賑やかな湖があって、高齢者たちのたまり場となっている。Ｄ４さんはよく二人の友達と一緒に自転車で湖へ遊びに行く。Ｄ４さんの家は、中庭を囲んで部屋が三つある。真ん中の部屋は自分が住んでいるが、両側の二部屋は外省の出稼ぎ労働者に貸している。近年、Ｄ村の家賃が値上がりしているが、Ｄ４さんはずっと月額二〇〇元のままで、値上げをしていない。部屋を賃貸に出しているのは収入を増やすためではなく、寂しくならないようにするためである。Ｄ４さんに二つの出稼ぎ労働者の家族と仲良くしている。二つの出稼ぎ家族に計三人の子どもがいて、皆四～五歳である。Ｄ４さんはいつも外に座って子どもたちの遊びを見守ったり、彼らと会話をしたりして、元気いっぱいの子どもたちからパワーをもらっている。子どもたちはＤ４さんにとって小さな「孫」のような存在になっている。Ｄ４さんの家の庭の外に小さい畑があるが、Ｄ４さんは農業をやったことがないため、畑を無料で隣の人に貸している。そのかわりに、収穫のとき、隣の人から長ネ

ギやにんにくなどの野菜をもらっている。

数年前から、村の平屋がマンションに建て替えられるといううわさがあるが、D4さんは「今まで築いてきた親しい近隣・友人関係を失いたくない」と新築マンションへの入居を喜んでいない。介護が必要になっても、養老施設に入らず、住み慣れた地域で暮らし続けたい。子どもたちから経済的援助を受けていないが、介護が必要になったら、子どもたちの世話になるつもりである。

【事例7】D5さん、男性、七三歳、元工員

D5さんは、D村の古い住民である。三歳年下の妻と二人暮らしをしている。妻は元農民で、コーリャンやとうもろこしなどを栽培していたが、D5さんは元工員で、農業をしたことがない。妻は農村戸籍で、農村社会保障が適用されている。D村では「新型農村社会養老保険」が実施されていないが、生産大隊の養老金制度があるため、妻は毎月四八〇元の養老金を受給している。また、農地収用補償金として、毎月三一七元の「口糧費」が支給されている。一ヶ月の現金収入は七九七元である。医療の保障に関しては、村で「新型農村合作医療」が実施されている。高額医療費と入院費が発生する場合、費用の四五％が支給される。農地の収用により、妻は収入源を失ったが、D5さんは一般農民より手厚い養老金を受けているため、農地が収用されても、ダメージがそんなに大きくない。D5さんは農村戸籍であるが、若いときから、工場で鋳物工として働いていたため、都市住民並みの社会保障を享受している。年金は毎月二六〇〇元で、妻の月収の三倍以上である。都市企業従業員の医療保険も適用されており、医療費の公費負担割合は八五％である。D村でD5さんのような手厚い社会保障を受けている高齢者はごく少数である。

D5さんは、息子が二人いる。息子二人ともD村で暮らしている。息子たちと同居していないが、近くに住ん

でいるため、会いたいときはいつでも会える。D5さんの職場には、計画経済時代の名残である「接班（襲職）」制度があった。D5さんは五〇歳で退職し、長男に自分の仕事を継いでもらった。次男は自営業を営んでいる。D5さんは、「農地が収用された同村のほかの高齢者と比べ、自分は優遇されている。経済的に不自由しない生活を送っている。息子たちは自立しているし、孫も大学に通っているので、今は特に大きな心配事はない」と述べた。ほとんど毎日午後二時半頃に、日向に出て同村の男性高齢者と会話するのが日課である。D5さんは経済的に自立しているが、介護が必要になったら、やはり息子たちに面倒を見てもらうつもりである。息子二人もいるのに、養老院に入ると、子どもたちが親不孝だと思われる。農村の高齢者は、特別な事情がない限り、養老院には行かないという。

## 四-三　遠郊区E村の事例

E村は北京市の第六環状道路外に位置する。面積は〇・三九平方キロメートル、常住人口は三〇〇〇世帯、八〇〇〇人である。都市開発のため、二〇〇五年に村民たちの農地が収用された。現在、管轄区域内に平屋三〇〇棟とマンション三四棟がある（写真10-4）。区域内の新築マンションは、「回遷房」と「商品房」の二種類ある。「回遷房」とは、古家が撤去された村民を対象に、市場価格より安い値段で提供される家屋を意味する。E村の場合、マンションの市場価格は約八〇〇〇元／平方メートルであるが、村民は二五〇〇元／平方メートルで購入できる。「商品房」は、市場価格で販売する家屋である。

①村内の平屋

②村内の建設中のマンション

**写真 10-4　E 村の様子**

出典）筆者撮影

**【事例8】** E1さん、女性、八一歳、元農民

E1さんは、E村の古い住民である。若いとき、生産大隊で養豚や野菜栽培などの仕事をしていた。息子三人と娘二人がいる。平屋の古家が解体・撤去され、一年前に「回遷房」に入居した。夫と死別し、一人暮らしをしている。

E村では「新型農村社会養老保険」が実施されていないため、E1さんは公的年金を受給していない。農地補償として、一括払い金五万元の支給を約束されたが、村民たちはまだそのお金を受け取っていない。村民たちは農地収用補償金の支給について、村と何度も交渉したが、村側は「今財源がない」といって、補償金の支給が棚上げ状態となっている。現行の政策として、E1さんは、一年間に八〇〇元の「口糧費」しか受けていない。

農地がないと、村の高齢者は生計が立てられないということで、E村は独自の養老金制度を始めた。E1さんは、現在村から毎月八〇〇元の養老金を受給している。八〇〇元に引き上げられたのは二〇一四年の四月に入ってからのことである。二〇一二年と二〇一三年は毎月五〇〇元、その前はわずか数十元しかなかった。養老金の財源は、集団所有の土地で得た利益、すなわち収用した農地を工場などに貸して得たお金である。

Ｅ１さんは毎月八〇〇元ぐらいの収入でぎりぎり足りるが、ときどき子どもたちから経済的援助を受けている。長男はＥ１さんと同じマンションの六階に住んでいる。次男は同じ団地の別のマンションに部屋を持っている。長男は毎日仕事帰りに、次男は二日に一回程度買い物がてらＥ１さんの様子を見に来る。残りの三人の子どもは村に住んでいないが、時間があれば、よく会いに来る。Ｅ１さんは「子どもが多いので、家には、ほとんど毎日必ず子どもの誰かが来る」と何度も口にした。

農地が収用された村民は、都市戸籍への変更もできるようである。労働年齢層の村民は、都市住民と同じように保険料を納めれば、都市住民並みの社会保障を享受できる。高齢者の場合、一括で一定の金額（具体的な金額は不明）を支払えば、都市戸籍になれる。都市戸籍になれば、年金の受給額も医療保険の公費負担割合も上がるが、Ｅ１さんは、経済的に余裕がないため、目先のことしか考えられず、農村戸籍のままでいいという。

Ｅ１さんは高血圧で、足腰も少し弱くなってきているが、日常生活に支障がないため、家事はすべて一人でやっている。隣のマンションに、自分と同じ生産大隊で働いていた親友がいる。親友とはほとんど毎日会って、一緒に散歩したり、世間話をしたりしている。子どもたちに迷惑をかけたくないため、元気なうちは一人暮らしをしたいと思っている。世間体が悪いため、養老施設への入居に抵抗感がある。介護が必要になっても、今の家に住み続けたいと思っている。子どもが五人もいるため、皆交代で面倒を見てくれれば、何とかなるという。

**【事例９】Ｅ２さん、女性、七二歳、元農民**

Ｅ２さんは、Ｅ村の古い住民である。息子二人と娘二人がいる。子どもたちは結婚が早かったため、二〇一四年に曾孫が誕生した。夫と死別し、現在次男と同居している。次男夫婦は村の隣にある工場で働いており、毎月約四五〇〇元の収入を得ている。

E村では「新型農村社会養老保険」が実施されていないため、E2さんは公的年金を受給していない。農地収用補償として、村から八〇〇元／月の年金と、八〇〇元／年の「口糧費」が支給されている。医療の保障に関しては、E2さんは「新型農村合作医療」に加入しているが、医療費の公費負担は三五％だけである。公費負担の割合の低さだけでなく、手続きの煩雑さもこの制度の欠点だという。都市企業従業員医療保険の場合、病院にかかるとき、その場で医療費の約一割を支給すれば治療を受けられるが、E2さんは、医療費を全額立替払いしなければならない。後で医療費の領収証を村に提出し、約三ヶ月後に医療費の三五％が口座に振り込まれる。入金を確認するために、また銀行に行かなければならない。

昔住んでいた古家が解体・撤去され、E2さんは一年前に「回遷房」に入居した。村の政策では、「回遷房」を配分するとき、一人につき五〇平方メートルの面積を与える。E2さんの家の場合、五人分、計二五〇平方メートルの面積を配分されなければならないが、マンションの建設計画のために、マンション二つ、計二三〇平方メートルの面積しかもらっていない。残りの二〇平方メートルの面積をもらいたければ、三つ目のマンションを購入する以外に方法はない。一つのマンションが一〇〇平方メートルだとすると、そのうちの二〇平方メートルは「回遷房」の値段二五〇〇元／平方メートルで購入できるが、残りの八〇平方メートルは「商品房」扱いのため、八〇〇〇元／平方メートルで購入しなければならない。E2さん一家は元農民で、経済的余裕がないため、配分されるべき二〇平方メートルの面積を辞退するしかない。

平屋の古家が取り壊されたが、村民たちの移住先はほとんど同じ団地内のマンションのため、古い友人との関係を保てる。季節を問わず、日向に出て古い友人と世間話をするのが毎日の楽しみである。四人の子どもの中で、次男が一番親孝行しているため、E2さんは最後まで次男と同居し、面倒を見てもらいたいと思っている。新築マンション群の周辺に新しい店舗がいくつかできたため、昔の平屋群に空き店舗が多く発生している。現在平屋で暮らしている村民は、多く見積もっても一〇〇人程度だという。

**【事例10】E3さん、男性、七八歳、元工員**

E3さんは、E村の隣村の古い住民である。隣村に住んでいるが、E村で新しいマンションが建てられ、広場もできたため、毎日散歩がてら電動自転車でE村に来ている。息子二人と娘一人がいる。E3さんは農村出身であるが、農業に従事したことがない。十代のときから職人の先生について、製鋼技術を学んでいた。五五歳まで国営企業の工員として働いており、都市戸籍まで取得した。E3さんの職場の場合、夫婦二人とも職場の工員であれば、住宅分配制度が適用されるが、妻が農民であるため、職場から住宅を分配されなかった。職場が北京市内にあるため、E3さんは若いとき、平日に職場の宿舎に泊まって、週末に家に帰るという生活パターンが長く続いた。妻は村で農業・家事・育児をしながらE3さんを支えていた。E3さんは、定年後ずっと村に住んでいる。五年前に六歳年下の妻と死別し、現在は平屋の古家で一人暮らしをしている。高血圧を患っているが、日常生活に支障がなく、毎日自分で料理や洗濯などをしている。

E3さんの職場に昔「接班(襲職)」制度があった。E3さんは次男に自分の仕事を継いでもらいたかったが、次男は組織に縛られるのが好きではないといって、国営企業工員の仕事を辞退した。現在はタクシーの運転手として働いている。長男と長女は会社員である。長女は北京市内で暮らしているが、長男と次男はE3さんと同じ村に住んでいる。長男と次男の家がE3さんの家に近いため、よく様子を見に来る。

E3さんは同じ国営企業で三七年間働いており、勤続年数が長いため、毎月四〇〇〇元もの年金を受給している。医療保険に加入しており、医療費の公費負担は九割である。医療費の残りの一割も、本人の申請があれば、職場から一〇％の払い戻しを受けることができる。Ｅ３さんのような都市住民並みの待遇を受けている高齢者は、村では少数である。

Ｅ３さんは手厚い年金を受給しており、子どもたちから経済的援助を受けていないが、介護が必要になったら、やはり子どもたちに面倒を見てもらうつもりである。村の近くに民営の養老院があるが、Ｅ３さんはそれを高く評価しない。昔の養老院はほとんど公営施設で、職員もサービスも質が高かった。今の養老院はほとんど民間に任されている。経営者は利益を第一にしているため、施設のサービスや職員の質が保証されていない。養老院の質はさておき、農村高齢者が施設を忌避する第一の理由は、やはり家族扶養・介護という農村の社会通念である。このような伝統的な考え方は、そう簡単に変えられないという。農村は都市と違って、自分は子どもが三人もいるのに、施設に入ると自分も子どもたちも周囲に笑われてしまう。それに、他人より自分の子どもに面倒を見てもらったほうが安心である。

## 第五節　農村失地高齢者の生活・福祉課題

以上、失地高齢者の具体的な事例を見てきた。本章で取り上げた一〇事例や統計資料などを用いて、農村失地高齢者の生活・福祉課題を分析する。

## 五-一　土地収用補償策の実施状況

土地収用補償は、「金銭補償」から「社会保険補償」へと変化しつつあるが、現行の失地農民補償策の中で、やはり一番多いのは「金銭補償」という形式である。土地の補償水準や方式、方法などに関して、政府は明確に法規定を制定したが、補償策の実施過程で、規定に反する行為が依然として存在する。集団所有という名目で、失地農民に規定どおりに補償金を支給しないケースも多発している。たとえば、E村では、農地収用補償金の不払いの問題をめぐって、村の末端行政組織と村民たちの関係が緊張している。

土地補償をめぐって、村の末端行政組織と農民間の対立をもたらす原因の一つとして、集団土地所有者の代表の不明確さが挙げられる。一九八〇年代初頭の農村改革により、農家ごとの生産請負制が導入され、農民は土地の使用権を獲得した。当時、土地の収用問題がなかったため、土地の所有権が村集団にあっても、農民たちの利益は害されない。しかし、土地が収用される事態になると、土地補償金の受給権に深く関わる土地所有権が大きな問題として浮上してしまう。「中華人民共和国土地管理法」では、農村と都市郊外の土地は、農民集団所有と規定されているが、具体的に集団がどのような形式をとるかが明確に規定されていない（郭・李　二〇〇〇）。

調査した三村は北京市という大都市の郊外の村である。比較的裕福な三村においてさえ、一括払いあるいは分割払いの「金銭補償」がメインで、「社会保険補償」はほとんど存在しない、あるいは「社会保険補償」が存在しても、実際に保険料負担の問題で失地高齢者は「城保」に加入していない。本書で取り上げた八名（七事例）の失地高齢者の収入源は、それぞれ農地収用補償金（「口糧費」あるいは村独自の年金）や村の生産大隊の年金から構成される。二〇一三年北京市農村住民一人当たりの消費支出は、一万三五五三元である（中華人民共和国国家統計

局　二〇一四）。たとえば、D村のD1さんの一年の収入は、（口糧費三一七元／月+村の年金三五〇元／月）×一二ヶ月=八〇〇四元であり、北京市農村住民の平均消費支出水準に達していないことは自明である。また、失地高齢者だけでなく、労働年齢層の失地農民向けの補償金額も十分ではない。D村では、労働年齢層の失地農民に対して一括払い金五万元を支給した。この金額はどのぐらいの水準なのか、上述の北京市農村住民の消費支出水準のデータを見れば明確である。この金額の補償金は、農民の約三年半の生活しか支えられない。補償金を使い切ったとき、失地農民は再び生活難に陥る可能性が高い。現行の土地収用補償金は、金額が低く、土地の社会保障機能、市場価格などを無視している。中国では、収用された農地の収益配分比は、地方政府に二〇～三〇％、村集団に二五～三〇％、企業に四〇～五〇％であるのに対して、農民にはその収益のわずか五～一〇％しか配分されていないと指摘される（王・李　二〇一二：四一）。

## 五-二　就業環境

失地農民の多くは再就職の問題に直面している。失地農民は、相対的に教育水準が低く、農業以外の特殊な技術がないため、競争の激しい労働市場の中で、弱い立場に置かれている。警備や清掃、建設業の臨時的仕事であっても、年齢制限を設けるところが多いため、特に五十代以上の失地農民はより深刻な状況に置かれている。たとえば、C村の高齢者C1さんは、農地を失った当時は五十代で、再就職を試みたが、仕事の年齢制限ですべてうまくいかなかった。C1さんの息子は、比較的年齢が若いため、村の生産大隊の斡旋で、電気工事関連の仕事に就いているが、月給は一五〇〇元だけで、社会保険にも加入していない。

中国の現在の都市化スピードで試算すると、毎年約二五〇〇万人の失地農民が再就職しなければならない（李　二〇〇七：二〇八）。失地農民の中で、どのぐらいの人が再就職できず、失業状態になっているのか、中国全土を網羅した統計データはほとんど存在しないが、国務院発展研究センター農業経済研究部部長・韓俊が挙げたいくつかの地域のデータから、その現状がうかがえる。一九九〇年代半ば以降、一部の企業は余剰人員を減らすために、「下崗（レイオフ）」制度を実施した。真っ先に「下崗」の槍玉に挙げられたのは、「就業補償」によって仕事が配分された失地農民である。現在、上海市では、「就業補償」によって仕事に就いている失地農民のうち、約三〇％の人が実質的に離職状態にある。また、無錫市では、労働年齢層の失地農民二一・〇七万人のうち、定職を有するのは五九・七％、無職あるいは臨時の仕事に就いているのは四〇・三％である（韓　二〇〇五：六）。

## 五-三　社会保険

ここでは、現行の四つの「社会保険補償」モデル――「城保」、「農保」、「鎮保」、「商保」の長所と短所、および実施可能性について分析する。

失地農民を都市社会保障システムに収める「城保」は、「城郷一体化（都市・農村一体化）」の推進に有利であり、また、失地農民に基本的な生活保障を提供できるが、いくつかの困難な課題にも直面している。E村の高齢者E1さんの事例が示したように、「城保」の構築は、地方政府と村集団の財政力だけでなく、失地農民本人の経済力も求める。E1さんは一括で一定の金額を支払えば、都市戸籍に転換し、都市住民並みの社会保障を受けることができるが、現在の生活では精一杯で、その金額をなかなか負担できない。失地農民は、都市社会保障システムに加入する機会が与えられても、保険料などを負担する経済力がないと、農村戸籍のまま、低水準の保障で我慢するしかない。

山東省青島市の「農保」モデルは、農村社会養老保険を中心としており、医療や労災、失業、出産などを保障の範囲に入れていない。それに、養老金の受給額の下限が、農村最低生活保障水準に定められているため、失地農民の生活を十分に保障できない。失地農民を農村社会保障システムに収めることによって、失地農民問題を解決しようとするやり方は、中国の都市・農村の「二元構造」の長期的な存在と関係がある。農地が収用され、「農民」という職業身分を失った以上、農村の社会保険が適用されても、失地農民にとって十分な老後保障にならないだろう。

上海市で実施されている「鎮保」モデルは、「城保」と「農保」の中間に位置づけられる柔軟性のある制度である。「鎮保」は、失地農民に基本的な生活保障を提供している。また、上海市郊外の雇用主の間で支持されているようである。一方、この制度を支えるために、地方政府の財政力が問われる。上海市のような大都市では政府の財政力をバックにその運営と管理が成り立っているが、上海市ほど豊かではない他の省と市に普及させるのは難しいといわれている（楊　二〇〇八）。

重慶市の「商保」モデルは、①保険加入対象者の範囲が狭い、②保障金額が低い、③管理監督に欠けており、腐敗が生じやすい、などの問題点が存在する（叶　二〇〇九）。制度自体は二〇〇七年の改革を経て実質的に崩壊した。

失地農民に対する補償策は、「就業補償」から、「金銭補償」を経て、さらに「社会保険補償」へと変化してきた。長期的な観点に立って打ち出された「社会保険補償」は時代の趨勢といえよう。しかし、以上見てきたように、現行の「社会保険補償」の四モデルはそれぞれ問題点を抱えている。政府は失地農民に対して、年金や医療などを保障する規定があるが、補償策の実施過程で村集団の補償義務の不履行や農民自身の負担能力の問題によって、多くの失地農民は社会保険に加入できず、十分な補償金も支給されていない。

## 五-四　農村失地高齢者を取り巻く福祉資源と福祉課題

調査した三村は、都市部に編入されつつあり、生活様式も都市部に接近してきているが、都市住民が享受できる就職機会、社会保障、教育資源とは無縁である。経済的保障については、本章で取り上げた元工員の高齢者は、若いときから農業に従事せず、都市住民と同じように工員として働いていたため、都市住民並みの社会保障を受けることができ、経済的に子どもたちに頼らずにすむ。一方、村で暮らしている高齢者の多くは、農地が収用されており、少額の土地収用補償金・村の年金しか受けていない。現在の収入水準では、生活のすべてを賄うことは難しい。特に高齢で健康状態のよくない失地高齢者は、必要に応じて子どもから経済的支援を受けざるを得ないのが現状である。

また、介護・福祉サービスに関しては、三村とも都市開発が進んでおり、特にC村とE村の名称もC村社区とE村社区と呼ばれるようになったが、社区福祉といえるようなサービスはほとんど存在しない。都市的な社区福祉よりも、むしろ村落的なコミュニティにおける相互援助、昔ながらの人間関係が残っている。経済的に自立している元工員の三事例も含め、調査した三村の高齢者は、世間体の悪さから施設への入居に抵抗感を持っており、介護が必要になったときに、子どもによる介護を希望している。このことから、農村部においては、家族扶養が伝統的な扶養様式であり、「孝」という倫理・道徳観が社会通念として根を下ろしていることがうかがえる。ただし、唯一の例外は一人っ子を持つC村のC1さん夫婦の事例である。C1さん夫婦は養老院への入居を希望している。この違いを生み出したのは子ども数の違いといえる。C1さん夫婦を除く九事例の高齢者は、いずれも七〇歳以上であり、「一人っ子政策」の影響を受けておらず、二人以上の子どもがいる。農村部の高齢者は、生活基盤としての農地が収用され、適切な社会保障を受けていなくても、子どもに頼れるため、扶養と介護の問題がある程度緩和されている。しかし、現在の六十代前半以下の農民、特に「一人っ子政策」が比較的厳格に遵守されている都市近郊の農民は、子どもを一人しか持っていない可能性が高く、子どもによる扶養と介護はそれほど高く期待できない。六十代のC1さん夫婦が一人っ子家庭の失地高齢者の典型例である。C1さん夫婦は、「一人っ子の息子に負担をかけたくない」と養老院への入居を希望している。しかし、彼らは老後の問題を自力で解決したくても、収入が低いため、施設への入居費を負担できず、自立しにくい状況にある。また、失地高齢者の子世代も、場合によっては土地が収用され、再就職などの問題に直面しているため、必ずしも親を扶養する経済的余裕があるとは限らない。

失地農民に、都市発展のために農地を犠牲にしてもらった以上、老後の保障も見据えて、経済発展の成果を、農民たちに還元できるような仕組みを制定しなければならない。高齢失地農民の養老問題を改善するという意味からも、将来を見据えて、現在の若年・中年失地農民の老後問題を事前に対処するという意味からも、失地農民向けの社会保障制度の整備が求められる。しかし、上述したように、地域の経済力や政府の財政力、失地農民の負担力からすれば、失地農民から都市住民への直接転換は難しいところがある。都市住民並みの社会保障の構築を最終目的に、過渡的な制度として、失地農民独自の社会保障制度を制定するのが妥当であろう。

失地農民向けの社会保障制度を制定するに際しては、念頭に置かなければならない点が四つある（陳・彭・王二〇一一、李　二〇〇七）。第一に、政府主導のもとに、保険料の納付は、政府、村集団、失地農民個人の三者負担を堅持し、それぞれの納付責任を明確化する。たとえば、政府が三割、村集団が四割、個人が三割を負担する。集団経済組織が存在しない場合、政府が集団の納付責任を負う。財源の出所に関しては、集団は土地補償費から、個人は生活安定補償費から、資金を出し合って保険料の納付に充てる。第二に、農民の年齢に応じて異なる納付水準を定める。それと同時に、失地農民の再就職を促進する。再就職の支援などを通して、失地農民の保険料支払い能力を向上させる。第三に、「個人口座」と「社会プール」の両方を設け、二つの口座から年金を支給する。第四に、農民の生活の質と、将来都市部の社会保障制度への接続可能性の二点を考慮し、年金の給付額は少なくても、都市企業退職者年金の最低水準に設定する。要するに、失地農民に長期的に安定した生活保障を与えるために、政府と村集団の責任を明確にし、失地農民本人の保険料納付力と地域の経済力を考慮する社会保障制度の制定が求められる。

また、現実には、失地高齢者の扶養・介護は家族に頼る部分が依然として大きい。失地高齢者の子世代の経済状況を改善することは、失地高齢者の養老問題の改善にもつながる。たとえば、若年失地農民に対して、都市戸籍取得の条件緩和や社会保障の整備、再就職の支援などを行うことも重要な課題として挙げられる。

（1）以下の四つの法規定を参照した。「成都市徴地農転非人員社会保険弁法」（成都市人民政府　二〇〇四）、「山東省青島市人民政府弁公庁関於進一歩做好被徴地農民社会基本養老保険工作的通知」（青島市人民政府弁公庁　二〇〇七）、「上海市小城鎮社会保険暫行弁法」（上海市人力資源・社会保障局　二〇〇三）、「重慶市徴地農転非退養人員備蓄式養老保険弁法」（重慶市人民政府弁公庁　二〇〇〇）。

（2）北京市は一六区二県から構成されている。一六区のうち、都市中心部には「城区」が四つ、その外側には「近郊区」が四つ、さらにその外側には「遠郊区」が八つと区分される。調査したC村は「近郊区」、D村とE村は「遠郊区」に位置する。

（3）大学生村官：地方政府の選抜を経て、農村の末端行政組織（大体の場合は村民委員会）で勤務する大学卒業生。

# おわりに

中国はアジア最大の新興国として、常に世界の目が向けられている。計画経済から社会主義市場経済への体制移行、三〇年以上にわたる二桁近い経済成長など、中国社会の発展ぶりには、実に目を見張るものがある。しかしその一方で、都市-農村「二元構造」、階層間格差、少子高齢化など、多くの福祉課題が噴出しており、その対応・対策が急務となっている。

本書は、日中両国の育児と高齢者扶養・介護の二つの福祉領域を取り上げて、福祉の多様な供給者に着目する福祉レジームの視点から論じたものである。こうした比較研究を通じて、日中両国の福祉政策の課題と、少子高齢化の先頭を走ってきた日本の経験からの示唆を探ることを目指した。本書の内容と論点を整理するために、各章で得られた分析結果を要約したうえで、日中両国の育児と高齢者扶養・介護をめぐる福祉資源の供給構造について検討し、本書の意義と今後の課題を提示する。最後に、日本との比較を通じて中国を考え、本書を締めくくりたい。

## 一　各章のまとめ

第Ⅰ部「日中の人口変動と福祉レジーム」

第一章では、東アジアの少子高齢化は世界に例を見ない速度で進行していること、東アジア福祉はエスピン-アンデルセンの三つのレジームのいずれにも当てはめることが難しく、「儒教主義」、「開発主義」、「生産主義」、「ハイブリッド・レジーム」などと新たに名付けられていることを確認した。

第二章では、まず、日本の福祉レジームには、「保守主義」、「自由主義」、「社会民主主義」のいずれのレジームの要素も見られることを確認した。一方中国では、都市-農村「二元構造」のもとで、毛沢東時代においても、改革開放以降においても、都市住民と農民に対してそれぞれ異なる制度が制定されてきた。地域間格差が大きいため、中国の福祉レジームは一元的に論じることが難しいことを確認した。

第Ⅱ部「日中の育児支援」

第三章では、日本において、核家族化、男性の長時間労働により、家族・親族による支援が常に協力的であるとは限らず、育児負担が母親に集中しがちであることを確認した。市町村やＮＰＯによる地域の子育てサロンなど互助・共助による地域ぐるみの子育て支援の充実、また、育児休暇の整備や「認定子ども園」制度の普及など両立支援のより一層の推進が必要であることを確認した。

第四章では、中国において、育児は家族・親族間での相互援助、託児施設、中高所得層でのベビーシッターの利用などによって支えられており、まだ政策的課題として浮上していないことを確認した。また、「社区」と子育て支援施設による支援は「早期教育」に集中する傾向があることを把握した。

第Ⅲ部「日本の高齢者福祉」

第五章では、日本において、介護保険制度の導入により、高齢者に対する身体的扶養(介護)の社会化が進み、介護の担い手が多様化しており、介護系NPOなどの「コミュニティ／非営利部門」も高齢者介護の一翼を担うようになっていることを確認した。

第六章では、二つのNPO法人の事例を分析した結果、日本の小規模多機能施設における高齢者ケアには、ゆとりある生活リズム、「なじみの関係」や「家族」のような関係の形成、生活の主体者としての暮らし、などの特徴があることがわかった。また、小規模多機能施設は、「地域を受け入れる」と「地域に参加する」ための工夫をし、地域福祉の向上に寄与していることもわかった。

第七章では、デイサービスと保育所、地域の交流スペースを同一施設内で運営するNPO法人の事例を分析した結果、小規模な幼老共生型施設における高齢者ケアは、家庭的な雰囲気、「ノンプログラム」、利用者の主体性の尊重などの特徴を有していることを確認した。「幼」と「老」をつなぐ「幼老共生ケア」は、高齢者の生きがいづくり、子どもに対する教育効果など、高齢者と子ども両者に良い影響をもたらすことも確認した。

第Ⅳ部「中国の高齢者福祉」

第八章では、深刻な高齢化問題に対応するための「社会福祉の社会化」政策の現状を検討した結果、民間の養老施設は、政府の優遇政策の不履行によって一般企業との区分が曖昧であり、入居費用の問題で中低所得層の高齢者が利用するのが難しいことを確認した。また、「社区福祉」は、市場性と福祉性の矛盾、地域住民の主体的な参加の欠如などの問題点を抱えることを確認した。

第九章では、事例調査から、社区在住都市高齢者は、①経済的扶養の面においては、年金制度の充実により子どもに頼って老後生活をするという意識はなく、自立志向が高い、②一方、介護の面においては子どもに頼りたいと考える。ただし、一人っ子家庭の高齢者は家族内で介護資源の調達が困難なため、養老施設や家政婦といった市場セクターに支援を求める、③「社区養老」はまだ養老方式の一つとして定着していないこと、などがわかった。

第一〇章では、北京市郊外の三村における高齢者の事例を分析した結果、①中高年の失地農民は再就職の問題に直面している、②高齢者の多くは、少額の土地収用補償金・村の年金しか受けておらず、社会保険に加入していない、③社区福祉は皆無に近い、④社会保障・福祉の不備を補っているのは高齢者本人とその家族による自助努力であること、などを明らかにした。

## 二　育児と高齢者扶養・介護を支える福祉資源の供給構造

### 日本の場合

福祉の多元性を形成する「家族・親族」・「国家」・「市場」・「コミュニティ／非営利部門」の四元モデルの特徴から、日本の福祉供給システムは「弱い福祉国家に補完された家族主義」と表現できる（落合　二〇一三b）。日本では、高度経済成長期に形成された「性別役割分業」のもとで、育児・介護などのケア労働が「私事化」され、家庭内の女性によって担われるようになった。日本の人口ボーナス期は一九五〇年に始まり、一九九〇年に終了した。親族からの強力なサポートをすでに望めなくなった日本家族にとって、家族・親族や地域などの伝統的な共同体が果たしてきた福祉機能を補完・代替するものとして、福祉の外部化、社会化が求められる。現在、国のバックアップによって「介護の社会化」と「育児の社会化」がともに推進されている。しかし、介護と育児の社会化によって提供されている福祉サービスは決して十分なものではなく、ケアの役割の大部分は依然として家族が担っている。

「介護の社会化」は、二〇〇〇年の公的介護保険制度の誕生によって大きな一歩を踏み出した。介護保険は、国家部門が制度を制定し、市場部門、ボランティア団体・NPO団体などの力を借りながら介護サービスを提供する「官・民・協」の混合体であるといえよう。ただし、介護保険制度だけでは高齢者介護のニーズを満たすことができない。本書の第六章と第七章で見られたように、福祉系NPOは、保険内サービスだけでは対応しきれない部分を、保険外サービス・NPO事業でカバーしている。

もう一方の「保育の社会化」を見ると、日本におけるこれまでの子育て支援策は、保育所や保育士の増大など、共働き家庭の支援に重点を置いて推進されてきており、専業主婦家庭への支援が限定的なものであった。国によって育児と仕事の両立ライフが推進されているが、現状では、依然として約六割の女性労働者は第一子の出産を機に離職している（内閣府男女共同参画局　二〇一五）。有職の母親より在宅で育児をしている専業主婦の母親の方が多く、ケアの役割の大部分は母親が担っている。近年、「社会全体で子育てを」という認識が広がり、市町村やNPO団体による地域の子育てサロン、親の就労の有無に関係なく利用可能な「認定子ども園」制度の導入など、共働き家庭を主な対象としてきた子育て支援策は、専業主婦家庭にも少しずつ拡大され始めている。

少子高齢化と経済成長の鈍化に福祉の多元化を要請する。「弱い福祉国家」にとどまっている日本では、個人とその家族、ボランティア・NPO団体、民間企業など多様な主体と行政とが連携しながら、「バランスのよい福祉ミックス」（落合　二〇一三b）、あるいは官／民／協／私の四セクター間の「最適混合」（上野　二〇一一）を形成することが求められる。

本書では、日本における育児・介護をサポートするエージェントとして、特に子育て支援センターや児童会館、育児系NPO、介護系NPO（小規模多機能施設）など、地域コミュニティに存在する多様な子育て・介護支援施設の機能と意義を検討した。ここで、介護系NPOによって運営されている小規模多機能施設の事例を通じて、「コミュニティ／非営利部門」による高齢者福祉・地域福祉支援の意義を見てみたい。

低成長時代・超高齢社会を迎えた日本では、公的財源のみに頼って社会福祉を提供・拡大することはほぼ不可能である。小規模多機能施設は、制度の枠内・枠外における多様なサービスを提供しており、行政の力ではカバーできない部分を補っている。また、小規模多機能施設の多くは、縦割り行政の壁を超え、年齢や障害により対象を限定することなく、地域での暮らしの支援を必要とする人をすべて受け入れている。「利用者一人ひとりに寄り添う」という理念のもとで、「日常に近い生活」の再構築が試みられている。福祉行政の限界を補完し、幼・老・障の福祉ニーズに柔軟に対応する小規模多機能施設は、日本の高齢者福祉・地域福祉のブレークスルーとして期待できるだろう。

### 中国の場合

一方、中国における福祉供給構造については、計画経済期と改革開放以降の二つの時期に分けて検討する必要がある。結論からいうと、計画経済期に形成されたのは国家丸抱えの社会主義レジームであり、改革開放以降現在に至るまで形成された福祉供給システムは家族主義と自由主義の「混合型」（一部では社会主義レジームが維持されている）と位置づけることができるだろう。

まず、高齢者扶養・介護をめぐる支援構造を見てみる。計画経済期に、中国独特の「単位福祉モデル」のもとで、都市住民は住宅、医療、養老などさまざまな社会保障・福祉サービスをすべて「単位」（実質的に国家）から受けていた。当時、高齢者の老後生活は、自分の家族と「単位」という大家族によって保障されていた。

しかし、改革開放後、「単位」制が崩壊し、個人責任を強化するさまざまな措置が取り入れられるようになった。ただし、社会保険における政府責任は基本的に維持されている。現在都市部では、高齢者に対する経済的扶養はほぼ公的年金制度によって保障されている（李 二〇〇五：三二四）。一方、身体的介護に関しては、政府の「福祉の社会化」政策によって、民間の養老施設と「社区福祉」が整備されてきた。特に高齢者にとって日常生活の場ともいえる「社区」の役割が重視されており、社会再編成の鍵とされている。筆者が調査した社区の現状に限っていえば、社区では高齢者に対して文化・娯楽サービスがある程度行われており、また、社区の広場に自発的に集まる高齢者は、交友関係を形成しているため、社区は高齢者の社会関係形成・精神的サポートになっているといえる。しかしその一方で、社区の介護・福祉サービスはあまり整備されておらず、あるいは制度があっても実施・利用に至っていない。総じていえば、社区の高齢者ケア支援効果が大きいものの、先行研究で指摘された「非常に効果的」といえるほどの役割を果たしていないといえるだろう。

また、日本と明らかに異なる特徴はもう一つある。それは家族扶養・介護の責任の再強化である。政府は、「福祉の社会化」を推進するとともに、法律・法規定の明文化、メディア宣伝などを通して、中華民族の「孝」という伝統的価値観を国民に再認識させ、家族の老親扶養の責任も再強調している。「福祉の社会化」政策のもとで推進されている養老施設と「社区福祉」は、「福祉性と市場性」の矛盾を抱えており、日本のような公的財源が投入された「介護の社会化」というよりも、むしろ「介護の市場化」の意味合いが強い。国家財源の不足から「低負担低福祉」の路線をとっている中国では、高齢者は基本的に介護を家族・親族に頼っており、家庭内で介護資源の調達が困難な場合、市場セクター（養老施設と家政婦）を通してケアサービスを購入するのが現状である。都市部高齢者福祉の供給構造は、家族主義と自由主義の混合型といえる。

ただし、社会主義的な「単位」福祉を享受し続ける高齢者もいる。政府機関や政府機関に従属する事業単位で勤務していた高齢者は、保険料を負担する必要がないうえに、退職前賃金の約八〇～九〇％に相当する年金額（民間企業従業員の場合、約四〇％）を受給できる。(1) また、公務員や国営企業勤務者が居住する社区では、社会福祉サービスも比較的整っている。このように、同じ都市高齢者でも、職業階層の違いによってその福祉権が変わる。

一方、農村部に目を転じてみると、農村高齢者の「社会福祉の社会化」を議論する前に、「経済的扶養」の問題が横たわっている。本書で取り上げた高齢者の事例から、都市高齢者と農村高齢者の間の経済格差・福祉格差がうかがえる。農村失地高齢者は公的年金に加入しておらず、毎月の収入（農地収用補償金や村の生産大隊の養老金など）は、都市高齢者の年金額の約四分の一でしかない。医療費の自己負担割合は五・五～七割であり、医療費の大部分は高齢者とその家族が負担することとなっている。身体的扶養（介護）に関しても、似たような状況にある。調査した三村は都市化されつつあるが、都市部の社区福祉のようなサービスはほとんど存在しない。また、「孝」という倫理観・伝統観念、利用費用の問題から、農村高齢者はそもそも市場セクター（民間養老施設、家政婦）を介護の供給源の選択肢として考えていない。公的ケアサービスも皆無に近い状況の中で、農村高齢者の介護を担っているのもやはり家族・親族である。農村部の年金や医療保険、地域福祉サービスが真の意味での社会保障と社会福祉になるまでには制度設計や給付水準など多くの調整が必要である。

次に、中国の育児をめぐる支援構造を検討したい。日本や韓国のこれまでの人口政策や少子化対策で見られるように、「子育て支援」を議論の俎上に載せるきっかけの一つは少子化現象の出現である。中国は、現在のところ、人口政策をどの程度緩和すれば妥当なのかという段階にあり「育児の社会化」は国にとってまだ重大な関心事項ではない。高齢者扶養・介護分野において「コミュニティ／非営利部門（社区）重視」という戦略がとられているが、育児分野ではそうでない。中国における育児は、基本的に家族・親族間での相互援助と託児所・幼稚園

（公立より私立のほうが圧倒的に多い）によって支えられている。家族・親族からの援助が得にくい場合、市場セクター（家政婦・ベビーシッター）を通して家政・保育サービスを購入することになる。先に高齢者介護の分野で進められた「福祉の社会化」が実質的に「福祉の市場化」になったという現状から、家族・親族と市場に頼る育児構造は今後もしばらく続くと考えられる。

## 三　本書の意義と課題

以上、育児と高齢者扶養・介護の二つの福祉領域に焦点を当てて、日中両国の福祉レジームの現状と問題点を検討した。本書の研究意義として、以下の四点を挙げたい。

(1)育児構造を検討するにあたり、アジアの育児に関するこれまでの比較研究であまり注目されてこなかった子育て支援施設を研究対象として取り上げ、日中両国の子育て支援施設の機能の違いを検討した。

(2)日本における福祉の多元性を形成するアクターとして、地域の福祉ニーズに柔軟に対応する介護系NPO（小規模多機能施設）などに着目した。これらの先進事例を検討することは、日本における新しい地域福祉・介護福祉システムを考えるうえで、大きなヒントになるのではないかと思われる。

(3)中国の都市高齢者の福祉に関するこれまでの研究では、社区福祉の役割を過大評価する傾向が見られる。社区の現地調査を通して、社区は高齢者の社会関係の拡大と生きがいづくりに役立つものの、介護サービスの供給主体にはなりえていないという実態を明らかにした本書は、意義があると思われる。

(4)中国都市-農村間の福祉格差というテーマについて、これまでの研究では都市高齢者と農村高齢者を対象に論じるものが多いが、政府の都市化政策によって生じた「都市住民でもなく、農民でもない」失地高齢者の扶養・介護の問題については、十分に調査されてこなかった。都市に編入された農村地域の失地高齢者の生活実態と福祉課題を提示した本書は、先行研究の不足点を補完したといえる。

本書は上記のような研究意義を有するものであるが、十分でない点や残された課題もある。「福祉」という概念は、労働、医療などさまざまな領域から構成されているが、本書では育児と高齢者扶養・介護の二つの福祉領域に絞って日本と中国の福祉レジームを検討した。ほかの福祉領域を分析の視野に入れていない。これは本書の特徴であると同時に、不十分な点でもある。また、本書で取り上げた調査事例は両国の福祉事情の一部しか代表できないという限界がある。たとえば、中国では大都市・北京市のほかに、地方都市での調査も今後に残された課題である。

## 四　日本との比較を通して中国を考える

昨今、ますます深刻化する少子高齢化への懸念から起きた中国の脱「一人っ子政策」の動きが、世間の注目を集めている。二〇一三年に中国各地で「単独二孩政策（夫婦のどちらか一人が一人っ子の場合、二人目の出産ができる）」の実施が始まった。政府の推計では、「単独二孩政策」の条件に合致する夫婦は一一〇〇万組だとしているが、二〇一五年一二月時点で申請した夫婦はわずか約二〇〇万組であり、政府の予想をはるかに下回っている（中華人民共和国国家衛生和計劃生育委員会　二〇一六）。当初見込まれていた二人目出産希望者の爆発的な増加は見られておらず、「単独二孩政策」が重視されていない。こうした中、政府はさらなる緩和の姿勢を見せている。二〇一六年一月一日に「一人っ子政策」が完全撤廃され、すべての夫婦に子ども二人まで認めるという「二孩政策（二人っ子政策）」が中国全土で本格的に始まった。人口政策の緩和によって、中国は少子高齢化を乗り越えられるのだろうか。その先行きは未知数である。

家族の介護力と育児力がともに低下している日本では、「失われた共同性に代わって新たな共同性の回復を求める志向が、『育児の社会化』や『介護の社会化』にはある」（上野 二〇一一：四六八）。財政上の制約で政府による福祉サービスの拡大が難しい中、身近な福祉に関する諸課題を解決するために横のつながりを強め、主体的に行動する福祉NPOが着実に増えている。地方分権化によって地方自治体の裁量が広がり、また住民参加がますます求められる日本では、育児や介護などの福祉課題に対処するために、地域住民やNPOなど多様なアクターが地方行政と連携しながら福祉サービスを提供していく必要がある。

同時に、福祉多元主義的なシステムにおける国家セクターの役割とその重要性も忘れてはいけない。本書で取り上げたいくつかの福祉系NPOの事例で見てきたように、「コミュニティ／非営利部門」は、行政にはない柔軟性と先進性を持っている。しかしその一方で、NPOなどによるケア供給量はまだ多くなく、すべての利用者のニーズを包摂できるほど有効でないことも事実である。たとえば、小規模な福祉事業に対する制度的・財政的支援や、待機老人を解消するための入所型高齢者福祉施設の整備など、国家の責任による社会保障と社会福祉の充実は、依然として重要な課題である。

一方、中国では、少子高齢化がますます進行する中で、人々は育児と高齢者扶養・介護にどう対応していくのだろうか。

上述したように、中国の福祉システムは家族主義と自由主義の混合体（一部では社会主義レジームが維持されている）であり、育児と高齢者扶養・介護のかなりの部分は「私領域」に頼っている。しかし、現行の中国の福祉システムの特徴から、政府は社会保障・社会福祉の整備に消極的であるといえるかというと、必ずしもそうではない。社会保障分野では、二〇〇〇年代に、政府はそれまで社会保険制度から排除されていた農民・都市非就労者を対象に、新しい医療保険と年金制度を矢継ぎ早に創設し、国民皆保険・皆年金制度を一応整備してきた。社会福祉分野においても、一九八〇年代半ばから、福祉の多元化を促進する「社会福祉の社会化」が推進されている。

しかし、政府が打ち出した社会保障・福祉政策は、人々には「雷声大、雨点小（雷鳴激しく雨わずか）」のイメージを与えているようである。農民と都市非就労者を対象とした年金制度は、給付水準が低すぎて、老後の生活保障としての役割を果たせていない。また、「小さな政府と大きな社会」をスローガンとする「福祉の社会化」政策も、「大きな社会」の形成をもたらせなかった。政府は社会保障・社会福祉の重要性と必要性を痛感していながらも、なかなかその整備に力を入れられなかった。その背景には、巨大な人口規模、乏しい財政力、格差が埋まらない都市-農村「二元構造」、などの事情が存在する。

中国の社会保障・福祉が直面している最大の課題は、地域間・階層間の格差の是正である。二〇一三年に発足した習近平政権は、「国家新型都市化計画」（二〇一四〜二〇二〇年）を発表し、「新型都市化」の推進を重要政策の一つに掲げている。経済建設を中心課題にしてきた中国では、都市化政策が著しい成果を収めた。しかしその一方で、都市化の過程で生じた大量な農民工や失地農民は社会保障制度からこぼれ落ちており、「二元構造」が維持されたままである。「土地の都市化」（ハード面の建設）を強調する従来の進め方を改め、「人間本位の都市化」（制度などソフト面の整備）を目指す新型都市化政策は、農民の権益の保護や都市-農村間の格差の縮小などを狙っている。経済的効率と社会的公平のバランスの取れた発展が実現できるかどうか、政府の力量が問われる。

「一つの中国、四つの世界」という言い方に象徴されるように、経済格差の大きい中国においては、全体の福祉システムを一元的に論じることができない。それに加え、世界で最大の人口規模を抱える発展途上国という特殊性・唯一性もあるため、中国は他の国に手本を求めることも難しい。「福祉国家」から「福祉多元社会」へという流れは欧米先進国の社会福祉改革の趨勢であるが、その改革は、政治の民主化、市場の完備化、市民社会の成熟化を前提としており、中国のそれとはまったく異なる環境下に置かれている（韓　二〇一一：四〇五）。中国の福祉システムは、今後どのような方向に進んでいくのだろうか。それは政府の政策姿勢に深く関わっている。家族や市場、社区をうまく利用しながら、欧米先進国とは異なった独自の福祉モデルを形成していくのか、それとも近い将来、地域間・制度間の格差を是正し、社会保障と社会福祉の本格的な整備に乗り出すのか。今後もその動きに注目して研究を進めていきたい。

（1）　中国では、これまで「年金双軌制（年金二重制度）」のもとで、政府機関・事業単位従業員と民間企業従業員に対してそれぞれ異なる制度を適用してきた。年金制度における「官民格差」を縮小するために、中国国務院は二〇一五年一月に「政府機関・事業単位従業員養老保険制度改革に関する決定」を発表し、年金制度を一元化することを決定した。この改革により、これまで保険料の個人負担がなかった政府機関・事業単位従業員は、民間企業従業員と同様に賃金の八％の保険料を負担することになった。今後、二つの年金の給付水準も徐々に近づくとされている。

# 初出一覧

本書の各章は下記の論文・学会報告を土台としているが、執筆にあたっては内容に大幅な加筆・修正を行った。

はじめに：書き下ろし
第一章：書き下ろし
第二章：書き下ろし
第三章：(1)郭莉莉、二〇一一、「日本の少子化と育児社会環境」、『北海道大学大学院文学研究科研究論集』一一号：二一三—二三〇
(2)郭莉莉、二〇一四、「都市の少子化と子育て支援ネットワークに関する日中比較研究——札幌・北京調査を事例に」、『現代社会学研究』二七巻：一—一八
第四章：(1)郭莉莉、二〇一二、「子育て環境にみる家族の機能と社会的支援」、『北海道大学大学院文学研究科研究論集』一二号：三九一—四一二
(2)郭莉莉、二〇一四、「中国都市における『一人っ子化』と子育て支援ネットワークに関する一考察——北京調査を事例に」、『日中社会学研究』二二号：七八—八八
第五章：書き下ろし

第六章：郭莉莉、二〇一六、「日本の高齢化と小規模多機能ケアの実践――札幌市のＮＰＯの事例調査より」、『北海道大学大学院文学研究科研究論集』一五号：二五三―二七〇

第七章：（1）郭莉莉・工藤遥、二〇一五・〇六、「ＮＰＯによる幼老共生型福祉の実践（1）――高齢者の介護および世代間関係からみた幼老共生ケアの特徴」、北海道社会学会第六三回大会、於・旭川大学

（2）工藤遥・郭莉莉、二〇一五・〇六、「ＮＰＯによる幼老共生型福祉の実践（2）――乳幼児の保育および世代間関係からみた幼老共生ケアの特徴」、北海道社会学会第六三回大会、於・旭川大学

第八章：書き下ろし

第九章：（1）郭莉莉、二〇一四・〇六、「中国の高齢者福祉と『社区』の役割――北京市における質的調査を事例に」、日中社会学会第二六回大会、於・大同大学

（2）郭莉莉、二〇一四・〇九、「中国の高齢化と地域福祉サービスの展開――北京市における質的調査を事例に」、日本家族社会学会第二四回大会、於・東京女子大学

第一〇章：郭莉莉、二〇一五、「中国農村高齢者の養老問題――都市近郊の『失地農民』に焦点を当てて」、『21世紀東アジア社会学』七号：一四六―一六三

おわりに：書き下ろし

# 参考文献

■日本語文献


安立清史　二〇〇三「介護系NPOとは何か――全国アンケート調査の結果からみた実態と展開」、田中尚輝・浅川澄一・安立清史（著）『介護系NPOの最前線――全国トップ16の実像』ミネルヴァ書房、三六―五六

浅川澄一　二〇〇三「ケア付き住宅型――NPOの独自性を最も発揮する『住宅』の提供」、田中尚輝・浅川澄一・安立清史（著）『介護系NPOの最前線――全国トップ16の実像』ミネルヴァ書房、六五―八五

ベネッセ教育総合研究所　二〇〇五『幼児の生活アンケート・東アジア5都市調査2005報告書』、ベネッセ教育総合研究所ホームページ（http://berd.benesse.jp/jisedai/research/detail1.php?id = 3612）二〇一五年一一月一八日取得

ベネッセ教育総合研究所　二〇一〇『幼児の生活アンケート・東アジア5都市調査2010　速報版』、ベネッセ教育総合研究所ホームページ（http://berd.benesse.jp/jisedai/research/detail1.php?id = 3202）二〇一五年一一月一八日取得

永和良之助　二〇〇八「地域社会で共に生き、育つ高齢者と子どもたち――ソーシャルインクルージョンをめぐる日本の新たな動き」、佛教大学『教育学部論集』一九号、三三五―四一

永和良之助　二〇〇九「高齢者ケアサービスの発展」、永和良之助・坂本勉・福富昌城（著）『高齢者福祉論』ミネルヴァ書房、八一―一一二

馮暁霞（著）／一見真理子（訳）　二〇〇七「中国の大都市における就学前教育及び子育て支援の現状と課題」、『保育学研究』四五巻二号、二二二―二二九

G・エスピン-アンデルセン（著）／岡沢憲芙・宮本太郎（監訳）　二〇〇一『福祉資本主義の三つの世界――比較福祉国家の理論と動態』ミネルヴァ書房（Gøsta Esping-Andersen, 1990, *The Three Worlds of Welfare Capitalism*, Polity Press）

G・エスピン-アンデルセン（著）／渡辺雅男・渡辺景子（訳）　二〇〇〇『ポスト工業経済の社会的基礎――市場・福祉国家・家

族の政治経済学』桜井書店（Gøsta Esping-Andersen, 1999, *Social Foundations of Postindustrial Economies*, Oxford University Press）
後藤澄江　二〇一二『ケア労働の配分と協働——高齢者介護と育児の福祉社会学』東京大学出版会
グループホームきなっせ（編）　二〇〇三『きなっせ発　寄り添うケアとは何か』全国コミュニティライフサポートセンター
平野隆之　二〇〇五a「『共生ケア』の分析枠組み」、平野隆之（編）『共生ケアの営みと支援——富山型「このゆびとーまれ」調査から』全国コミュニティライフサポートセンター、九—一六
平野隆之　二〇〇五b「共生ケアの原点としての宅老所」、平野隆之（編）『共生ケアの営みと支援——富山型「このゆびとーまれ」調査から』全国コミュニティライフサポートセンター、一八—二五
平野隆之　二〇〇五c「地域ケアのプログラムと共生ケア」、平野隆之（編）『共生ケアの営みと支援——富山型「このゆびとーまれ」調査から』全国コミュニティライフサポートセンター、二六—三六
広井良典　二〇〇〇『ケア学——越境するケアへ』医学書院
胡鞍鋼　二〇〇三「『東北振興』の経済的・政治的意義」、独立行政法人経済産業研究所ホームページ（http://www.rieti.go.jp/users/china-tr/jp/040319kaikaku.htm）二〇一五年七月二八日取得
一番ヶ瀬康子　二〇〇六「『幼老統合ケア』の意義」、幼老統合ケア研究会（編）／多湖光宗（監修）『幼老統合ケア——〝高齢者福祉〟と〝子育て〟をつなぐケアの実践と相乗効果』黎明書房、八—一一
一見真理子　二〇一〇「中国における早期の子育て事情——『一人っ子』『市場経済化』『早期からの教育』の各政策のもとで」、『教育と医学』五八巻六号、五〇二—五〇九
岩井紀子・保田時男（編）　二〇〇九『データで見る東アジアの家族観——東アジア社会調査による日韓中台の比較』ナカニシヤ出版
郭芳　二〇一二「中国農村高齢者向けの新しい福祉サービスの模索——地域居住型サービス構築への試み」、『国際経済労働研究』六七巻一〇号、二六—三五
郭莉莉　二〇一一「日本の少子化と育児社会環境」、『北海道大学大学院文学研究科研究論集』一一号、一一三—一三〇
郭莉莉　二〇一二「子育て環境にみる家族の機能と社会的支援」、『北海道大学大学院文学研究科研究論集』一二号、三九一—四一二

郭莉莉　二〇一四「中国都市における『一人っ子化』と子育て支援ネットワークに関する一考察――北京調査を事例に」、『日中社会学研究』二二号、七八―八八
郭莉莉　二〇一四「都市の少子化と子育て支援ネットワークに関する日中比較研究――札幌・北京調査を事例に」、『現代社会学研究』二七巻、一―一八
郭莉莉　二〇一五「中国農村高齢者の養老問題――都市近郊の『失地農民』に焦点を当てて」、『21世紀東アジア社会学』七号、一四六―一六三
郭莉莉　二〇一六「日本の高齢化と小規模多機能ケアの実践――札幌市のNPOの事例調査より」、『北海道大学大学院文学研究科研究論集』一五号、二五三―二七〇
賈強　二〇〇二「『社区服務』とは何か――中国都市のコミュニティ福祉：その実態、性格と課題」、『文教大学国際学部紀要』一二巻二号、八一―九八
鎌田実・辻哲夫・秋山弘子・前田展弘　二〇一三「超高齢未来の姿」、東京大学高齢社会総合研究機構（編著）『東大がつくった確かな未来視点を持つための高齢社会の教科書』ベネッセコーポレーション、一三―二八
金子勇　一九九七『地域福祉社会学――新しい高齢社会像』ミネルヴァ書房
金子勇　二〇〇三『都市の少子社会――世代共生をめざして』東京大学出版会
金子勇　二〇〇六『少子化する高齢社会』日本放送出版協会
金子勇　二〇一一『コミュニティの創造的探求――公共社会学の視点』新曜社
川原秀夫　二〇〇四「宅老所・グループホームはケアスタッフの介護負担を軽減するのか」、『老年精神医学雑誌』一五巻八号、九四三―九四八
金明中・張芝延　二〇〇七「韓国における少子化の現状とその対策」、国立社会保障・人口問題研究所『海外社会保障研究』一六〇号、一一一―一二九
木村美和子「花凪屋繁盛記　連載2――人と人がつながって」、二〇〇八年一一月一三日付、『介護新聞』(http://www13.plala.or.jp/hananagi/media/hanjoki/ks081113.pdf)二〇一五年八月二七日取得
金成垣　二〇〇九「遅れてきた福祉国家――韓国からの新しい視座」、埋橋孝文・木村清美・戸谷裕之（編）『東アジアの社会保障――日本・韓国・台湾の現状と課題』ナカニシヤ出版、二九―五八

北村安樹子　二〇〇六「福祉施設における『幼老統合ケア』の現況」、幼老統合ケア研究会（編）／多湖光宗（監修）『幼老統合ケア――〝高齢者福祉〟と〝子育て〟をつなぐケアの実践と相乗効果』黎明書房、二四―二八

小林熙直　二〇一二「中国の社会保障制度改革――養老年金制度一元化への試み」、『高齢化とアジア』亜細亜大学アジア研究所、五四―八五

小林一穂　二〇〇八「中国農村家族の変化と安定――山東省の事例調査から」、首藤明和・落合恵美子・小林一穂（編）『分岐する現代中国家族――個人と家族の再編成』明石書店、二五六―三〇一

国立社会保障・人口問題研究所　二〇一六「二〇一六年版　人口統計資料集」、国立社会保障・人口問題研究所ホームページ（http://www.ipss.go.jp/syoushika/tohkei/Popular/Popular2016.asp?chap=4）二〇一七年二月一七日取得

国際長寿センター（編）　一九九六『東アジアの少子化と高齢化対策に関する日本・韓国および中国3ヵ国比較研究』

国際長寿センター　二〇一二『高齢社会を生きる』

厚生労働省　二〇〇〇『平成12年介護サービス施設・事業所調査の概況』、厚生労働省ホームページ（http://www.mhlw.go.jp/toukei/saikin/hw/kaigo/service00/index.html）二〇一五年八月二四日取得

厚生労働省　二〇一二『平成24年版厚生労働白書――社会保障を考える』、厚生労働省ホームページ（http://www.mhlw.go.jp/wp/hakusyo/kousei/12/）二〇一五年八月一七日取得

厚生労働省　二〇一三『宅幼老所の取組』、厚生労働省ホームページ（http://www.mhlw.go.jp/stf/seisakunitsuite/bunya/hukushi_kaigo/shougaishahukushi/other/index.html）二〇一五年九月二四日取得

厚生労働省　二〇一五『平成27年介護サービス施設・事業所調査の概況』、厚生労働省ホームページ（http://www.mhlw.go.jp/toukei/saikin/hw/kaigo/service15/index.html）二〇一七年二月二四日取得

厚生労働省　二〇一六a「平成27年（2015）人口動態統計（確定数）の概況」、厚生労働省ホームページ（http://www.mhlw.go.jp/toukei/saikin/hw/jinkou/kakutei15/index.html）二〇一七年二月一七日取得

厚生労働省　二〇一六b「平成27年簡易生命表の概況」、厚生労働省ホームページ（http://www.mhlw.go.jp/toukei/saikin/hw/life/life15/dl/life15-15.pdf）二〇一七年二月二三日取得

厚生労働省　二〇一六c『平成27年　国民生活基礎調査の概況』、厚生労働省ホームページ（http://www.mhlw.go.jp/toukei/saikin/hw/k-tyosa/k-tyosa15/ index.html）二〇一七年二月二三日取得

古允文　二〇〇九「東アジア福祉レジームを超えて――これまでの研究と成果、そして今後の展望」、埋橋孝文・木村清美・戸谷裕之（編）『東アジアの社会保障――日本・韓国・台湾の現状と課題』ナカニシヤ出版、三一―二八

増田雅暢　二〇一〇「介護保険制度施行10年を迎えて」、社団法人全国老人保健施設協会（編）『平成22年版　介護白書――介護老人保健施設を取り巻く環境の変化と対応』オフィスTM、四六―六六

毎日新聞社人口問題調査会　一九九四『新しい家族像を求めて：第22回全国家族計画世論調査』

宮坂靖子　二〇〇七「中国の育児――ジェンダーと親族ネットワークを中心に」、落合恵美子・山根真理・宮坂靖子（編）『アジアの家族とジェンダー』勁草書房、一〇〇―一二〇

孟健軍　二〇一一「中国の都市化はどこまで進んできたのか」、独立行政法人経済産業研究所ホームページ(http://www.rieti.go.jp/jp/publications/summary/11060002.html)二〇一四年一〇月二六日取得

内閣府　二〇一五a『平成27年版　高齢社会白書（全体版）』、内閣府ホームページ(http://www8.cao.go.jp/kourei/whitepaper/w-2015/zenbun/27pdf_index.html)二〇一七年二月二三日取得

長田洋司　二〇〇八「中国都市部における社区建設の取組みと高齢者への対応」、首藤明和・落合恵美子・小林一穂（編著）『分岐する現代中国家族――個人と家族の再編成』明石書店、二一五―二五三

内閣府　二〇一五b『平成27年度　第8回高齢者の生活と意識に関する国際比較調査結果（全文）』、内閣府ホームページ(http://www8.cao.go.jp/kourei/ishiki/h27/zentai/index.html)二〇一七年二月二四日取得

内閣府　二〇一六a『平成28年版　高齢社会白書（全体版）』、内閣府ホームページ(http://www8.cao.go.jp/kourei/whitepaper/w-2016/zenbun/28pdf_index.html)二〇一七年二月二三日取得

内閣府　二〇一六b『平成28年版　少子化社会対策白書　全体版』、内閣府ホームページ(http://www8.cao.go.jp/shoushi/shoushika/whitepaper/measures/w-2016/28webhonpen/index.html)二〇一七年二月一八日取得

内閣府男女共同参画局　二〇一五『男女共同参画白書　平成27年版』、内閣府男女共同参画局ホームページ(http://www.gender.go.jp/about_danjo/whitepaper/h28/zentai/index.html)二〇一七年三月三日取得

直井道子　二〇一〇「Ⅱ　高齢者と家族」、直井道子・中野いく子（編）『よくわかる高齢者福祉』ミネルヴァ書房、一六―一九

大橋史恵　二〇〇四「家政サービスについての議論の変遷――20年間の変化と課題」、『中国女性史研究』一三号、一―一五

大泉啓一郎　二〇〇七『老いてゆくアジア――繁栄の構図が変わるとき』中央公論新社

岡村清子　二〇〇五　「地域三世代統合ケア――小規模多機能ケアと居場所づくり」、『老年社会科学』二七巻三号、三五一―三五八
落合恵美子　一九八九　『近代家族とフェミニズム』勁草書房
落合恵美子　二〇〇八　「現代中国都市家族の社会的ネットワーク――無錫市の事例から」、首藤明和・落合恵美子・小林一穂（編）『分岐する現代中国家族――個人と家族の再編成』明石書店、六四―一一〇
落合恵美子　二〇一〇　「特集：ケア労働の国際比較――新しい福祉国家論からのアプローチ　趣旨」、国立社会保障・人口問題研究所『海外社会保障研究』一七〇号、二―三
落合恵美子　二〇一三a　「アジア近代における親密圏と公共圏の再編成――『圧縮された近代』と『家族主義』」、落合恵美子（編）『親密圏と公共圏の再編成――アジア近代からの問い』京都大学学術出版会、一―三八
落合恵美子　二〇一三b　「ケアダイヤモンドと福祉レジーム――東アジア・東南アジア六社会の比較研究」、落合恵美子（編）『親密圏と公共圏の再編成――アジア近代からの問い』京都大学学術出版会、一七七―二〇〇
落合恵美子・山根真理・宮坂靖子・周維宏・斧出節子・木脇奈智子・藤田道代・洪上旭　二〇〇四　「変容するアジア諸社会における育児援助ネットワークとジェンダー――中国・タイ・シンガポール・台湾・韓国・日本」、『教育學研究』七一巻四号、三八二―三九八
落合恵美子・山根真理・宮坂靖子　二〇〇七　「アジアの家族とジェンダーの地域間比較――多様性と共通性」、落合恵美子・山根真理・宮坂靖子（編）『アジアの家族とジェンダー』勁草書房、二八五―三一〇
王文亮　二〇〇一　「中国の地域福祉サービスの展開と役割」、『総合社会福祉研究』一八号、一六五―一七六
王文亮　二〇〇八　「格差社会から調和社会への方向転換」、王文亮（編著）『現代中国の社会と福祉』ミネルヴァ書房、一―一八
王文亮　二〇一〇　『現代中国社会保障事典』集広舎
李蓮花　二〇〇五　「中国都市部の高齢者福祉――高齢化、市場化とウェルフェア・ミックス」、宇佐見耕一（編）『新興工業国の社会福祉――最低生活保障と家族福祉』アジア経済研究所、三二三―三五二
櫻井義秀　二〇一五　「東アジアの政教関係と福祉――比較制度論的視点」、櫻井義秀・外川昌彦・矢野秀武（編著）『アジアの社会参加仏教――政教関係の視座から』北海道大学出版会、三一―四四
札幌市　二〇一五　「札幌市統計書（平成27年版）」、札幌市公式ホームページ（http://www.city.sapporo.jp/toukei/tokeisyo/tokei

syo.html)二〇一七年二月二八日取得
札幌市　二〇一六　『さっぽろ未来創生プラン（概要版）』、札幌市公式ホームページ（https://www.city.sapporo.jp/kikaku/mirasousei/documents/03gaiyou.pdf）二〇一七年三月三日取得
笹谷春美　二〇〇五　「高齢者介護をめぐる家族の位置――家族介護者視点からの介護の『社会化』分析」、『家族社会学研究』一六巻二号、三六―四六
佐瀬美恵子　二〇〇五　「『このゆびとーまれ』におけるケアの技術」、平野隆之（編）『共生ケアの営みと支援――富山型「このゆびとーまれ」調査から』全国コミュニティライフサポートセンター、一四二―一七二
秦大忠　二〇〇五　「中国における『失地農民問題』解消に向けた株式合作制の導入過程とその効果――山東省済南市Z村の事例分析を中心に」、『農業経済研究報告』三七号、一五―二六
沈潔　一九九八　「中国における地域福祉政策の形成および問題点」、『社会福祉研究』七二号、九六―一〇一
沈潔　二〇〇七ａ　「高齢者介護の社会化と在宅サービスの充実」、沈潔（編著）『中華圏の高齢者福祉と介護――中国・香港・台湾』ミネルヴァ書房、六三―七八
沈潔　二〇〇七ｂ　「施設介護福祉の拡充」、沈潔（編著）『中華圏の高齢者福祉と介護――中国・香港・台湾』ミネルヴァ書房、七九―一〇〇
篠塚英子・永瀬伸子（編著）　二〇〇八　『少子化とエコノミー――パネル調査で描く東アジア』作品社
袖井孝子　二〇〇八ａ　「中国は新しい福祉国家モデルを提示できるか」、袖井孝子・陳立行（編著）『転換期中国における社会保障と社会福祉』明石書店、一五―三二
袖井孝子　二〇〇八ｂ　「結びにかえて」、袖井孝子・陳立行（編著）『転換期中国における社会保障と社会福祉』明石書店、三四三―三六〇
染谷俶子　二〇〇〇　「変貌する高齢者と家族の役割・機能」、染谷俶子（編）『老いと家族――変貌する高齢者と家族』ミネルヴァ書房、一―一〇
染谷俶子　二〇〇三　「社会変動と日本の家族――老親扶養の社会化と親子関係」、『家族社会学研究』一四巻二号、一〇五―一一四
総務省統計局　二〇一三　「女性・高齢者の就業状況――『勤労感謝の日』にちなんで」、総務省統計局ホームページ（http://

www.stat.go.jp/data/shugyou/topics/pdf/topics74.pdf)二〇一七年二月二八日取得

総務省統計局　二〇一六「統計からみた我が国の高齢者(65歳以上)――『敬老の日』にちなんで」、総務省統計局ホームページ(http://www.stat.go.jp/data/topics/topi970.htm)二〇一七年二月二三日取得

孫継栄　二〇一〇「中国失地農民の養老保障制度に関する一考察」、『亜細亜大学大学院経済学研究論集』三四号、六五―八八

末廣昭　一九九六「発展途上国の開発主義」、東京大学社会科学研究所(編)『二〇世紀システム4　開発主義』東京大学出版会

末廣昭　二〇〇〇『キャッチアップ型工業化論――アジア経済の軌跡と展望』名古屋大学出版会

末廣昭　二〇〇六「東アジア福祉システムの展望――論点の整理」、『アジア研究』五二巻二号、一一三―一二四

孫征　二〇一〇「中国の少子化が家庭と社会に与える影響について」、駄田井正・原田康平・王橋(編)『東アジアにおける少子高齢化と持続可能な発展――日中韓三国の比較研究』新評論、二三一―二四三

鐘家新　二〇〇八「毛沢東時代の社会福祉政策」、袖井孝子・陳立行(編著)『転換期中国における社会保障と社会福祉』明石書店、六二―八八

周維宏・落合恵美子　二〇〇七「中国の高齢者――中日比較の視点から」、落合恵美子・山根真理・宮坂靖子(編)『アジアの家族とジェンダー』勁草書房、一二一―一四二

田多英範　二〇〇四「生活保障制度から社会保障制度へ」、田多英範(編)『現代中国の社会保障制度』流通経済大学出版会、一―二六

高橋誠一　二〇〇九「介護保険における小規模多機能型居宅介護の福祉政策的意義」、『東北福祉大学研究紀要』三三巻、一―一四

武川正吾　二〇〇六「東アジアにおける社会政策学の可能性」、社会政策学会(編)『東アジアにおける社会政策学の展開』法律文化社、一―二二

武川正吾　二〇〇九『社会政策の社会学――ネオリベラリズムの彼方へ』ミネルヴァ書房

多湖光宗　二〇〇六「はじめに」、幼老統合ケア研究会(編)多湖光宗(監修)『幼老統合ケア――〝高齢者福祉〟と〝子育て〟をつなぐケアの実践と相乗効果』黎明書房、I

宅老所・グループホーム全国ネットワーク(監修)　二〇一〇『生活支援サービス立ち上げマニュアル5　宅老所』社会福祉法人全国社会福祉協議会

田中尚輝　二〇〇三「はしがき」、田中尚輝・浅川澄一・安立清史（著）『介護系NPOの最前線――全国トップ16の実像』ミネルヴァ書房、i―iii
立松麻衣子　二〇〇八「高齢者の役割作りとインタージェネレーションケアを行うための施設側の方策――高齢者と地域の相互関係の構築に関する研究」、『日本家政学会誌』五九巻七号、五〇三―五一五
鄭楊　二〇〇三「中国都市部の親族ネットワークと国家政策――3都市における育児の実態調査から」、『家族社会学研究』一四巻二号、八八―九八
陳暁嫻　二〇一〇「東アジアに対する日本の高齢化対策の応用可能性」、小川全夫（編）『老いる東アジアへの取り組み――相互理解と連携の拠点形成を』九州大学出版会、一四三―一六一
鄧菁華・上野和彦　二〇〇七「中国における土地収用と農民生活の変化――北京市順義区を事例として」、『東京学芸大学紀要人文社会科学系Ⅱ』五八集、一―九
富山県厚生部厚生企画課　二〇一三『とやまの地域共生――富山型デイサービス　20年のあゆみとこれから』
富山県厚生部厚生企画課　二〇一四『共生の福祉現場　富山に見にこられませ～富山型デイサービス・共生型グループホーム・ケアネット活動への扉』
外山義　二〇〇三『自宅でない在宅――高齢者の生活空間論』医学書院
辻哲夫　二〇一三「超高齢社会と社会保障」、東京大学高齢社会総合研究機構（編著）『東大がつくった確かな未来視点を持つための高齢社会の教科書』ベネッセコーポレーション、二〇五―二一八
張慶燮　二〇一三「個人主義なき個人化――『圧縮された近代』と東アジアの曖昧な家族危機」、落合恵美子（編）『親密圏と公共圏の再編成――アジア近代からの問い』京都大学学術出版会、三九―六六
趙剛　二〇一〇「中国の高齢化対応――都市部の社区の役割」、小川全夫（編）『老いる東アジアへの取り組み――相互理解と連携の拠点形成を』九州大学出版会、九一―一〇四
上野加代子　二〇〇六「社会による子どものネグレクト」、落合恵美子・上野加代子（編著）『21世紀アジア家族』明石書店、一九八―二〇〇
上野千鶴子　二〇一一『ケアの社会学――当事者主権の福祉社会へ』太田出版
宇佐見耕一　二〇〇三「新興福祉国家論の視角」、宇佐見耕一（編）『新興福祉国家論――アジアとラテンアメリカの比較研究』

アジア経済研究所、三一―四一
熊躍根　二〇〇六「改革後の中国における社会変動と福祉多元主義の発展――中国福祉レジームをめぐる討議」、社会政策学会(編)『東アジアにおける社会政策学の展開』法律文化社、一八八―二一二
山田昌弘　二〇〇七『少子社会日本――もうひとつの格差のゆくえ』岩波書店
山根真理　二〇〇〇「育児不安と家族の危機」、清水新二(編)『家族問題――危機と存続』ミネルヴァ書房、二一―四〇
大和礼子　二〇〇六「高齢者のサポート」、落合恵美子・上野加代子(編著)『21世紀アジア家族』明石書店、一九一―一九四
于学軍　二〇〇六「一人っ子政策の成果と展望」、若林敬子(編著)／筒井紀美(訳)『中国　人口問題のいま――中国人研究者の視点から』ミネルヴァ書房、六三―八六

■中国語文献(ピンイン順)

北京市老齢工作委員会弁公室　二〇一五『北京市２０１４年老年人口信息和老齢事業発展状況報告』、首都之窗ホームページ(http://zhengwu.beijing.gov.cn/tjxx/tjgb/t1412150.htm)二〇一七年三月二日取得
北京市民政局・市残聨　二〇〇九「北京市市民居家養老(助残)服務(〝九養〟)弁法」、中華人民共和国中央人民政府ホームページ(http://www.gov.cn/gzdt/2009-12/17/content_1489588.htm)二〇一五年九月一日取得
陳樹強　二〇〇四「老年人日常生活照顧問題初論」『中国青年政治学院学報』二〇〇四年第三期、一二九―一三三
陳紹軍・彭鈴鈴・王磊　二〇一一「失地農民養老保障模式比較研究」、『西北人口』二〇一一年第四期、三三―三七
杜鵬　二〇一三「中国人口老齢化現状与変化」、『中国社会保障』二〇一三年第一一期、一三―一五
範斌　二〇〇六『福利社会学』社会科学文献出版社
費孝通　一九八三「家庭結構変動中的老年贍養問題――再論中国家庭結構的変動」、『北京大学学報(哲学社会科学版)』一九八三年第三期、七―一六
傅東(主編)　二〇一一『中国財政年鑑２０１１』中国財政雑誌社
傅忠道(編)　二〇〇一『社区工作基礎知識１０００答』中国青年出版社
関博　二〇一一「居家養老政策的福利定位思考――以居家養老(助残)券政策為例」、『北方民族大学学報(哲学社会科学版)』二〇一一年第六期、一〇八―一一二

国家統計局人口和就業統計司(編)　二〇一〇　『２００９中国人口』中国統計出版社
国務院人口普査弁公室・国家統計局人口和就業統計司(編)　二〇一二　『中国２０１０年人口普査資料』中国統計出版社
郭玉田・李少華　二〇〇〇　「徴地補償安置怎様処理三個関係」、『中国土地』二〇〇〇年第八期、二一―二四
郭象　二〇一一　「対婦聯系統婦女児童活動中心発展的思考」、『中国婦運』二〇一一年第六期、一六―一七
郭志剛　二〇一〇　「中国的低生育水平及其対人口発展的影響」、曾毅・顾宝昌・郭志剛等(著)『低生育水平下的中国人口与経済発展』北京大学出版社、三―一四
韓克慶　二〇一一　『転型期中国社会福利研究』中国人民大学出版社
韓俊　二〇〇五　「如何解決失地農民問題――失地農民問題的根源是土地徴用制度存在重大缺陥」、『科学決策』二〇〇五年第七期、五―一四
柳俊豊　二〇一二　「試論城郊失地農民社会保障体系的構建――以農民市民化為研究視角」、『北华大学学報(社会科学版)』第一三巻第二期、一二七―一三〇
劉淑蘭・陳捷　二〇一〇　「失地農民養老保険的実施現状及制度設計」、『内蒙古農業大学学報(社会科学版)』二〇一〇年第一期、二〇―二三
李淑梅　二〇〇七　『失地農民社会保障制度研究』中国経済出版社
卢馳文(主編)　二〇一七　『社会保険与社会福利』復旦大学出版社
民政部ほか　二〇〇〇　「関於加快実現社会福利社会化的意見」、中国社会福利網ホームページ(http://shfl.mca.gov.cn/article/zcfg/200809/20080900019761.shtml)二〇一五年九月一日取得
民政部　二〇〇一　「老年人社会福利機構基本規範」、中国社会福利網ホームページ(http://shfl.mca.gov.cn/article/zcfg/zcfga/200807/20080700018535.shtml)二〇一五年八月一四日取得
潘家華・魏後凱(編)　二〇一一　『中国城市発展報告　№４聚焦民生』社会科学文献出版社
全国老齢工作委員会弁公室　二〇〇三　『老齢工作幹部読本』華齢出版社
全国老齢工作委員会弁公室ほか　二〇〇八　「関於全面推進居家養老服務工作的意見」、中華人民共和国民政部ホームページ(http://www.mca.gov.cn/article/zwgk/fvfg/shflhshsw/200802/20080200011957.shtml)二〇一五年九月一日取得
夏建中　二〇〇八　「従街居制到社区制――我国城市社区30年的変遷」、『黒龍江社会科学』二〇〇八年第五期、一四―一九

王必達・裴志偉　二〇一二「我国失地農民社会保障模式的比較与反思」、『科学・経済・社会』二〇一二年第四期、五五—五九
王琼・李薇　二〇一二「我国失地農民社会保障問題研究」、『現代商貿工業』、二〇一二年第六期、四〇—四二
楊卿　二〇〇八「対当前我国失地農民社会保障模式的評估」、『商業時代』二〇〇八年第三二期、四八—四九
叶暁玲　二〇〇九「重慶失地農民養老保険制度模式分析」、『農村経済』二〇〇九年第一一期、五六—五八
張敏傑　一九八七「論〝家庭養老〟模式」、『浙江学刊』一九八七年第三期、七三—七七
張敏傑　二〇〇九『新中国60年——人口老齢化与養老制度研究』浙江工商大学出版社
中華人民共和国国家統計局（編）、『中国統計年鑑』（二〇一二～二〇一六年版）、中華人民共和国国家統計局ホームページ（http://www.stats.gov.cn/tjsj/ndsj/）二〇一七年二月一八日取得
中華人民共和国国家衛生和計劃生育委員会　二〇一六「二〇一五我国衛生和計劃生育事業発展統計公報」、中華人民共和国国家衛生和計劃生育委員会ホームページ（http://www.nhfpc.gov.cn/guihuaxxs/s10748/201607/da7575d64fa04670b5f375c87b6229b0.shtml）二〇一七年三月一二日取得
中華人民共和国国家衛生和計劃生育委員会　二〇一七「〝十三五〟全国計劃生育事業発展規劃」、中華人民共和国国家衛生和計劃生育委員会ホームページ（http://www.moh.gov.cn/jczds/s8506p/201702/a11690d342434e3fbe0be5dc35f6c579.shtml）二〇一七年二月一八日取得

# あとがき

本書は、二〇一五年一一月に北海道大学大学院文学研究科に提出した博士論文をもとに加筆修正したものである。本書では、政策的にも学術的にも重要視されており、しかも人々の生活に深く関わる育児と高齢者扶養・介護の二つの福祉領域を取り上げ、日中両国の福祉資源の供給構造について、福祉レジームの観点から論じてみた。本書の特徴は以下の二点にまとめられる。

第一に、日本と中国、さらに東アジアも射程に入れており、比較の視点を基本に据えている点である。

第二に、社会保障制度の紹介・概説にとどまらず、豊富な事例調査に基づいて考察した点である。

筆者は大連外国語学院日本語学部時代から日本と中国の社会保障・社会福祉に興味を持ち始めた。「日中の社会福祉について比較研究をしよう」という夢を抱いて、二〇一〇年九月に日本へ渡り、北海道大学に入学した。そのときの感動は、今でも忘れることはできない。北海道大学大学院文学研究科社会システム科学講座において、研究生・修士課程・博士後期課程、合わせて五年半、楽しい留学生活を送った。留学生として日本の社会や文化を肌で感じつつ、日本のいくつかのまちで高齢者福祉・地域福祉の社会調査を行い、その経験をもとに北京市の社区と近郊農村地域の比較調査を行うこともできた。これは非常にありがたいことである。日本での留学経験は、筆者にとってかけがえのない人生の宝物となった。

留学中の研究成果を日本で本として出版できたことは、このうえない幸運である。博士論文の執筆から本書の出版までは、多くの方々にご支援とご協力をいただいた。これまでお世話になった方々に感謝の気持ちでいっぱいである。

何よりもまず、北海道大学の博士課程で指導教官として終始温かいご指導をくださった櫻井義秀先生に深く感謝申し上げたい。東アジアの宗教文化や地域研究に精力的に取り組まれる先生は、温厚な人柄であり、言葉や文化背景の異なる留学生にいつもご配慮くださっている。社会調査・学会発表旅費のサポートや研究発表の場の提供など、さまざまな面でご支援とご厚情をいただいている。本書の出版にあたっても、先生にご指導とご協力をいただいた。ご多忙にもかかわらず、本の草稿を読んでいただき、貴重なコメントをいただいた。博士論文の出版を筆者に強く勧める先生のご激励がなかったら、この本を世に出すことはできなかっただろう。

また、筆者を修士時代からずっと見守ってくださった元指導教官の金子勇先生（現神戸学院大学現代社会学部）にも深く感謝の意を示したい。先生が筆者を研究生として受け入れてくださったおかげで、筆者は北海道大学へ留学することができた。現代日本の最も重要な課題の一つである「少子化する高齢社会」について長年研究されてきた先生のご研究の影響を受けたからこそ、筆者は少子化と高齢化の両方を研究テーマにしている。先生が神戸学院大学に異動されたあとも、数々のご助言をくださった。

そして、これまで研究・調査してきたことを博士論文としてまとめるまでには、社会システム科学講座の先生方や先輩方に大変お世話になった。ゼミや講座の発表会などで、平澤和司先生、今井順先生、樽本英樹先生に多くの有益なご指導とご助言をいただいた。日頃から、同じ講座を出られた先輩としてアドバイスしてくださったのは、寺沢重法元助教である。非常勤講師の仕事を通して、社会学を学ぶことができたのは、竹中健先生（現九州看護福祉大学社会福祉学科）のおかげである。また、博士論文の審査過程で講座外の副査をしていただいた地域システム科学講座の橋本雄一先生に、的確なご助言をいただいた。北海道大学大学院文学研究科でお会いした先生方や先輩方にもこの場をお借りして厚くお礼申し上げたい。

さらに、筆者が修士時代から研究仲間として一緒に調査・研究を続けてきた社会システム科学講座の大学院生遠山景広氏、金昌震氏、工藤遥氏にもお礼申し上げたい。三人のおかげで、学会発表のリハーサルなどで立ち入った議論をしたり、北海道内外のいくつかの福祉施設へ一緒に調査に出かけたりすることができた。

日本と中国で社会調査を行うに際して、本当に多くの方々にお世話になった。調査では、子育て中の親子、福祉施設の代表者・職員・ボランティア、地域や施設で暮らす高齢者など、〇歳の乳児から一一一歳の高齢者まで多くの方々に出会った。これらの方々のご支援とご協力があったからこそ、豊富な調査データが集まり、筆者は博士論文を完成させることができたのである。こうした「一期一会の縁」に本当に感謝している。特に、北海道札幌市の特定非営利活動法人「在宅生活支援サービスホーム　花凪」の代表の木村美和子氏、東京都小金井市の特定非営利活動法人「地域の寄り合い所　また明日」の代表の森田真希氏および森田和道氏、富山県富山市の特定非営利活動法人「しおんの家」の代表の山田和子氏に、複数回にわたって調査・研究にご協力いただいた。この場をお借りして深甚の謝意を表したい。

なお、博士論文の執筆にあたり、以下の支援助成を受けた。二〇一二年度「北海道社会学会研究奨励金」、二〇一三年度と二〇一四年度北海道大学大学院文学研究科「共生の人文学」プロジェクト、二〇一三～二〇一六年度科学研究費補助金「東アジアにおける宗教多元化と宗教政策の比較社会学的研究」（基盤研究B、研究代表者：櫻井義秀、課題番号：二五三〇一〇三七）、二〇一四年度公益財団法人日本生命財団高齢社会若手実践的課題研究助成「都市高齢者への共助的実践活動と世代間交流の研究」（代表研究者：郭莉莉）。ここに記して、深く感謝の意を表す次第である。

以上のような精神的・物質的支援に支えられて完成した筆者の博士論文が、日本で出版できたのは、平成二九年度国立大学法人北海道大学「学術成果刊行助成」による支援のおかげである。関係者の皆様、特に、外国人である筆者に細やかなご配慮をいただき、終始親切にご対応いただだいた北海道大学出版会編集担当の今中智佳子氏に深く感謝申し上げたい。

留学中の研究成果を単行本として出版できたが、筆者の勉強不足でフォローしきれなかった社会保障・社会福祉の政策動向や十分に検討できなかった点も多々あると思われる。読者の皆様からのご意見、ご指摘をいただき、さらなる研究の進展のため精進してまいりたい。

私事になるが、ホームステイを機に知り合い、留学中に毎年正月を一緒に過ごさせていただき、家族同様に支えてくださった安富弘一・睦子氏夫妻にこの場をお借りして深く感謝の意を表したい。

そして、日本での留学生活をずっと見守って応援してくれた両親に深く感謝したい。両親のおかげで、自分の決めた道を進むことができたのである。最後に、小さい頃からよく面倒を見てくれて、筆者の博士論文の完成と中国への帰国を心待ちにしていながら、筆者が留学中に永眠した祖父に本書を捧げたい。これまでお世話になった祖父に、本書が少しでも恩返しになれば幸いである。

二〇一七年初冬

郭　莉莉

# 索　引


## ア　行

赤字国債　30
アジア通貨・金融危機　21
ASEAN4　22
圧縮された近代　1, 8
家制度　90
生きがいづくり　178
育嬰師　80
育児援助　46
育児休暇　59
育児支援ネットワーク　47, 56, 76
育児ノイローゼ　49
育児不安　4, 49
移行的社会主義　4
以地換保　214
一時帰休者　177
1.57 ショック　14, 45
一個中国、四個世界　38, 40
エスピン-アンデルセン　3, 17-20
エンゼルプラン　31
オイルショック　30
親孝行　167, 183
親への恩返し型扶養　167

## カ　行

改革開放　24, 36
介護系 NPO　5, 9, 98
介護報酬　32
介護保険　32, 96
回遷房　229
街道　176
街道弁事処　176
開発区建設ブーム　212
開発志向国家　21
開発主義福祉国家　23
核家族　31
核家族化　65, 136
隔代教育　77
下崗　237
家産制福祉国家　23
家事労働者　60, 68
家事労働者紹介所　177
家族主義　4, 32, 33
家族・親族ネットワーク　56, 76
家族的介護　111
家族扶養　168
家族力　50
家族聯産承包責任制　37, 212
家庭養老　171
空の巣家庭　168
関於加快実現社会福利社会化的意見　170
漢民族　65
機構養老　171
擬似家族　138
基礎養老年金　195
旧国民健康保険法　28
〝九養〞政策　184
行事型交流　140
共助　47
共生型グループホーム　118, 121, 130
強制型少子化　70
共生ケア　137, 138
行政村　176
協セクター　105
居家服務養老(助残)員　185
居家養老助残券　184
居家養老服務　182
居宅サービス　97
居民委員会　7, 78, 176
金銭補償　214
近代家族　48
均分相続　90
近隣ネットワーク　68
グループホーム　102, 118, 121, 122
グループリビング　120, 121

ケア付き住宅　105
計画経済　24, 69
計画交流　137
計画生育政策　14
敬老院　173
結縁家族　138
健康保険法　28
合計特殊出生率　13
公助　47
工傷保険　39
孝星　184
厚生年金法　30
口糧費　224
高齢化　89, 165
高齢化社会　16
高齢者(中国)　165
高齢社会　16
高齢者活動室　178
高齢者サービスセンター　173
高齢者人口　89
高齢者マンション　173
高齢者問題世界会議　169
五環　186
国民皆保険・皆年金　29
国民健康保険　30
国民年金　29
国務院人口普査弁公室　67
国務院発展研究センター　237
五助　47
互助　47
戸籍制度　34
子育て支援センター　4, 50
国家計画出産委員会　67
国家新型都市化計画　254
国家統計局　67
子ども・子育て支援法　45
個別ケア　101, 103
五保制度　36, 39
コーポラティズム　33
コミュニティ・ケア　95, 179
五有原則　169
護養院　173
ゴールドプラン　95
ゴールドプラン21　96
護老院　173

## サ　行

在宅三本柱　95
サービス付き高齢者向け住宅　122
三環　186
三位一体の人口変化　45
三無老人　36
事業単位　182, 249
自主型少子化　70
自助　47
市場の失敗　98
施設型交流　140
施設サービス　97
施設の住宅化　104
自宅でない在宅　103
失業保険　24, 37, 39
失地農民　5, 209
失地農民社会保障モデル　214
私的扶養　170
児童会館　4, 50
児童手当　58, 59
児童福祉法　28
CBD 商圏　210
社会参加　89, 113
社会主義型福祉　27
社会主義市場経済　69
社会主義レジーム　4
社会的入院　96
社会福祉協議会　118
社会福祉の社会化　84, 170, 181
社会福祉法人　97
社会扶養　170
社会保険補償　214
社会民主主義レジーム　17
社区　5, 9, 78, 84, 175, 176
社区居家養老　171, 184
社区建設　175
社区食堂　189
社区早教　78
社区福祉　174-179
社区服務　37, 175, 176
社区文化　175
社区ホットライン　186
就業補償　213, 214
習近平　254

自由主義レジーム　17, 18
修身　90
住宅分配制度　175
集団ケア　103
儒教　168
儒教主義福祉国家　23
出産育児一時金　58
主婦化　48
小家族化　45
小規模多機能型居宅介護　102, 106
小規模多機能施設　5, 98, 101
小規模多機能ホーム　137
城郷一体化　237
少子化　13, 45
少子化社会対策基本法　45
少子化対策　45, 65
少子化対策プラスワン　31
城市居民最低生活保障制度　24, 37, 39
少子高齢化　1, 21, 32, 161
商助　47
城鎮企業職工基本養老保険　39
城鎮居民基本医療保険　37, 39
城鎮居民社会養老保険　37, 39
城鎮戸口　34
城鎮職工基本医療保険　39
商品房　229
商保　217
城保　215
ショートステイ　95
新エンゼルプラン　31, 48
新型都市化　254
新型農村合作医療　38, 39
新型農村社会養老保険　38, 39
新経済社会七ヵ年計画　30
人口置換水準　15, 65
新興福祉国家　23
人口抑制政策　82
新ゴールドプラン　95
身体介助　101
身体障害者福祉法　28
信訪　211
人民公社　36, 212
生育保険　39, 79
生活安定補償費　213
生活保護法　28
星光計画　178
星光高齢者の家　178
生産主義福祉資本主義　23
生産隊　36
生産大隊　36
精神薄弱者福祉法　30
政府の失敗　98
性別役割分業　29, 48
生命再生産労働　2, 9
世代間交流　140, 160
接班　229, 233
セミ-パブリックゾーン　103
セミ-プライベートゾーン　103
船員保険法　28
全国人民代表大会常務委員会　182
全国老齢工作委員会弁公室　176
早期教育　70, 78
措置から契約へ　97
措置制度　95
村民委員会　7, 217

## タ　行

待機児童　125
太極拳　178
第二次ベビーブーム　14
託幼一体化　80
宅幼老所　137, 138
宅老所　102
託老所　173
宅老所系 NPO　104
多世代交流　58, 140
脱家族化　19
脱近代的性別役割分業　49
縦割り福祉　136, 160
単位　35, 36, 175
団塊ジュニア　14
単独家庭　66
単独世帯　31, 91
単独相続　90
単独二孩政策　252
地域共生　124
地域共生ホーム　137
地域三世代統合ケア　137
地域福祉　176
地域密着型サービス　97

知的障害者福祉法　30
中華人民共和国戸籍登録条例　34, 69
中華人民共和国土地管理法　213
中華人民共和国労働保険条例　35
中華人民共和国老年人権益保障法　168
中華全国婦女聯合会　5, 70
中華民族　183, 249
中関村　72
中国人民銀行　217
中国統計年鑑　217
中国人寿保険会社　217
超高齢社会　1, 16
超少子化国　1
重陽節　184
鎮保　216
デイサービス　95, 102
低出産対策　65
天倫之楽　225
統合ケア　137
特定非営利活動促進法(NPO 法)　98
特別養護老人ホーム　95
都市化率　210
都市中間層　4
土地補償費　213
富山型デイサービス　98, 118

## ナ　行

内閣府男女共同参画局　49
ナイトケア　102
ながらケア　141
流れ作業のケア　101
二環　186
二元構造(二重構造)　5, 34, 35, 209
NIES　22
日間照料託老室　189
日本型雇用システム　29, 31
日本型福祉社会　30, 31, 184
日本国憲法　28
人間の三世代モデル　139
認定子ども園　60
年金双軌制　255
年少人口数　13
年少人口率　13
農村合作医療制度　36
農村居民最低生活保障制度　39
農村戸口　34
農転工　201
農保　215
農民工　194
ノーマライゼーション　95, 179
ノンプログラム　148

## ハ　行

倍加年数　16
ハイブリッド・レジーム　23
母親の孤立　4
パブリックゾーン　103
バブル経済　31
半圧縮近代　9
東アジア型福祉モデル　22
費孝通　167, 175
一人っ子化　65, 67
一人っ子政策　2, 15, 65, 67
丙午の年　14
フィードバック型扶養　167
福祉関係八法　95
福祉元年　30
福祉国家の危機　30
福祉志向国家　21
福祉宝くじ　178
福祉多元主義　3
福祉ミックス　3
福祉レジーム　3, 17-20
福祉六法体制　30
婦女児童活動センター　5, 9, 70, 78
二人っ子政策　15, 66
プライベートゾーン　103
平均余命　89
平成不況　31
ベッドタウン　142
邊富邊老　2
保育ママ　60
母子及び父子並びに寡婦福祉法　30
母子福祉法　30
保守主義レジーム　17, 18
ホームヘルプサービス　95

## マ　行

待つ介護　150
ミニデイサービス　110, 114

未富先老　2
見守りケア　141
民政部　170
民生問題　193
民弁非企業単位　171
明治民法　90
毛沢東　35
毛沢東時代　35

## ヤ　行

優生保護法　82
ユニットケア　102
養護老人ホーム　95
養児防老、積谷防飢　167
養老院／老人院　173
幼老共生型福祉施設　139, 160
幼老共生ケア　135, 137
養老券　184
養老食卓　185
幼老統合ケア　137
幼老複合施設　137
養老方式　171
呼び寄せ高齢者　204
四環　186
四〇五〇人員　185
421 家庭　65, 84

## ラ　行

流動婦女　85
リレー型扶養　167
老人家庭奉仕員派遣事業　95
老人福祉法　30, 94
老親扶養　89, 91, 168
老人保健施設　95
労働者年金保険法　28
老年社会福利院　173
老年人社会福利機構基本規範　171
老有所為　169
老有所医　169
老有所学　169
老有所養　169
老有所楽　169
老齢工作幹部読本　176
6＋1 家庭　65, 84
六環　186
六環外　186

郭　莉莉（かく　りり）

1987 年　中国遼寧省瀋陽市生まれ
2010 年　大連外国語学院日本語学部卒業
2013 年　北海道大学大学院文学研究科修士課程修了
2016 年　北海道大学大学院文学研究科博士後期課程修了
　　　　博士（文学）
現　在　河北経貿大学外国語学院専任講師
専　門　福祉社会学，日中比較研究
主要論文
「都市の少子化と子育て支援ネットワークに関する日中比較研究——札幌・北京調査を事例に」『現代社会学研究』27 巻，2014 年
「中国農村高齢者の養老問題——都市近郊の『失地農民』に焦点を当てて」『21 世紀東アジア社会学』7 号，2015 年
「日本の高齢化と小規模多機能ケアの実践——札幌市の NPO の事例調査より」『北海道大学大学院文学研究科研究論集』15 号，2016 年，など

日中の少子高齢化と福祉レジーム
——育児支援と高齢者扶養・介護

2017 年 12 月 25 日　第 1 刷発行

著　者　郭　莉　莉
発行者　櫻　井　義　秀

発行所　北海道大学出版会
札幌市北区北 9 条西 8 丁目北海道大学構内（〒060-0809）
Tel. 011(747)2308・Fax. 011(736)8605・http://www.hup.gr.jp

アイワード／石田製本


ISBN978-4-8329-6835-6